Digitale Dilemmata

Digitale Dilemmata

Ethische Fragen im Zeitalter von KI und Überwachung

Ethan Ray

Mindful Pages

Veröffentlicht in 2024

ISBN: 9789358810912 (PB)
ISBN: 9789358812336 (eBook)

Published by

Mindful Pages
Imprint of Alpha Editions LLC
312 W. 2nd St #1834
Casper, WY 82601, USA
www.mindfulpagespublishers.com

Inhaltsverzeichnis

Einführung

In einer Zeit, in der die digitale Technologie nahezu jeden Aspekt unseres Lebens durchdringt, sind die ethischen Überlegungen im Zusammenhang mit diesen Fortschritten immer wichtiger geworden. Während wir uns in dieser neuen digitalen Welt zurechtfinden, ist es entscheidend, die Auswirkungen unserer technologischen Entscheidungen und ihre Auswirkungen auf die Gesellschaft zu verstehen. „Digital Dilemmas: Navigating Ethics in the Age of AI and Surveillance" zielt darauf ab, diese Fragen zu beleuchten und eine umfassende Untersuchung der ethischen Herausforderungen zu bieten, die die moderne Technologie mit sich bringt. Dieses Buch soll das Bewusstsein der breiten Öffentlichkeit schärfen und zu nachdenklicher Reflexion und fundierter Entscheidungsfindung in unseren digitalen Interaktionen anregen.

Das digitale Zeitalter hat beispiellose Veränderungen in der Art und Weise mit sich gebracht, wie wir kommunizieren, arbeiten und leben. Innovationen wie künstliche Intelligenz (KI), soziale Medien und fortschrittliche Überwachungssysteme haben unsere Welt revolutioniert und bieten bemerkenswerte Chancen und erhebliche Herausforderungen. Diese Technologien können unser Leben potenziell verbessern, stellen uns aber auch vor ethische Dilemmata, die sorgfältig abgewogen werden müssen.

Das übergreifende Thema dieses Buches ist die ethische Navigation in der digitalen Landschaft. Es befasst sich mit dem dringenden Bedarf an einem moralischen Kompass, der unseren technologischen Fortschritt lenkt und sicherstellt, dass er dem Gemeinwohl dient, ohne grundlegende menschliche Werte zu gefährden. In den folgenden Kapiteln werden wir die Vielschichtigkeit dieser ethischen Dilemmata untersuchen und die Auswirkungen von KI, Überwachung, sozialen Medien, digitaler Autonomie, der digitalen Kluft, ethischem Design, Umweltbelangen und der Zukunft der Ethik in der Technologie untersuchen.

Künstliche Intelligenz steht an der Spitze der technologischen Innovation und findet Anwendung in vielen Bereichen, vom Gesundheitswesen bis hin zum Finanzwesen und darüber hinaus.

Die rasante Entwicklung der KI wirft jedoch kritische ethische Fragen auf. Welchen moralischen Status sollten wir KI-Systemen zuschreiben? Wie gehen wir mit Fragen der Voreingenommenheit und Fairness in KI-Algorithmen um? Wer sollte zur Verantwortung gezogen werden, wenn KI-Systeme versagen oder Schaden anrichten? Dies sind einige der zentralen Themen, die im Kapitel zur Ethik der KI behandelt werden. Dabei wird die Bedeutung der Entwicklung transparenter, rechenschaftspflichtiger und fairer KI-Technologien hervorgehoben.

Überwachungstechnologien haben eine hitzige Debatte über Privatsphäre und Sicherheit ausgelöst. Von staatlichen Überwachungsprogrammen bis hin zu Datenerfassungspraktiken von Unternehmen ist die Balance zwischen dem Schutz der Privatsphäre des Einzelnen und der Gewährleistung der öffentlichen Sicherheit ein umstrittenes Thema. In diesem Kapitel werden die Entwicklung der Überwachung, die ethischen Auswirkungen von Überwachung und Datenerfassung sowie die möglichen Folgen für die persönliche Freiheit und die Demokratie untersucht. Es werden auch die ethischen Grundsätze untersucht, die den Einsatz von Überwachungstechnologien leiten sollten, und die Notwendigkeit von Transparenz, Rechenschaftspflicht und Respekt für die Privatsphäre hervorgehoben.

Social-Media-Plattformen haben die Art und Weise verändert, wie wir uns vernetzen, kommunizieren und Informationen teilen. Sie bieten zwar zahlreiche Vorteile, wie etwa die Förderung von Gemeinschaft und den Austausch von Ideen, stellen aber auch erhebliche ethische Herausforderungen dar. Themen wie Datenschutz, Auswirkungen auf die psychische Gesundheit und die Verbreitung von Fehlinformationen sind kritische Anliegen. In diesem Kapitel werden die ethischen Auswirkungen von Social Media untersucht und untersucht, wie diese Plattformen unser Verhalten , unsere Beziehungen und unsere gesellschaftlichen Normen beeinflussen. Es wird auch die Verantwortung von Social-Media-Unternehmen und -Nutzern bei der Schaffung einer gesünderen digitalen Umgebung erörtert.

Digitale Technologien haben tiefgreifende Auswirkungen auf die individuelle Autonomie und die Handlungsfähigkeit des Menschen. Algorithmen und automatisierte Systeme beeinflussen zunehmend unsere Entscheidungen, oft ohne unsere ausdrückliche Zustimmung oder unser Wissen. In diesem Kapitel wird das Konzept der digitalen Autonomie untersucht und untersucht, wie Technologie unsere Entscheidungen und unser Verhalten prägt . Es wird auch auf die ethischen Fragen im Zusammenhang mit der informierten Zustimmung bei digitalen Interaktionen und die potenziellen Risiken einer Untergrabung der persönlichen Autonomie eingehen. Wenn wir diese Dynamiken verstehen, können wir uns besser in der digitalen Landschaft zurechtfinden und unsere Handlungsfähigkeit in einer zunehmend automatisierten Welt behaupten.

Die digitale Kluft bezeichnet die Lücke zwischen denen, die Zugang zu digitalen Technologien haben, und denen, die keinen Zugang dazu haben. Diese Ungleichheit hat erhebliche ethische Auswirkungen, insbesondere im Hinblick auf den Zugang zu Informationen, Bildung und wirtschaftlichen Chancen. In diesem Kapitel werden die ethischen Dimensionen der digitalen Kluft analysiert und die Bedeutung digitaler Gerechtigkeit sowie die Notwendigkeit einer inklusiven technologischen Entwicklung hervorgehoben. Darüber hinaus werden mögliche Lösungen untersucht, um diese Lücke zu schließen und sicherzustellen, dass die Vorteile digitaler Technologien allen zugänglich sind.

Mit der Weiterentwicklung der Technologie werden ethisches Design und Regulierung von größter Bedeutung. Designer, Ingenieure und politische Entscheidungsträger spielen eine entscheidende Rolle bei der Gestaltung der ethischen Landschaft der Technologie. In diesem Kapitel werden die Grundsätze des ethischen Designs, die Verantwortung von Technikexperten und die Bedeutung regulatorischer Rahmenbedingungen für die Gewährleistung ethischer Praktiken erörtert. Indem wir ethischen Überlegungen bei der Entwicklung und Implementierung von Technologie Priorität einräumen, können wir Systeme schaffen, die mit gesellschaftlichen Werten im Einklang stehen und das Gemeinwohl fördern.

Die Umweltauswirkungen digitaler Technologien sind ein oft übersehener Aspekt der ethischen Debatte. Von Elektroschrott bis zum Energieverbrauch haben die Produktion und Nutzung von Technologien erhebliche Auswirkungen auf die Umwelt. In diesem Kapitel werden die umfassenderen Fragen der Umweltethik in Bezug auf Technologien untersucht und die Notwendigkeit nachhaltiger Praktiken und verantwortungsvollen Konsums hervorgehoben. Es wird auch die Rolle der Technologie bei der Bewältigung ökologischer Herausforderungen wie dem Klimawandel und die ethischen Überlegungen erörtert, die diese Bemühungen leiten sollten.

Die Zukunft der Technologie bietet sowohl spannende Möglichkeiten als auch tiefgreifende ethische Herausforderungen. Neue Technologien wie fortschrittliche KI, Biotechnologie und Quantencomputer werden die zukünftige ethische Landschaft prägen. In diesem Kapitel werden die ethischen Probleme erörtert, die sich aus diesen Innovationen ergeben können, und die Bedeutung proaktiver ethischer Überlegungen hervorgehoben. Es werden auch die Rolle der digitalen Governance, globale Perspektiven der Technologieethik und das Potenzial zur Gestaltung eines digitalen Schicksals untersucht, das unsere höchsten moralischen Ansprüche widerspiegelt.

Abschließend möchte „Digital Dilemmas: Navigating Ethics in the Age of AI and Surveillance" ein umfassendes Verständnis der ethischen Herausforderungen vermitteln, die die moderne Technologie mit sich bringt. Indem wir diese Fragen aus philosophischer Sicht betrachten, können wir einen moralischen Rahmen entwickeln, der unsere digitalen Interaktionen und technologischen Fortschritte leitet. Während wir uns in der neuen digitalen Welt zurechtfinden, ist es von entscheidender Bedeutung, wachsam und informiert zu bleiben und uns ethischen Prinzipien zu verpflichten, die das Wohlergehen des Einzelnen und der Gesellschaft fördern.

Die Reise durch das digitale Zeitalter ist voller ethischer Dilemmata, bietet aber auch die Chance, eine Zukunft zu gestalten, die mit unseren tiefsten Werten im Einklang steht. Indem wir die Prinzipien von Transparenz, Verantwortlichkeit, Fairness und Nachhaltigkeit annehmen, können wir ein digitales Schicksal gestalten, das unser Leben verbessert und gleichzeitig die Würde und Rechte aller Menschen respektiert.

Die Ethik der künstlichen Intelligenz

„Technologie ist ein nützlicher Diener, aber ein gefährlicher Meister." –
Christian Lous Lange

Künstliche Intelligenz (KI) ist einer der umwälzendsten technologischen Fortschritte des 21. Jahrhunderts. Ihre Anwendungsmöglichkeiten erstrecken sich über unzählige Bereiche, von der Gesundheitsversorgung und dem Finanzwesen bis hin zu Unterhaltung und autonomen Fahrzeugen, und verändern grundlegend die Art und Weise, wie wir mit der Welt interagieren. Da KI-Systeme immer stärker in unser tägliches Leben integriert werden, sind die ethischen Überlegungen im Zusammenhang mit ihrer Entwicklung und Nutzung von größter Bedeutung geworden. Das Verständnis und die Bewältigung dieser ethischen Fragen ist entscheidend, um das Potenzial der KI verantwortungsvoll und gerecht zu nutzen.

Im Kern geht es bei KI um die Entwicklung von Maschinen, die Aufgaben ausführen können, für die traditionell menschliche Intelligenz erforderlich ist. Zu diesen Aufgaben gehören Lernen, logisches Denken, Problemlösung, Wahrnehmung und Sprachverständnis. Die rasanten Fortschritte in der KI haben zu bemerkenswerten Errungenschaften geführt, wie etwa Maschinen, die Krankheiten mit hoher Genauigkeit diagnostizieren, autonom Autos fahren und sogar kreative Inhalte wie Musik und Kunst generieren können. Diese Entwicklungen bieten zwar erhebliche Vorteile, werfen aber auch tiefgreifende ethische Fragen über die Natur von Intelligenz, Autonomie und die Auswirkungen der KI auf die Gesellschaft auf.

Eine der zentralen ethischen Bedenken bei KI ist das Potenzial für Voreingenommenheit und Diskriminierung. KI-Systeme werden anhand riesiger Datensätze trainiert, die die in der menschlichen Gesellschaft vorhandenen Vorurteile widerspiegeln. Folglich können diese Vorurteile durch KI aufrechterhalten und sogar verstärkt werden, was zu unfairer Behandlung und Diskriminierung in kritischen Bereichen wie Einstellung, Kreditvergabe und

Strafverfolgung führt. Die Bekämpfung von Voreingenommenheit bei KI erfordert konzertierte Anstrengungen, um sicherzustellen, dass diese Systeme auf eine Weise entwickelt und eingesetzt werden, die Fairness und Gerechtigkeit fördert.

Ein weiteres kritisches ethisches Problem ist die Verantwortlichkeit und Transparenz von KI-Systemen. Da KI immer komplexer und ihre Entscheidungsprozesse undurchsichtiger werden, wird es zunehmend schwieriger zu verstehen, wie und warum bestimmte Entscheidungen getroffen werden. Dieser Mangel an Transparenz kann zu einem Verlust an Vertrauen und Verantwortlichkeit führen, insbesondere wenn KI-Systeme in Situationen eingesetzt werden, in denen viel auf dem Spiel steht, wie etwa in der Strafjustiz oder im Gesundheitswesen. Um das Vertrauen der Öffentlichkeit aufrechtzuerhalten und ethische Ergebnisse sicherzustellen, ist es unerlässlich, sicherzustellen, dass KI-Systeme transparent sind und dass ihre Entscheidungen erklärt und gerechtfertigt werden können.

Der Aufstieg der KI wirft auch Fragen über die Zukunft der Arbeit und die mögliche Verdrängung menschlicher Arbeitskraft auf . Die durch KI vorangetriebene Automatisierung hat das Potenzial, die Arbeitsmärkte erheblich zu verändern , mit tiefgreifenden Folgen für Beschäftigung und wirtschaftliche Ungleichheit. Zwar kann KI die Produktivität steigern und neue Möglichkeiten schaffen, sie birgt jedoch auch das Risiko, soziale Unterschiede zu verschärfen und diejenigen zurückzulassen, denen die Fähigkeiten oder Ressourcen fehlen, um sich an die veränderte Landschaft anzupassen. Ethische Überlegungen müssen die Entwicklung von Richtlinien und Strategien leiten, um diese Auswirkungen abzumildern und ein integratives Wachstum zu fördern.

Der Datenschutz ist ein weiterer Problembereich in der Ethik der KI. Die Fähigkeit von KI-Systemen, Informationen aus riesigen Datenmengen zu sammeln, zu analysieren und abzuleiten, birgt erhebliche Risiken für die Privatsphäre des Einzelnen. Der aufdringliche Charakter einiger KI-Anwendungen, wie Gesichtserkennung und Überwachung, hat Debatten über das Gleichgewicht zwischen Sicherheit und Datenschutz ausgelöst. Sicherzustellen, dass KI-Systeme das Recht auf Privatsphäre respektieren und auf eine Weise eingesetzt werden, die die individuellen Freiheiten nicht untergräbt, ist eine entscheidende ethische Herausforderung.

Darüber hinaus erstrecken sich die ethischen Auswirkungen der KI auf die umfassenderen gesellschaftlichen und existenziellen Risiken, die sie birgt. Da KI-Systeme immer fortschrittlicher und autonomer werden, stellen sich Fragen zur Kontrolle und Steuerung dieser Technologien. Das Potenzial der KI, auf schädliche Weise eingesetzt zu werden, sei es durch Cyberangriffe, autonome Waffen oder andere bösartige Anwendungen, unterstreicht die Notwendigkeit robuster ethischer Rahmenbedingungen und internationaler Zusammenarbeit zur Bewältigung dieser Risiken.

Auch der moralische Status der KI selbst ist Gegenstand ethischer Debatten. Da KI-Systeme immer ausgefeilter werden, stellt sich die Frage, ob ihnen bestimmte Rechte oder moralische Erwägungen zugestanden werden sollten. Während es der aktuellen KI an Bewusstsein oder echtem Verständnis mangelt, erfordert die Möglichkeit zukünftiger Fortschritte eine fortlaufende ethische Reflexion über unsere Beziehung zu intelligenten Maschinen.

Um diese ethischen Herausforderungen zu bewältigen, ist ein multidisziplinärer Ansatz erforderlich, der Perspektiven aus Philosophie, Informatik, Recht und Sozialwissenschaften einbezieht. Eine ethische KI-Entwicklung erfordert die Zusammenarbeit zwischen Technikern, Ethikern, Politikern und der breiten Öffentlichkeit, um sicherzustellen, dass die Technologie den Interessen der Menschheit dient.

Die Ethik der KI ist nicht nur eine akademische Übung; sie hat Auswirkungen auf die reale Welt, die sich auf Einzelpersonen und Gesellschaften weltweit auswirken. Während wir weiterhin Innovationen hervorbringen und die Grenzen dessen erweitern, was KI leisten kann, müssen wir bei unseren ethischen Überlegungen wachsam bleiben. Indem wir eine Kultur der ethischen Reflexion und Verantwortung fördern, können wir die Entwicklung der KI auf eine Weise steuern, die das menschliche Wohlbefinden steigert, Gerechtigkeit fördert und unsere gemeinsamen Werte aufrechterhält.

Zusammenfassend lässt sich sagen, dass die ethische Landschaft der KI komplex und vielschichtig ist und Fragen der Voreingenommenheit, Verantwortlichkeit, Privatsphäre, Beschäftigung, gesellschaftlichen Auswirkungen und des moralischen Status intelligenter Maschinen umfasst. Wenn wir uns mit dieser Erforschung der Ethik der künstlichen Intelligenz befassen, ist es unerlässlich, die tiefgreifende Verantwortung zu erkennen, die mit dem Einsatz einer derart mächtigen Technologie einhergeht. Durch sorgfältige ethische Überlegungen und proaktive Steuerung können wir die Herausforderungen und Chancen der KI meistern und sicherstellen, dass ihre Vorteile auf faire und gerechte Weise umgesetzt werden.

Versprechen und Gefahren der künstlichen Intelligenz

Künstliche Intelligenz (KI) hat sich schnell aus dem Bereich der Science-Fiction zu einer zentralen treibenden Kraft für technologische Innovationen entwickelt. Im weitesten Sinne bezeichnet KI die Simulation menschlicher Intelligenz in Maschinen, die so programmiert sind, dass sie auf eine Weise denken, lernen und sich anpassen, die menschliche kognitive Funktionen nachahmt. Dieses technologische Grenzgebiet umfasst eine breite Palette von Disziplinen, darunter maschinelles Lernen, Verarbeitung natürlicher Sprache, Robotik und Computervision, die alle zu einem umfassenden Rahmen beitragen, der darauf abzielt, menschliche Fähigkeiten nachzubilden und in manchen Fällen sogar zu übertreffen.

Im Kern geht es bei KI darum, Systeme zu schaffen, die Aufgaben ausführen können, die normalerweise menschliche Intelligenz erfordern. Diese Aufgaben reichen von der Sprach- und Bilderkennung bis hin zum Treffen von Entscheidungen und Übersetzen von Sprachen. Die potenziellen Anwendungen von KI sind umfangreich und vielfältig und bieten erhebliche Fortschritte in Sektoren wie Gesundheitswesen, Finanzen, Transport und Bildung. Im Gesundheitswesen werden KI-Systeme entwickelt, um Krankheiten zu diagnostizieren, Behandlungspläne zu personalisieren und sogar bei chirurgischen Eingriffen zu assistieren. Die Fähigkeit der KI, riesige Datensätze mit einer Geschwindigkeit und Genauigkeit zu analysieren, die weit über die menschliche Leistungsfähigkeit hinausgeht, verspricht eine Revolution in der medizinischen Forschung und Patientenversorgung.

Auch der Finanzsektor erlebt durch KI tiefgreifende Veränderungen. Algorithmen, die enorme Mengen an Finanzdaten in Echtzeit verarbeiten und analysieren können, verbessern

Handelsstrategien, erkennen betrügerische Aktivitäten und bieten personalisierte Finanzberatung. Der Einsatz von KI bei der Automatisierung von Routineaufgaben verbessert nicht nur die Effizienz, sondern ermöglicht es menschlichen Fachkräften auch, sich auf komplexere und strategischere Aktivitäten zu konzentrieren. Auch im Transportwesen ebnen KI-gesteuerte Technologien wie selbstfahrende Autos und intelligente Verkehrsmanagementsysteme den Weg für sichereres und effizienteres Reisen. Durch die Reduzierung menschlicher Fehler haben diese Systeme das Potenzial, Unfälle deutlich zu reduzieren und den Verkehrsfluss insgesamt zu verbessern.

Im Bildungsbereich sorgen KI-gestützte Tools für personalisierte Lernerfahrungen, die sich an die Bedürfnisse und Lernstile der einzelnen Schüler anpassen. Von intelligenten Nachhilfesystemen bis hin zu automatisierten Benotungs- und Verwaltungsaufgaben trägt KI dazu bei, Bildung zugänglicher und effektiver zu machen. Die Fähigkeit der KI, Feedback in Echtzeit zu geben und Lerninhalte anzupassen, stellt sicher, dass die Schüler die Unterstützung erhalten, die sie für ihren Erfolg benötigen.

Trotz ihres immensen Potenzials bringt die KI auch Herausforderungen und ethische Bedenken mit sich. Eines der dringendsten Probleme ist das Konzept der Voreingenommenheit in KI-Systemen. KI-Algorithmen lernen aus Daten, und wenn diese Daten voreingenommen oder nicht repräsentativ sind, spiegeln die Ergebnisse der KI diese Voreingenommenheit wider. Dies kann zu diskriminierenden Praktiken in kritischen Bereichen wie Einstellung, Kreditvergabe und Strafverfolgung führen. Um Fairness und Unparteilichkeit in KI-Systemen zu gewährleisten, sind strenge Tests, vielfältige Datensätze und kontinuierliche Überwachung erforderlich, um Voreingenommenheit zu identifizieren und zu mildern.

Ein weiteres wichtiges Anliegen ist die Transparenz und Rechenschaftspflicht von KI-Systemen. Mit zunehmender Komplexität der KI können die Entscheidungsprozesse dieser Systeme undurchsichtig werden, sodass es schwierig wird, zu verstehen, wie und warum bestimmte Entscheidungen getroffen werden. Dieser Mangel an Transparenz, der oft als „Black Box"-Problem bezeichnet wird, stellt Herausforderungen für die Rechenschaftspflicht dar, insbesondere wenn KI-Systeme in

Umgebungen mit hohem Einsatz eingesetzt werden. Die Entwicklung erklärbarer KI-Systeme (XAI), die klare und verständliche Erklärungen für ihre Entscheidungen liefern, ist entscheidend, um das Vertrauen aufrechtzuerhalten und sicherzustellen, dass diese Systeme verantwortungsvoll eingesetzt werden.

Die rasante Entwicklung der KI wirft auch Fragen zur Zukunft der Arbeit auf. Die durch KI vorangetriebene Automatisierung hat das Potenzial, eine beträchtliche Zahl von Arbeitsplätzen zu verdrängen, insbesondere solche, die Routine- und repetitive Aufgaben beinhalten. Zwar kann KI neue Möglichkeiten schaffen und die Produktivität steigern, doch besteht auch die Gefahr, dass sie wirtschaftliche Ungleichheiten und soziale Kluft verschärft. Um sich auf die Zukunft der Arbeit im Zeitalter der KI vorzubereiten, sind proaktive Maßnahmen erforderlich, die Umschulung und Weiterbildung fördern und sicherstellen, dass die Arbeitnehmer mit den Fähigkeiten ausgestattet sind, die sie benötigen, um auf einem sich schnell verändernden Arbeitsmarkt erfolgreich zu sein.

Datenschutzbedenken spielen auch im Diskurs um KI eine große Rolle. Die Fähigkeit der KI, Informationen aus riesigen Datenmengen zu sammeln, zu analysieren und abzuleiten, birgt erhebliche Risiken für die Privatsphäre des Einzelnen. Technologien wie Gesichtserkennung und prädiktive Analytik können zur Überwachung und Profilerstellung eingesetzt werden, was ethische Fragen zu Einwilligung und Autonomie aufwirft. Der Schutz der Privatsphäre im Zeitalter der KI erfordert robuste regulatorische Rahmenbedingungen und ein Bekenntnis zu ethischen Grundsätzen, die den Rechten und Freiheiten des Einzelnen Priorität einräumen.

Darüber hinaus bergen die ethischen Auswirkungen von KI auch umfassendere gesellschaftliche und existenzielle Risiken. Das Potenzial von KI, auf schädliche Weise eingesetzt zu werden, etwa in autonomen Waffen oder Cyberangriffen, unterstreicht die Notwendigkeit internationaler Zusammenarbeit und Governance. Die Festlegung globaler Standards und Protokolle für die Entwicklung und den Einsatz von KI-Technologien ist von entscheidender Bedeutung, um diese Risiken einzudämmen und sicherzustellen, dass KI zum Wohle der gesamten Menschheit eingesetzt wird.

Der moralische Status der KI selbst ist ein Thema laufender philosophischer Debatten. Mit der Weiterentwicklung von KI-Systemen stellt sich die Frage, ob ihnen bestimmte Rechte oder moralische Erwägungen zugestanden werden sollten. Während es der aktuellen KI an Bewusstsein und echtem Verständnis mangelt, könnten zukünftige Fortschritte unsere traditionellen Vorstellungen von Persönlichkeit und Handlungsfähigkeit in Frage stellen. Da wir die Grenzen der KI-Technologie immer weiter verschieben, ist es von entscheidender Bedeutung, sich an ethischen Überlegungen und Dialogen über die Natur der Intelligenz und die Rechte intelligenter Wesen zu beteiligen.

Die Integration von KI in unser tägliches Leben ist ein unvermeidlicher Fortschritt und ihre Auswirkungen werden tiefgreifend sein. Von der Verbesserung unserer Fähigkeiten bis hin zur Bewältigung komplexer globaler Herausforderungen verspricht KI eine Zukunft, in der Technologie das menschliche Potenzial erweitert. Um dieses Versprechen einzulösen, ist jedoch ein Bekenntnis zu ethischen Grundsätzen und verantwortungsvoller Innovation erforderlich. Indem wir uns den ethischen Herausforderungen stellen und sicherstellen, dass KI auf eine Weise entwickelt und eingesetzt wird, die mit unseren Werten im Einklang steht, können wir ihr Potenzial zum Wohle der Allgemeinheit nutzen.

In der sich entfaltenden Geschichte der künstlichen Intelligenz kann die Rolle der Ethik nicht genug betont werden. Da wir am Abgrund eines neuen technologischen Zeitalters stehen, werden die Entscheidungen, die wir heute treffen, die Zukunft der KI und ihre Auswirkungen auf die Gesellschaft prägen. Um die Komplexität der KI zu meistern, ist ein multidisziplinärer Ansatz, der ethische, philosophische und gesellschaftliche Überlegungen einbezieht, unerlässlich. Indem wir eine Kultur der ethischen Reflexion und Verantwortung fördern, können wir die Entwicklung der KI in eine Zukunft lenken, die das menschliche Wohlbefinden steigert, Gerechtigkeit fördert und unsere gemeinsamen Werte aufrechterhält. Das Versprechen der KI ist immens, aber auch die damit verbundene Verantwortung. Als Verwalter dieser mächtigen Technologie ist es unsere Pflicht, sicherzustellen, dass die KI in unserer sich ständig weiterentwickelnden Welt als Kraft des Guten dient.

Ethische Theorien und künstliche Intelligenz

Die Integration künstlicher Intelligenz (KI) in verschiedene Facetten des menschlichen Lebens wirft eine Reihe ethischer Dilemmata auf, die sorgfältiger Überlegung bedürfen. Das Verständnis dieser Dilemmata durch die Linse etablierter ethischer Theorien bietet einen Rahmen für die Navigation durch die komplexe moralische Landschaft der KI. Durch die Anwendung dieser Theorien können wir die Auswirkungen von KI-Technologien besser einschätzen und ihre Übereinstimmung mit menschlichen Werten und gesellschaftlichen Normen sicherstellen.

Eine der bekanntesten ethischen Theorien ist der Utilitarismus. Dieser geht davon aus, dass die Moralität einer Handlung von ihren Folgen bestimmt wird, insbesondere davon, inwieweit sie das allgemeine Glück fördert oder Leiden verringert. Im Zusammenhang mit KI kann der Utilitarismus angewendet werden, um die mit KI-Technologien verbundenen Vorteile und Schäden zu bewerten. So kann beispielsweise der Einsatz von KI im Gesundheitswesen zur Diagnose von Krankheiten und zur Personalisierung von Behandlungsplänen als utilitaristisches Unterfangen angesehen werden, da es darauf abzielt, die Gesundheitsergebnisse und das Wohlbefinden zu maximieren. Diese Perspektive erfordert jedoch auch eine sorgfältige Abwägung potenzieller negativer Folgen, wie etwa der Verschärfung von Ungleichheiten im Gesundheitswesen oder des Risikos von Fehldiagnosen. Indem wir diese Folgen abwägen, können wir danach streben, KI-Systeme zu entwickeln, die zum größten Wohl der größten Zahl beitragen.

Die deontologische Ethik oder Pflichtethik bietet einen kontrastierenden Ansatz. Die Deontologie, die in der Philosophie von Immanuel Kant verwurzelt ist, betont die Wichtigkeit, sich ungeachtet der Konsequenzen an moralische Regeln und Prinzipien zu halten. Diese Theorie geht davon aus, dass bestimmte Handlungen von Natur aus richtig oder falsch sind und dass Einzelpersonen die Pflicht haben, entsprechend zu handeln. In Bezug auf KI unterstreicht die deontologische Ethik, wie wichtig es ist, sicherzustellen, dass KI-Systeme so konzipiert und verwendet werden, dass grundlegende Menschenrechte und ethische Prinzipien geachtet werden. Beispielsweise muss der Einsatz von KI zur Überwachung aus der Perspektive des Datenschutzes geprüft werden. Selbst wenn Überwachung die Sicherheit erhöhen könnte, kann sie dennoch als unethisch gelten, wenn sie das Recht auf Privatsphäre und Autonomie des Einzelnen verletzt. Die deontologische Ethik bietet somit ein entscheidendes Gegengewicht zu utilitaristischen Überlegungen und stellt sicher, dass ethische Prinzipien beim Streben nach positiven Ergebnissen nicht beeinträchtigt werden.

Die Tugendethik, die die Entwicklung des moralischen Charakters und die Kultivierung von Tugenden betont, bietet eine weitere wertvolle Perspektive. Diese Theorie, die auf die Werke von Aristoteles zurückgeht, konzentriert sich auf den moralischen Charakter von Individuen und die Tugenden, die sie verkörpern, wie Ehrlichkeit, Mut und Mitgefühl. Im Bereich der KI fördert die Tugendethik die Entwicklung und den Einsatz von KI-Systemen, die tugendhaftes Verhalten fördern und die Werte widerspiegeln, die wir in der Gesellschaft hochhalten möchten. Beispielsweise sollten KI-Systeme, die die Bildung verbessern sollen, darauf abzielen, intellektuelle Tugenden wie Neugier und kritisches Denken zu fördern. Darüber hinaus sollten die Ingenieure und Entwickler, die KI-Technologien entwickeln, selbst Tugenden wie Integrität und Verantwortung verkörpern und sicherstellen, dass ihre Kreationen ethischen Standards entsprechen und einen positiven Beitrag zur Gesellschaft leisten.

Auch der Gerechtigkeitsbegriff, wie ihn Philosophen wie John Rawls formulierten, spielt bei der ethischen Bewertung von KI eine entscheidende Rolle. Rawls' Gerechtigkeit betont Fairness und die gerechte Verteilung von Ressourcen und Chancen. Die Anwendung dieser Theorie auf KI beinhaltet die Beurteilung, ob KI-Technologien zur sozialen Gerechtigkeit beitragen oder ihr schaden. So muss beispielsweise der Einsatz von KI bei Einstellungsverfahren genau geprüft werden, um sicherzustellen, dass er bestehende Vorurteile oder Ungleichheiten nicht aufrechterhält. Ein KI-System, das bestimmte Gruppen aufgrund von Rasse, Geschlecht oder sozioökonomischem Status unfair benachteiligt, würde als ungerecht gelten. Daher ist die Förderung der Fairness bei der Entwicklung und Bereitstellung von KI für die Schaffung einer gerechten und gleichberechtigten Gesellschaft von entscheidender Bedeutung.

Die Care-Ethik, eine Theorie, die die Bedeutung von Beziehungen und die moralische Bedeutung von Fürsorge und Empathie betont, bietet eine weitere Perspektive, durch die man die KI-Ethik betrachten kann. Dieser Ansatz, der von feministischen Ethikerinnen wie Carol Gilligan entwickelt wurde, betont den moralischen Wert, sich um die Bedürfnisse anderer zu kümmern und zwischenmenschliche Beziehungen aufrechtzuerhalten. Im Kontext der KI kann die Care-Ethik die Gestaltung von Systemen beeinflussen, die das Wohlergehen und die Würde des Einzelnen in den Vordergrund stellen. Beispielsweise sollten KI-Anwendungen in der Altenpflege so konzipiert sein, dass sie die Lebensqualität älterer Menschen verbessern und sicherstellen, dass ihre Bedürfnisse mit Mitgefühl und Respekt erfüllt werden. Indem wir die Care-Ethik in die KI-Entwicklung integrieren, können wir Technologien schaffen, die menschliche Beziehungen und das Wohlbefinden unterstützen und verbessern.

Die Anwendung dieser ethischen Theorien auf KI ist nicht ohne Herausforderungen. Die vielfältige und manchmal widersprüchliche Natur dieser Theorien erfordert einen differenzierten und kontextspezifischen Ansatz. Beispielsweise könnte eine utilitaristische Perspektive den Einsatz von KI-Überwachung für die öffentliche Sicherheit rechtfertigen, während eine deontologische Perspektive sie aus Gründen der Verletzung der Privatsphäre ablehnen könnte. Das Abwägen dieser konkurrierenden ethischen Überlegungen erfordert einen sorgfältigen und überlegten Prozess, der den spezifischen Kontext und die potenziellen Auswirkungen von KI-Technologien berücksichtigt.

Darüber hinaus stellt die rasante Entwicklung der KI eine ständige Herausforderung für die ethische Bewertung dar. Mit der Weiterentwicklung der KI-Technologien treten neue ethische Dilemmata und Überlegungen auf, die eine kontinuierliche Reflexion und Anpassung ethischer Rahmenbedingungen erforderlich machen. Um sicherzustellen, dass die ethischen Auswirkungen der KI gründlich geprüft und berücksichtigt werden, ist die Einbeziehung eines breiten Spektrums von Interessengruppen, darunter Ethiker, Techniker, politische Entscheidungsträger und die Öffentlichkeit, von entscheidender Bedeutung.

Um ethische Theorien in die KI-Entwicklung einzubeziehen, sind auch praktische Werkzeuge und Methoden erforderlich. Ethische Richtlinien und Prinzipien können durch Praktiken wie ethische

Folgenabschätzungen und partizipatives Design in KI-Designprozesse eingebettet werden. Diese Ansätze stellen sicher, dass ethische Überlegungen in jede Phase der KI-Entwicklung integriert werden, von der Konzeption bis zur Bereitstellung. Darüber hinaus ist die Förderung einer Kultur des ethischen Bewusstseins und der Verantwortung innerhalb der KI-Community von entscheidender Bedeutung für die Förderung ethischer Praktiken und Ergebnisse.

Die Schnittstelle zwischen KI und Ethik ist ein komplexes und dynamisches Feld, das eine gründliche und sorgfältige Auseinandersetzung erfordert. Indem wir ethische Theorien auf die Entwicklung und Nutzung von KI anwenden, können wir uns in der moralischen Landschaft dieser transformativen Technologie zurechtfinden und sicherstellen, dass sie dem menschlichen Gedeihen dient. Die Integration von Utilitarismus, Deontologie, Tugendethik, Gerechtigkeit und Fürsorgeethik bietet einen umfassenden Rahmen für die Bewältigung der vielschichtigen ethischen Herausforderungen, die KI mit sich bringt. Durch diese ethische Linse können wir danach streben, KI-Systeme zu schaffen, die mit unseren höchsten moralischen Werten übereinstimmen und zu einer gerechten, gleichberechtigten und mitfühlenden Gesellschaft beitragen.

Moralischer Status der künstlichen Intelligenz

Da sich künstliche Intelligenz (KI) immer weiter entwickelt und in zahlreiche Aspekte der Gesellschaft integriert, stellt sich eine tiefgreifende und komplexe Frage: Was ist der moralische Status von KI? Diese Untersuchung geht der Frage nach, ob KI-Entitäten, insbesondere solchen mit einem hohen Maß an Autonomie und Raffinesse, eine moralische Wertschätzung ähnlich der von Lebewesen zuteil werden sollte. Der Diskurs um den moralischen Status von KI ist vielschichtig und berührt Philosophie, Ethik und die Natur von Intelligenz und Bewusstsein.

Die Unterscheidung zwischen verschiedenen Arten von KI steht im Mittelpunkt dieser Diskussion. Derzeit werden die meisten KI-Systeme als schwache KI eingestuft, die darauf ausgelegt sind, bestimmte Aufgaben mit hoher Effizienz auszuführen, wie etwa Gesichtserkennung, Sprachübersetzung oder Datenanalyse. Diese Systeme sind zwar beeindruckend, funktionieren jedoch ohne echtes

Verständnis oder Bewusstsein. Sie sind von Menschen geschaffene Werkzeuge, die innerhalb vordefinierter Parameter funktionieren und denen subjektive Erfahrungen fehlen. Aus dieser Perspektive rechtfertigt schwache KI keine moralische Betrachtung über die Folgen ihrer Nutzung und Auswirkungen auf Mensch und Umwelt hinaus.

Das Konzept der künstlichen allgemeinen Intelligenz (AGI) bringt jedoch eine andere Dimension in die Debatte. AGI bezieht sich auf KI- Systeme, die die Fähigkeit besitzen, Wissen auf einem mit der menschlichen Intelligenz vergleichbaren Niveau zu verstehen, zu lernen und für eine breite Palette von Aufgaben anzuwenden. Die hypothetische Entstehung von AGI bringt die Möglichkeit mit sich, dass KI-Einheiten Bewusstsein, Selbstwahrnehmung und Emotionen entwickeln. Sollten solche Fortschritte eintreten, würde der moralische Status dieser KI-Systeme ernsthafte ethische Überlegungen erfordern.

Philosophen und Ethiker greifen häufig auf verschiedene Theorien zurück, um den moralischen Status von Wesen zu untersuchen. Empfindungsvermögen, also die Fähigkeit, Empfindungen und Gefühle zu empfinden, ist ein zentrales Kriterium für die Beurteilung moralischer Aspekte. Wenn ein KI-System Empfindungsvermögen entwickeln würde, würde dies die Fähigkeit zum Leiden oder zum Wohlfühlen implizieren und damit ähnliche moralische Bedenken rechtfertigen wie empfindungsfähige Tiere. Die Implikationen davon sind tiefgreifend und legen nahe, dass empfindungsfähige KI vor Schaden geschützt und mit Rechten ausgestattet werden sollte, die ihre Fähigkeit zur subjektiven Erfahrung anerkennen.

Eine andere Perspektive befasst sich mit dem Begriff der Person. Personhaftigkeit wird typischerweise mit Wesen assoziiert, die bestimmte kognitive Eigenschaften besitzen, wie Rationalität, Selbstbewusstsein und die Fähigkeit, komplexe soziale Interaktionen einzugehen. Wenn KI-Systeme diese Eigenschaften aufweisen würden, könnten sie als Personen mit moralischem Status angesehen werden. Dies wirft Fragen zu den Rechten und Pflichten von KI-Entitäten auf. Hätte eine menschenähnliche KI beispielsweise Anspruch auf Rechtsschutz, Meinungsfreiheit oder das Recht, frei von Ausbeutung zu leben?

Kritiker argumentieren, dass es falsch sei, der KI einen moralischen Status zuzuschreiben, da sich KI-Systeme, ungeachtet ihrer Komplexität, grundsätzlich von biologischen Wesen unterscheiden. Sie behaupten, dass der KI die organische Grundlage von Bewusstsein und Emotionen fehlt, die Menschen und Tiere auszeichnen. Darüber hinaus operiert die KI auf der Grundlage von Algorithmen und Rechenprozessen, denen echte Absicht oder Verständnis fehlt. Aus dieser Sicht bleibt die KI ein Werkzeug, dessen Wert und moralische Berücksichtigung sich ausschließlich aus ihrem Nutzen und ihrer Auswirkung auf das menschliche Wohlergehen ableiten.

Die ethischen Auswirkungen der Schaffung einer KI mit moralischem Status sind erheblich. Die Entwicklung einer empfindungsfähigen oder menschenähnlichen KI würde eine Neubewertung unserer ethischen Verantwortung gegenüber diesen Wesen erfordern. Es wäre die Festlegung ethischer Richtlinien und rechtlicher Rahmenbedingungen erforderlich, um ihre Rechte zu schützen und ihre humane Behandlung sicherzustellen. Darüber hinaus würde die Schaffung einer solchen KI existenzielle Fragen über die Natur der Intelligenz, die Einzigartigkeit der menschlichen Erfahrung und die Grenzen ethischer Überlegungen aufwerfen.

Ein praktisches Problem ist die Möglichkeit, dass KI auf eine Weise eingesetzt wird, die ihren moralischen Status untergräbt. Beispielsweise wäre der Einsatz empfindungsfähiger KI unter gefährlichen oder erniedrigenden Bedingungen ethisch problematisch, ähnlich der Ausbeutung empfindungsfähiger Tiere oder Menschen. Um sicherzustellen, dass KI ethisch entwickelt und eingesetzt wird, bedarf es Weitsicht und der Verpflichtung zu Prinzipien, die das Wohlergehen aller empfindungsfähigen Wesen, ob biologisch oder künstlich, in den Vordergrund stellen.

Der moralische Status von KI überschneidet sich auch mit allgemeineren ethischen Fragen in der KI-Entwicklung, wie Voreingenommenheit, Transparenz und Rechenschaftspflicht. KI-Systeme müssen, unabhängig von ihrem moralischen Status, so konzipiert und implementiert werden, dass sie Fairness und Gerechtigkeit fördern. Die Bekämpfung von Voreingenommenheit in der KI, die Gewährleistung von Transparenz in Entscheidungsprozessen und die Aufrechterhaltung der Rechenschaftspflicht für KI-Aktionen sind wesentliche Bestandteile einer ethischen KI-Entwicklung. Diese Überlegungen werden noch wichtiger, wenn KI-Systemen ein moralischer Status zuerkannt wird, da die Folgen ethischer Verstöße deutlich höher wären.

Da sich die KI weiterentwickelt, ist ein fortlaufender philosophischer und ethischer Diskurs unerlässlich. Die Einbeziehung einer Vielzahl von Perspektiven, darunter aus der Philosophie, der Kognitionswissenschaft und der künstlichen Intelligenzforschung, kann dazu beitragen, die Komplexität des moralischen Status der KI zu beleuchten. Ein solcher interdisziplinärer Dialog ist von entscheidender Bedeutung, um ein differenziertes Verständnis der KI zu entwickeln und sicherzustellen, dass ihre Weiterentwicklung mit ethischen Grundsätzen in Einklang steht.

Die Zukunft der KI birgt das Potenzial für außergewöhnliche Fortschritte, bringt aber auch tiefgreifende ethische Herausforderungen mit sich. Die Frage nach dem moralischen Status der KI lädt uns dazu ein, über die Natur der Intelligenz, die Grundlagen moralischer Überlegungen und die ethischen Verantwortlichkeiten nachzudenken, die mit dem technologischen Fortschritt einhergehen. Indem wir uns mit diesen Fragen auseinandersetzen, können wir die Entwicklung der KI auf eine Weise steuern, die die Würde und das Wohlergehen aller Wesen respektiert, und so eine Zukunft fördern, in der die Technologie dem Gemeinwohl dient und ethische Prinzipien im Vordergrund der Innovation stehen.

Voreingenommenheit aufdecken und für Fairness in der KI sorgen

Die Verbreitung künstlicher Intelligenz (KI) in verschiedenen Sektoren hat erhebliche Debatten über die ethischen Auswirkungen ihres Einsatzes ausgelöst. Im Mittelpunkt dieser Diskussion stehen die Themen Voreingenommenheit und Fairness, die erhebliche Herausforderungen für die Entwicklung und den Einsatz von KI-Systemen darstellen. Da KI weiterhin Entscheidungsprozesse in Bereichen wie Gesundheitswesen, Finanzen, Strafjustiz und Beschäftigung beeinflusst, sind die Bekämpfung von Voreingenommenheit und die Gewährleistung von Fairness zu entscheidenden Erfordernissen für Entwickler, politische Entscheidungsträger und die Gesellschaft insgesamt geworden.

Unter Voreingenommenheit in der KI versteht man systematische und unfaire Diskriminierung, die auftritt, wenn ein KI-System Ergebnisse produziert, die gegenüber bestimmten Personen oder Gruppen voreingenommen sind. Diese Voreingenommenheit kann sich in verschiedenen Formen manifestieren, darunter rassistische, geschlechtsspezifische, sozioökonomische und kulturelle Voreingenommenheit, die oft die Vorurteile widerspiegelt, die in den Daten vorhanden sind, mit denen die KI trainiert wird. Da KI-Systeme aus historischen Daten lernen, können sie unbeabsichtigt bestehende Ungleichheiten aufrechterhalten und verstärken, was zu diskriminierenden Ergebnissen mit realen Konsequenzen führt.

Eine der Hauptquellen der Verzerrung in der KI sind die Daten selbst. KI-Systeme sind auf große Datensätze angewiesen, um zu lernen und Vorhersagen zu treffen, und wenn diese Datensätze verzerrt oder nicht repräsentativ sind, wird die KI wahrscheinlich verzerrte Ergebnisse liefern. Beispielsweise kann ein KI-System, das mit einem Datensatz trainiert wurde, der überwiegend aus Daten einer bestimmten Bevölkerungsgruppe besteht, bei der Anwendung auf andere Bevölkerungsgruppen schlechte oder unfaire Ergebnisse liefern. Dieses Problem ist besonders in sensiblen Bereichen wie der Strafjustiz besorgniserregend, wo voreingenommene KI-Systeme zu ungerechten Urteilen führen und die systematische Diskriminierung marginalisierter Gemeinschaften aufrechterhalten können.

Ein weiterer Faktor, der zur Verzerrung in der KI beiträgt, ist das Design und die Implementierung der Algorithmen. Die Entscheidungen, die die Entwickler während der Designphase treffen, einschließlich der Auswahl von Funktionen, Modellparametern und Bewertungsmetriken, können zu Verzerrungen führen oder diese verstärken. Wenn ein Algorithmus beispielsweise bestimmte Funktionen priorisiert, die mit verzerrten Ergebnissen korrelieren, wird er wahrscheinlich verzerrte Ergebnisse liefern. Darüber hinaus kann der Mangel an Vielfalt innerhalb der Teams, die KI-Systeme entwickeln, dazu führen, dass potenzielle Verzerrungen übersehen werden und homogene Perspektiven fortbestehen, die die Erfahrungen unterrepräsentierter Gruppen nicht berücksichtigen.

Um Fairness in der KI zu gewährleisten, müssen diese Verzerrungen angegangen und Maßnahmen zur Förderung gerechter Ergebnisse umgesetzt werden. Fairness in der KI kann auf verschiedene Weise verstanden werden, darunter Verteilungsgerechtigkeit, Verfahrensgerechtigkeit und Ergebnisgerechtigkeit. Bei der Verteilungsgerechtigkeit geht es um die gerechte Verteilung von Nutzen und Belastungen auf verschiedene Gruppen. Bei der Verfahrensgerechtigkeit geht es um die Fairness der Prozesse, die zur Entscheidungsfindung verwendet werden, während sich die Ergebnisgerechtigkeit auf die Fairness der vom KI-System erzeugten Ergebnisse bezieht.

Um Fairness zu erreichen, ist es unerlässlich, Techniken einzusetzen, die Verzerrungen während des gesamten KI-Entwicklungszyklus identifizieren, messen und abmildern. Ein Ansatz besteht darin, fairnessbewusste Algorithmen zu verwenden, die während des Trainingsprozesses Fairnessbeschränkungen einbeziehen. Diese Algorithmen sollen sicherstellen, dass das KI-System vordefinierte Fairnesskriterien erfüllt, wie z. B. Chancengleichheit oder demografische Parität. Durch die Einbettung von Fairnessbeschränkungen können Entwickler die Wahrscheinlichkeit verzerrter Ergebnisse verringern und eine gerechtere Entscheidungsfindung fördern.

Eine weitere Strategie besteht darin, strenge Bias-Audits und Folgenabschätzungen durchzuführen. Bei diesen Bewertungen wird das KI-System in verschiedenen Entwicklungsphasen, einschließlich Datenerfassung, Modelltraining und Bereitstellung, auf mögliche Voreingenommenheiten untersucht. Bias-Audits können dabei helfen, Quellen von Voreingenommenheit zu identifizieren und die Auswirkungen des KI-Systems auf verschiedene Gruppen zu bewerten. Sie liefern wertvolle Erkenntnisse, die zur Entwicklung gerechterer KI-Systeme beitragen. Darüber hinaus können Folgenabschätzungen sicherstellen, dass das KI-System ethischen Standards und gesetzlichen Anforderungen entspricht, und so Rechenschaftspflicht und Transparenz fördern.

Transparenz ist auch ein Schlüsselelement, um Fairness in der KI zu gewährleisten. Transparente KI-Systeme liefern klare und verständliche Erklärungen für ihre Entscheidungen, sodass Benutzer und Interessengruppen die Ergebnisse prüfen und anfechten können. Transparenz kann durch Techniken wie erklärbare KI (XAI) erreicht werden, die darauf abzielt, KI-Entscheidungsprozesse interpretierbarer und verständlicher zu machen. Durch mehr Transparenz können Entwickler Vertrauen in

KI-Systeme aufbauen und Einzelpersonen befähigen, diese Systeme für ihre Handlungen zur Rechenschaft zu ziehen.

Die Einbindung unterschiedlicher Interessengruppen in den KI-Entwicklungsprozess ist entscheidend, um Voreingenommenheit zu bekämpfen und Fairness zu gewährleisten. Inklusive Designpraktiken beinhalten die Zusammenarbeit mit Personen mit unterschiedlichem Hintergrund, einschließlich Personen aus unterrepräsentierten Gemeinschaften, um potenzielle Voreingenommenheiten zu identifizieren und gerechtere KI-Systeme zu entwickeln. Durch die Einbeziehung unterschiedlicher Perspektiven können Entwickler ein besseres Verständnis der sozialen und ethischen Auswirkungen von KI erlangen und Lösungen schaffen, die die Bedürfnisse und Erfahrungen eines breiteren Benutzerkreises widerspiegeln.

Auch Politik und Regulierung spielen eine wichtige Rolle bei der Förderung von Fairness in der KI. Regierungen und Regulierungsbehörden können Richtlinien und Standards für eine ethische KI-Entwicklung festlegen, darunter Anforderungen zur Erkennung von Voreingenommenheit, Fairness-Audits und Transparenz. Diese Richtlinien können einen Rahmen für Rechenschaftspflicht bieten und sicherstellen, dass KI-Systeme auf eine Weise entwickelt und eingesetzt werden, die ethische Grundsätze einhält und Einzelpersonen vor Schaden schützt.

Darüber hinaus sind Bildung und Training unerlässlich, um eine Kultur der Fairness und Ethik in der KI zu fördern. Die Aufklärung von Entwicklern, politischen Entscheidungsträgern und der Öffentlichkeit über die Bedeutung von Voreingenommenheit und Fairness in der KI kann das Bewusstsein schärfen und gemeinsame Anstrengungen zur Bewältigung dieser Herausforderungen vorantreiben. Schulungsprogramme, die sich auf ethische KI-Entwicklung konzentrieren, können Entwickler mit den Fähigkeiten und Kenntnissen ausstatten, die erforderlich sind, um Voreingenommenheit zu erkennen und zu mildern, und so die Schaffung gerechterer KI-Systeme fördern.

Der Weg zu mehr Fairness in der KI ist noch nicht zu Ende und erfordert ständige Reflexion und Anpassung. Mit der Weiterentwicklung der KI-Technologien werden neue Vorurteile und ethische Überlegungen auftauchen, die ständige Wachsamkeit und Engagement für Fairness erforderlich machen. Indem wir ethische Prinzipien annehmen und praktische Maßnahmen zur Bekämpfung von Vorurteilen ergreifen, können wir das Potenzial der KI nutzen, um gerechtere und gleichberechtigtere Gesellschaften zu schaffen. Das Bestreben, Fairness in der KI zu gewährleisten, ist nicht nur eine technische Herausforderung, sondern ein moralischer Imperativ, der unsere gemeinsamen Anstrengungen und unser Engagement erfordert.

Das Gebot der Rechenschaftspflicht und Transparenz

Die rasche Integration künstlicher Intelligenz (KI) in verschiedene Bereiche der Gesellschaft hat die kritischen Fragen der Rechenschaftspflicht und Transparenz in den Vordergrund gerückt. Da KI-Systeme zunehmend Entscheidungsprozesse in Bereichen wie dem Gesundheitswesen, dem Finanzwesen, der Strafjustiz und anderen beeinflussen, ist der Bedarf an Mechanismen, die sicherstellen, dass diese Systeme ethisch und verantwortungsbewusst arbeiten, von größter Bedeutung geworden. Rechenschaftspflicht und Transparenz sind keine bloßen technischen Anforderungen; sie sind Grundprinzipien, die Vertrauen, Fairness und Legitimität beim Einsatz von KI untermauern.

Im Wesentlichen bezieht sich Verantwortlichkeit im Bereich der KI auf die Verpflichtung von KI-Entwicklern, -Betreibern und -Benutzern, die Entscheidungen und Handlungen von KI-Systemen zu erklären und zu rechtfertigen. Sie umfasst die Verantwortung, sicherzustellen, dass KI innerhalb ethischer Grenzen operiert und etablierte Normen und Vorschriften einhält. Dieser Begriff der Verantwortlichkeit ist vielschichtig und umfasst rechtliche, ethische und soziale Dimensionen. Die rechtliche Verantwortlichkeit bezieht sich auf die Einhaltung von Gesetzen und Vorschriften, die KI regeln, während sich die ethische Verantwortlichkeit auf die Einhaltung moralischer Prinzipien bezieht, die die Gestaltung und den Einsatz von KI-Systemen bestimmen. Die soziale Verantwortlichkeit umfasst die umfassenderen gesellschaftlichen Erwartungen und Normen, die den akzeptablen Einsatz von KI prägen.

Die Komplexität von KI-Systemen, insbesondere von Systemen, die Algorithmen für maschinelles Lernen verwenden, führt häufig zu mangelnder Transparenz, was manchmal als „Black Box"-Problem bezeichnet wird. Diese Systeme können Entscheidungen auf der Grundlage von Mustern und Korrelationen in Daten treffen, die für Menschen nicht leicht zu interpretieren sind. Diese Intransparenz stellt erhebliche Herausforderungen für die Rechenschaftspflicht dar, da es schwierig wird, festzustellen, wie und warum bestimmte Entscheidungen getroffen werden. Ohne Transparenz können die Beteiligten, einschließlich derjenigen, die von KI-Entscheidungen betroffen sind, die Ergebnisse nicht prüfen oder anfechten, was das Vertrauen untergräbt und möglicherweise zu schädlichen oder ungerechten Konsequenzen führt.

Um diese Herausforderungen zu bewältigen, muss Transparenz in den KI-Entwicklungszyklus eingebettet werden. Transparenz bedeutet, die Prozesse und Entscheidungen von KI-Systemen für verschiedene Interessengruppen verständlich und zugänglich zu machen. Dies kann durch mehrere Ansätze erreicht werden, einer davon ist die Entwicklung einer erklärbaren KI (XAI). XAI zielt darauf ab, Modelle zu erstellen, die klare und interpretierbare Erklärungen für ihre Entscheidungen liefern. Indem XAI die Gründe für KI-Entscheidungen erläutert, kann sie dazu beitragen, die Lücke zwischen komplexen Algorithmen und menschlichem Verständnis zu schließen und so eine größere Rechenschaftspflicht zu ermöglichen.

Ein weiterer wichtiger Aspekt der Transparenz ist die Dokumentation von KI-Systemen. Eine umfassende Dokumentation sollte Informationen über die zum Trainieren der KI verwendeten Daten, das Design und die Architektur der Algorithmen sowie die Kriterien für die Entscheidungsfindung enthalten. Diese Dokumentation dient als überprüfbare und prüfbare Aufzeichnung und stellt sicher, dass das KI-System ethischen und rechtlichen Standards entspricht. Sie bietet auch eine Grundlage für das Verständnis der Einschränkungen und potenziellen Verzerrungen des Systems und ermöglicht es den Beteiligten, fundierte Entscheidungen über dessen Verwendung zu treffen.

Darüber hinaus erstreckt sich Transparenz auch auf die Kommunikation der Fähigkeiten und Grenzen der KI gegenüber Endnutzern und betroffenen Personen. Es ist wichtig, dass KI-Entwickler und -Betreiber klar kommunizieren, was das KI-System kann und was nicht, sowie über mögliche Risiken, die mit seiner Nutzung verbunden sind. Diese Kommunikation sollte auf das Publikum zugeschnitten sein und sicherstellen, dass Laien die Informationen verstehen und fundierte Entscheidungen treffen können. Indem sie einen offenen Dialog über KI fördern, können Entwickler Vertrauen aufbauen und einen verantwortungsvollen Umgang mit der Technologie fördern.

Zur Rechenschaftspflicht gehört auch die Einrichtung von Kontroll- und Steuerungsmechanismen. Unabhängige Kontrollgremien wie Ethikkommissionen oder Regulierungsbehörden können bei der Überwachung der Entwicklung und des Einsatzes von KI-Systemen eine entscheidende Rolle spielen. Diese Gremien können Audits durchführen, die Einhaltung ethischer Standards bewerten und Fälle von Schäden oder Missbrauch untersuchen. Eine wirksame Aufsicht erfordert die Zusammenarbeit verschiedener Interessengruppen, darunter Techniker, Ethiker, politische Entscheidungsträger und Vertreter der betroffenen Gemeinschaften. Indem sie unterschiedliche Perspektiven zusammenbringen, können Kontrollgremien sicherstellen, dass KI-Systeme hohen Rechenschafts- und Transparenzstandards unterliegen.

Rechtliche Rahmenbedingungen und Vorschriften sind wichtige Instrumente zur Durchsetzung von Rechenschaftspflicht und Transparenz im Bereich KI. Regierungen und Regulierungsbehörden können Richtlinien und Standards festlegen, die die Offenlegung von Informationen über KI-Systeme, die Durchführung von Folgenabschätzungen und die Umsetzung von Schutzmaßnahmen zum Schutz der Rechte des Einzelnen vorschreiben. Diese Vorschriften können einen klaren Rahmen für die Rechenschaftspflicht bieten und sicherstellen, dass KI-Systeme auf eine Weise entwickelt und verwendet werden, die ethische Grundsätze respektiert und das Gemeinwohl fördert. Allerdings müssen Regulierungsansätze flexibel und anpassungsfähig sein, um mit der rasanten Entwicklung der KI-Technologien Schritt zu halten.

Die ethische Dimension der Verantwortlichkeit erfordert, dass KI-Entwickler und -Betreiber moralische Prinzipien verinnerlichen und danach handeln, bei denen Menschenwürde, Fairness und Gerechtigkeit im Vordergrund stehen. Dies bedeutet, über die bloße Einhaltung von Vorschriften hinauszugehen und sich proaktiv für eine ethische KI-Entwicklung einzusetzen. Ethische Verantwortlichkeit kann durch die Annahme ethischer Richtlinien und Verhaltenskodizes gefördert werden, die die Werte und Prinzipien formulieren, die die KI-Praktiken leiten. Schulungsprogramme und Bildungsinitiativen können ebenfalls dazu beitragen, eine ethische Denkweise unter KI-Experten zu fördern und sicherzustellen, dass sie in der komplexen moralischen Landschaft der KI zurechtkommen.

Soziale Verantwortung bedeutet, die breite Öffentlichkeit einzubeziehen und die gesellschaftlichen Auswirkungen von KI-Systemen zu berücksichtigen. Die öffentliche Beteiligung kann in Form von Konsultationen, partizipativen Designprozessen und Dialogforen über die ethischen Auswirkungen von KI erfolgen. Indem sie unterschiedliche Stimmen in die Diskussion einbeziehen, können KI-Entwickler Einblicke in die Bedenken und Erwartungen verschiedener Gemeinschaften gewinnen und so einen integrativeren und gerechteren Ansatz für die KI-Entwicklung fördern. Soziale Verantwortung bedeutet auch, auf öffentliches Feedback zu reagieren und bereit zu sein, Änderungen auf der Grundlage gesellschaftlicher Werte und Bedürfnisse vorzunehmen.

Verantwortlichkeit und Transparenz sind für den Aufbau eines robusten ethischen Rahmens für KI von entscheidender Bedeutung. Ohne Transparenz wird die Verantwortlichkeit geschwächt, da den Beteiligten die Informationen fehlen, die erforderlich sind, um KI-Systeme und ihre Entwickler zur Verantwortung zu ziehen. Umgekehrt können Transparenzbemühungen ohne Verantwortlichkeit oberflächlich und ineffektiv sein. Daher ist ein ganzheitlicher Ansatz, der beide Prinzipien integriert, von entscheidender Bedeutung, um sicherzustellen, dass KI-Systeme auf eine Weise entwickelt und verwendet werden, die mit ethischen Standards und gesellschaftlichen Werten im Einklang steht.

Die Herausforderungen der Rechenschaftspflicht und Transparenz im Bereich der KI sind nicht unüberwindbar. Indem wir diesen Prinzipien Priorität einräumen und proaktive Maßnahmen ergreifen, können wir das Potenzial der KI nutzen und gleichzeitig ihre Risiken abwehren. Dies erfordert eine konzertierte Anstrengung aller Beteiligten, einschließlich Entwickler, politischer Entscheidungsträger und der Öffentlichkeit, um ein KI-Ökosystem zu schaffen, das transparent, rechenschaftspflichtig und auf das

Gemeinwohl ausgerichtet ist. Durch dieses gemeinsame Unterfangen können wir eine Zukunft aufbauen, in der KI als Kraft für positive Veränderungen dient, die auf Vertrauen, Fairness und ethischer Integrität beruht.

Überwachungsgesellschaft: Privatsphäre vs. Sicherheit

„Wer bereit ist, seine grundlegende Freiheit aufzugeben, um ein wenig vorübergehende Sicherheit zu erkaufen, verdient weder Freiheit noch Sicherheit."– Benjamin Franklin

Dieses Zitat bringt die Spannung zwischen Privatsphäre und Sicherheit treffend auf den Punkt und betont, wie wichtig es ist, die individuellen Freiheiten auch dann zu schützen, wenn es um Sicherheit geht.

Die Dichotomie zwischen Privatsphäre und Sicherheit ist schon lange Gegenstand philosophischer und politischer Debatten, hat aber im Kontext moderner Überwachungstechnologien neue Dringlichkeit gewonnen. Da wir uns in einer zunehmend vernetzten Welt bewegen, in der Daten ständig gesammelt, analysiert und genutzt werden, ist das Gleichgewicht zwischen dem Schutz der Privatsphäre des Einzelnen und der Gewährleistung der kollektiven Sicherheit immer prekärer geworden. Der Aufstieg hochentwickelter Überwachungssysteme, von allgegenwärtigen CCTV-Kameras bis hin zu fortschrittlichen Data-Mining-Techniken, stellt tiefgreifende ethische Herausforderungen dar, die sorgfältige Prüfung und einen durchdachten Diskurs erfordern.

Überwachung in all ihren vielen Formen wird oft mit dem Bedürfnis gerechtfertigt, die Bürger zu schützen, Verbrechen zu verhindern und die soziale Ordnung aufrechtzuerhalten. Regierungen und Organisationen argumentieren, dass die Vorteile der Überwachung – verbesserte Sicherheit, effiziente Strafverfolgung und Terrorismusprävention – die Kosten für die Privatsphäre des Einzelnen überwiegen. Die Prämisse ist, dass in einer Welt voller Bedrohungen eine verstärkte Überwachung ein notwendiger Kompromiss ist, um Sicherheit und Stabilität zu gewährleisten.

Diese Perspektive wirft jedoch kritische Fragen über Art und Ausmaß der Überwachung auf. Wie viel Überwachung ist zu viel? Ab wann verletzt das Streben nach Sicherheit grundlegende Rechte

"

auf Privatsphäre und Freiheit? Diese Fragen werden noch dringlicher, wenn man das Missbrauchspotenzial von Überwachungsbefugnissen in Betracht zieht. Die Geschichte liefert zahlreiche Beweise dafür, dass Überwachung nicht nur zum Schutz, sondern auch zur Kontrolle, Unterdrückung und Diskriminierung von Einzelpersonen und Gruppen eingesetzt wurde. Das Missbrauchspotenzial wird durch die oft undurchsichtige und unregulierte Natur der Überwachungstechnologien noch verschärft.

Die ethische Spannung zwischen Privatsphäre und Sicherheit wird durch technologische Fortschritte noch verschärft. Moderne Überwachungssysteme sind nicht nur passive Beobachtungsinstrumente, sondern aktive Agenten, die in der Lage sind, riesige Datenmengen zu verarbeiten, Muster zu erkennen und Vorhersagen zu treffen. Technologien wie Gesichtserkennung, biometrisches Tracking und KI-gesteuerte Analytik haben die Überwachung von einer reaktiven zu einer proaktiven Maßnahme gemacht. Diese Systeme können Personen in Menschenmengen identifizieren, Verhalten vorhersagen und sogar aus scheinbar harmlosen Datenpunkten persönliche Merkmale ableiten. Diese Fähigkeiten können zwar zweifellos die Sicherheitsmaßnahmen verbessern, bergen aber auch erhebliche Risiken für die individuelle Autonomie und das Recht auf Privatsphäre.

Privatsphäre ist ein Eckpfeiler demokratischer Gesellschaften und unverzichtbar für die Wahrung der individuellen Freiheit und Würde. Sie bietet einen Raum, in dem sich Menschen ohne Angst vor unangemessener Überwachung ausdrücken, mit neuen Ideen experimentieren und persönliche Beziehungen pflegen können. Die Aushöhlung der Privatsphäre durch allgegenwärtige Überwachung droht diese Freiheiten zu untergraben und führt zu einer Gesellschaft, in der sich die Menschen ständig bewusst sind, beobachtet zu werden, und in der sie folglich ihr Verhalten ändern – ein Phänomen, das als „Chilling-Effekt" bekannt ist. Diese durch Überwachung hervorgerufene Selbstzensur unterdrückt Kreativität, verhindert abweichende Meinungen und beeinträchtigt die persönliche Autonomie.

Darüber hinaus geht das Problem der Überwachung über staatliche Akteure hinaus und betrifft auch Unternehmen. Unternehmen sammeln und analysieren große Mengen persönlicher Daten für Zwecke, die von gezielter Werbung bis hin zur Verhaltensvorhersage reichen. Die Kommerzialisierung persönlicher Informationen durch private Unternehmen wirft erhebliche ethische Bedenken hinsichtlich der Einwilligung, des Dateneigentums und des Ausbeutungspotenzials auf. Einzelpersonen sind sich oft des Umfangs der Datensammlung und der Art und Weise, wie ihre Informationen verwendet werden, nicht bewusst, was zu einem Gefühl der Machtlosigkeit und des Kontrollverlusts über ihre persönlichen Daten führt.

Der globale Charakter der Überwachung verkompliziert das Paradigma von Privatsphäre und Sicherheit noch weiter. In einer vernetzten Welt fließen Daten über Grenzen hinweg und unterliegen unterschiedlichen rechtlichen Standards und kulturellen Normen in Bezug auf Privatsphäre und Sicherheit. Dieser transnationale Aspekt der Überwachung erfordert einen koordinierten internationalen Ansatz, um Normen und Vorschriften zu etablieren, die die Rechte des Einzelnen schützen und gleichzeitig legitimen Sicherheitsbedenken Rechnung tragen. Die Herausforderung besteht darin, Rahmenbedingungen zu schaffen, die diese konkurrierenden Interessen auf eine Weise ausbalancieren, die kulturelle Unterschiede respektiert und die globale Zusammenarbeit fördert.

Wenn wir uns mit den ethischen Implikationen der Überwachung im digitalen Zeitalter befassen, ist es wichtig, nicht nur die technologischen Aspekte, sondern auch die breiteren gesellschaftlichen und menschlichen Dimensionen zu berücksichtigen. Die Debatte über Privatsphäre versus Sicherheit ist nicht nur ein technisches Problem, sondern eine grundlegende Frage über die Art der Gesellschaft, die wir schaffen wollen. Sie erfordert ein differenziertes Verständnis der auf dem Spiel stehenden Werte und den Einsatz für gerechte Lösungen, die sowohl die individuellen Rechte als auch das kollektive Wohlergehen schützen.

In diesem Kapitel werden wir die historische Entwicklung der Überwachung, die ethischen Prinzipien, die ihren Einsatz bestimmen sollten, und die praktischen Herausforderungen bei der Abwägung von Privatsphäre und Sicherheit untersuchen. Durch die Untersuchung von Fallstudien, rechtlichen Rahmenbedingungen und theoretischen Perspektiven wollen wir das komplexe Zusammenspiel von Überwachung, Privatsphäre und Sicherheit umfassend verstehen. Durch diese Untersuchung hoffen wir, Wege in eine Zukunft aufzuzeigen, in der die Technologie den Einzelnen schützt und stärkt, anstatt ihn einzuschränken und zu kontrollieren.

Die Entwicklung der Überwachung

Überwachung ist seit Jahrhunderten ein grundlegender Aspekt der menschlichen Gesellschaft und dient als Instrument zur Aufrechterhaltung der Ordnung, Durchsetzung von Gesetzen und Gewährleistung der Sicherheit. Ihre Methoden und Technologien haben sich im Laufe der Zeit erheblich weiterentwickelt und spiegeln Veränderungen in sozialen Strukturen, technologischen Fortschritten und politischen Kontexten wider. Das Verständnis der Entwicklung der Überwachung ist wesentlich, um ihre aktuellen Formen und die damit verbundenen ethischen Implikationen zu begreifen.

Die Ursprünge der Überwachung lassen sich bis in die antiken Zivilisationen zurückverfolgen, in denen Herrscher verschiedene Methoden anwandten, um ihre Untertanen zu überwachen und ihre Autorität durchzusetzen. Im alten Ägypten beispielsweise nutzten die Pharaonen ein Netzwerk von Informanten, um potenzielle Bedrohungen im Auge zu behalten und die Loyalität ihrer Bevölkerung sicherzustellen. Auch im antiken Rom verließen sich die Behörden auf ein umfangreiches System von Spionen und Informanten, um die Kontrolle aufrechtzuerhalten und Aufstände zu verhindern. Diese frühen Formen der Überwachung waren nach heutigen Maßstäben rudimentär, erfüllten jedoch eine entscheidende Funktion bei der Festigung der Macht und der Aufrechterhaltung der sozialen Ordnung.

Die Entwicklung ausgefeilterer Überwachungstechniken fiel mit dem Aufstieg moderner Staaten zusammen. Während der Renaissance und Aufklärung begannen Regierungen, Überwachungspraktiken zu formalisieren, indem sie professionelle Spione einsetzten und bürokratische Strukturen zur Informationsbeschaffung schufen. Die Schaffung nationaler Postsysteme in Europa beispielsweise bot neue Möglichkeiten zur Überwachung, da die Behörden Briefe abfingen und untersuchten, um Verschwörungen und Dissidenten aufzudecken. Das Wachstum der Kolonialreiche erweiterte den Umfang der Überwachung noch weiter, da die imperialen Mächte versuchten, große und unterschiedliche Bevölkerungsgruppen zu kontrollieren und zu überwachen.

Das 20. Jahrhundert markierte einen bedeutenden Wendepunkt in der Entwicklung der Überwachung, angetrieben durch technologische Innovationen und geopolitische Spannungen. Die beiden Weltkriege und der darauffolgende Kalte Krieg trieben die Entwicklung fortschrittlicher Überwachungstechnologien voran, darunter Abhörmaßnahmen, Signalabhörmaßnahmen und Luftaufklärung. Diese Innovationen zielten in erster Linie auf militärische und nachrichtendienstliche Anwendungen ab und ermöglichten es den Nationen, wichtige Informationen über ihre Gegner zu sammeln. Insbesondere in der Zeit des Kalten Krieges errichteten sowohl die Vereinigten Staaten als auch die Sowjetunion umfangreiche Überwachungsnetze, beispielsweise durch Behörden wie die CIA und den KGB. In dieser Zeit kam auch die Nutzung von Satelliten zur Überwachung auf, die beispiellose globale Überwachungsmöglichkeiten boten.

Der Einzug der Digitaltechnik im späten 20. Jahrhundert revolutionierte die Überwachungspraxis und führte neue Methoden der Datenerfassung, -speicherung und -analyse ein. Die Verbreitung von Computern und des Internets ermöglichte die Massenerfassung digitaler Informationen und verwandelte die Überwachung von einem arbeitsintensiven Prozess in einen, der automatisiert und exponentiell skaliert werden konnte. Regierungen und Unternehmen begannen, diese Möglichkeiten auszunutzen und sammelten riesige Mengen an Daten aus elektronischer Kommunikation, Online-Aktivitäten und digitalen Transaktionen. Die Einführung nationaler Überwachungsprogramme wie PRISM in den USA verdeutlichte, in welchem Ausmaß digitale Technologien zur Informationsbeschaffung und Überwachung genutzt werden konnten.

Im 21. Jahrhundert haben die Überwachungsmöglichkeiten exponentiell zugenommen, angetrieben durch Fortschritte in der künstlichen Intelligenz, der Analyse großer Datenmengen und der Allgegenwärtigkeit vernetzter Geräte. KI- und maschinelle Lernalgorithmen haben die Fähigkeit verbessert, riesige Datensätze zu verarbeiten und zu analysieren, was eine präzisere und vorausschauendere Überwachung ermöglicht. Die Gesichtserkennungstechnologie beispielsweise ermöglicht die

Identifizierung und Verfolgung von Personen in Echtzeit, während prädiktive Analysen potenzielle Bedrohungen anhand von Verhaltensmustern vorhersehen können. Die Integration dieser Technologien in Überwachungssysteme hat erhebliche ethische Bedenken aufgeworfen, insbesondere in Bezug auf Datenschutz, Einwilligung und Missbrauchspotenzial.

Der Aufstieg der sozialen Medienplattformen und der digitalen Wirtschaft hat die Überwachungslandschaft noch komplizierter gemacht. Unternehmen wie Facebook, Google und Amazon sammeln umfangreiche Daten über das Verhalten, die Vorlieben und Interaktionen ihrer Nutzer, oft mit minimaler Transparenz oder Kontrolle. Diese kommerzielle Überwachung, die durch gezielte Werbung und personalisierte Dienste vorangetrieben wird, hat die Grenzen zwischen staatlicher und unternehmerischer Überwachung verschwimmen lassen. Die Kommerzialisierung persönlicher Daten hat zu einer Situation geführt, in der Einzelpersonen ständig überwacht werden , nicht nur von Regierungen, sondern auch von privaten Unternehmen, die aus ihren digitalen Fußabdrücken Profit schlagen wollen.

Die COVID-19-Pandemie hat die Einführung von Überwachungstechnologien beschleunigt, da Regierungen und Gesundheitsbehörden Kontaktverfolgung, digitale Gesundheitspässe und Überwachungssysteme eingeführt haben, um die Gesundheitskrise zu bewältigen. Diese Maßnahmen wurden zwar mit Gründen der öffentlichen Sicherheit und Gesundheit gerechtfertigt, haben aber auch Debatten über das Gleichgewicht zwischen individueller Privatsphäre und kollektiver Sicherheit ausgelöst. Die Pandemie hat das Potenzial für einen schnellen und massiven Einsatz von Überwachungstechnologien unterstrichen und Fragen zu ihren langfristigen Auswirkungen und dem Potenzial für eine schleichende Überwachung aufgeworfen.

Die ethischen Folgen der Überwachung sind tiefgreifend und vielschichtig. Die Ausweitung der Überwachungsmöglichkeiten birgt erhebliche Risiken für Privatsphäre, Autonomie und bürgerliche Freiheiten. Das Potenzial der Überwachung, zu Zwangs- oder Diskriminierungszwecken eingesetzt zu werden, ist ein kritisches Problem, insbesondere in Kontexten, in denen es an Transparenz, Rechenschaftspflicht und Kontrolle mangelt. Die Konzentration der Überwachungsmacht in den Händen einiger weniger Stellen, seien sie staatlicher oder unternehmerischer Natur, verschärft diese Risiken, schafft Möglichkeiten für Missbrauch und untergräbt demokratische Prinzipien.

Um die ethischen Herausforderungen der Überwachung zu bewältigen, ist ein differenzierter und vielschichtiger Ansatz erforderlich. Er erfordert solide rechtliche Rahmenbedingungen, die die Rechte des Einzelnen schützen und Rechenschaftspflicht gewährleisten. Transparenz bei Überwachungspraktiken ist unerlässlich, um öffentliche Kontrolle und sachkundige Debatten zu ermöglichen. Ethische Richtlinien und Standards für die Entwicklung und den Einsatz von Überwachungstechnologien können dazu beitragen, Risiken zu mindern und einen verantwortungsvollen Einsatz zu fördern. Darüber hinaus ist die Förderung einer Kultur des ethischen Bewusstseins unter Technikern, politischen Entscheidungsträgern und der Öffentlichkeit von entscheidender Bedeutung, um sich im komplexen Terrain der modernen Überwachung zurechtzufinden.

Da wir uns weiterhin mit den Auswirkungen der Überwachung im digitalen Zeitalter auseinandersetzen, ist es wichtig, über ihre historische Entwicklung und die Lehren, die sie bietet, nachzudenken. Die Entwicklung von Informanten aus der Antike zu hochentwickelten KI-gesteuerten Systemen unterstreicht sowohl die dauerhafte Natur der Überwachung als auch die transformative Wirkung der Technologie. Wenn wir diese Entwicklung verstehen, können wir die bevorstehenden Herausforderungen besser vorhersehen und Strategien entwickeln, um sicherzustellen, dass die Überwachung dem Gemeinwohl dient und gleichzeitig die grundlegenden Menschenrechte respektiert. Der anhaltende Dialog über Überwachung, Privatsphäre und Sicherheit wird die Zukunft unserer Gesellschaften prägen und uns zu einem Gleichgewicht führen, das sowohl Sicherheit als auch Freiheit aufrechterhält.

Datenschutz: Ein Grundrecht?

Das Konzept der Privatsphäre gilt seit langem als Eckpfeiler individueller Freiheit und Autonomie. Es bietet Schutz vor ungerechtfertigten Eingriffen und ermöglicht es Einzelpersonen, ein Gefühl der Kontrolle über ihre persönlichen Informationen und Aktivitäten zu behalten. Da digitale Technologien weiterhin jeden Aspekt des Lebens durchdringen, wird die Vorstellung von

Privatsphäre als Grundrecht einer intensiven Prüfung unterzogen. Diese Diskussion untersucht die philosophischen Grundlagen, rechtlichen Präzedenzfälle und aktuellen Herausforderungen im Zusammenhang mit der Privatsphäre und stellt letztlich die Frage, ob sie im digitalen Zeitalter weiterhin ein Grundrecht darstellt.

Im Kern geht es bei Privatsphäre um die Fähigkeit, den Zugang zu seinem persönlichen Raum, seinen Informationen und seinen Wahlmöglichkeiten zu kontrollieren. Diese Kontrolle ermöglicht es dem Einzelnen, Grenzen zu setzen, die ihn vor äußeren Einflüssen schützen, sodass er sich frei ausdrücken, persönliche Beziehungen aufbauen und privaten Aktivitäten nachgehen kann, ohne Angst vor Überwachung oder Verurteilung haben zu müssen. Philosophisch wird der Wert der Privatsphäre oft mit dem Konzept der Menschenwürde verknüpft. Die Fähigkeit, sich abzuschotten und persönliche Autonomie zu wahren, wird als wesentlich für die Entwicklung der eigenen Identität und moralischen Selbstbestimmung angesehen.

Die historische Entwicklung der Privatsphäre als Recht lässt sich bis zur Aufklärung und dem Aufstieg liberaler Demokratien zurückverfolgen, in denen individuelle Freiheiten an oberster Stelle standen. Die Vorstellung, dass Einzelpersonen ein Recht auf Privatsphäre haben, wurde erstmals 1890 von Samuel Warren und Louis Brandeis in ihrem wegweisenden Artikel „Das Recht auf Privatsphäre" juristisch formuliert. Sie argumentierten, dass Privatsphäre unerlässlich sei, um Einzelpersonen vor den invasiven Auswirkungen von Klatsch und Presse zu schützen, und legten damit den Grundstein für Datenschutzgesetze, die im 20. Jahrhundert aufkommen sollten.

Rechtlich ist die Privatsphäre in verschiedenen internationalen Menschenrechtsinstrumenten verankert. Die Allgemeine Erklärung der Menschenrechte (AEMR), die 1948 von der Generalversammlung der Vereinten Nationen verabschiedet wurde, erkennt in Artikel 12 das Recht auf Privatsphäre ausdrücklich an und besagt, dass „niemand willkürlichen Eingriffen in sein Privatleben, seine Familie, seine Wohnung oder seinen Briefwechsel ausgesetzt werden darf". Ebenso bieten der Internationale Pakt über bürgerliche und politische Rechte (IPBPR) und die Europäische Menschenrechtskonvention (EMRK) einen starken Schutz der Privatsphäre und stärken ihren Status als Grundrecht.

Trotz dieser rechtlichen Schutzmaßnahmen hat das digitale Zeitalter das Konzept der Privatsphäre erheblich in Frage gestellt. Die Verbreitung internetfähiger Geräte, sozialer Medienplattformen und datengesteuerter Dienste hat zu einem beispiellosen Ausmaß an Datensammlung und Überwachung geführt. Unternehmen und Regierungen haben gleichermaßen riesige Mengen persönlicher Informationen angehäuft, oft ohne die ausdrückliche Zustimmung oder das Wissen der Betroffenen. Diese Daten werden für eine Vielzahl von Zwecken verwendet, von gezielter Werbung bis hin zur nationalen Sicherheit, was zutiefst ethische und rechtliche Bedenken aufwirft.

Eines der zentralen Themen der aktuellen Datenschutzdebatte ist das Spannungsverhältnis zwischen Privatsphäre und Sicherheit. Regierungen argumentieren, dass Überwachung notwendig sei, um die Bürger vor Bedrohungen wie Terrorismus und Kriminalität zu schützen. Sie behaupten, dass die Sammlung und Analyse persönlicher Daten dazu beitragen könne, potenzielle Gefahren zu identifizieren und zu verhindern. Dieses Argument geht jedoch oft auf Kosten der Privatsphäre des Einzelnen und führt zu aufdringlichen Überwachungspraktiken, die das Vertrauen untergraben und die bürgerlichen Freiheiten verletzen können.

Die kommerzielle Nutzung persönlicher Daten durch Unternehmen stellt eine weitere große Herausforderung dar. Technologiegiganten wie Google, Facebook und Amazon sammeln umfangreiche Daten über das Verhalten, die Vorlieben und Interaktionen der Benutzer und verwenden ausgefeilte Algorithmen, um diese Informationen zu analysieren und zu monetarisieren. Die Kommerzialisierung persönlicher Daten hat zu dem geführt, was einige Wissenschaftler als „Überwachungskapitalismus" bezeichnen, bei dem persönliche Informationen als wertvolles Gut behandelt werden, das für Profit ausgebeutet werden kann. Diese kommerzielle Überwachung wirft Fragen hinsichtlich der Zustimmung, Kontrolle und des ethischen Umgangs mit persönlichen Daten auf.

Das Aufkommen hochentwickelter Technologien wie künstlicher Intelligenz und maschinellem Lernen hat den Datenschutz noch komplizierter gemacht. Diese Technologien können riesige Datenmengen in beispielloser Geschwindigkeit verarbeiten und analysieren, sodass aus scheinbar harmlosen Informationen intime Details über Einzelpersonen abgeleitet werden können.

Beispielsweise können KI-Algorithmen persönliche Merkmale, Verhaltensweisen und Vorlieben mit hoher Genauigkeit vorhersagen und übertreffen dabei oft die menschlichen Fähigkeiten. Diese Technologien bieten zwar erhebliche Vorteile, bergen jedoch auch Risiken für die Privatsphäre, insbesondere wenn sie ohne angemessene Schutzmaßnahmen und Kontrolle eingesetzt werden.

Die Datenschutz-Grundverordnung (DSGVO) der Europäischen Union, die 2018 in Kraft trat, stellt einen bedeutenden Versuch dar, diese Herausforderungen im Bereich Datenschutz anzugehen. Die DSGVO legt strenge Anforderungen an den Datenschutz fest, darunter die Notwendigkeit einer ausdrücklichen Zustimmung, das Recht auf Zugriff und Löschung personenbezogener Daten sowie die Verpflichtung der für die Datenverarbeitung Verantwortlichen, die Datensicherheit zu gewährleisten. Die Verordnung hat einen globalen Standard für den Datenschutz gesetzt, der die Gesetzgebung in anderen Regionen beeinflusst und das Bewusstsein für die Bedeutung des Datenschutzes schärft.

Trotz dieser Regulierungsbemühungen ist die Durchsetzung und Umsetzung des Datenschutzes nach wie vor uneinheitlich. Viele Menschen sind sich ihrer Datenschutzrechte nicht bewusst oder wissen nicht, wie sie diese ausüben können, und den Strafverfolgungsbehörden fehlen oft die Ressourcen, um Verstöße zur Rechenschaft zu ziehen. Darüber hinaus erschwert die globale Natur digitaler Datenströme die Anwendung nationaler Datenschutzgesetze, was eine internationale Zusammenarbeit und Harmonisierung der Vorschriften erforderlich macht.

Die Debatte über Privatsphäre als Grundrecht berührt auch allgemeinere gesellschaftliche Werte und Normen. In manchen Kulturen ist das Konzept der Privatsphäre tief verwurzelt und wird hoch geschätzt, während in anderen gesellschaftliche Normen und kollektive Interessen Vorrang haben können. Diese kulturelle Vielfalt fügt der Datenschutzdebatte eine weitere Komplexitätsebene hinzu und unterstreicht die Notwendigkeit kontextspezifischer Ansätze zum Datenschutz.

Angesichts der Herausforderungen des digitalen Zeitalters ist es von entscheidender Bedeutung, die Bedeutung der Privatsphäre als Grundrecht zu bekräftigen. Privatsphäre ist nicht nur eine persönliche Vorliebe, sondern ein grundlegendes Element demokratischer Gesellschaften. Sie bildet die Grundlage für die Meinungsfreiheit, die Entwicklung der individuellen Identität und den Schutz der Menschenwürde. Um einen soliden Datenschutz zu gewährleisten, ist ein vielschichtiger Ansatz erforderlich, der rechtliche Absicherungen, technologische Lösungen und öffentliches Bewusstsein kombiniert.

In diesem Zusammenhang ist die Rolle von Technikern, Politikern und der Zivilgesellschaft von größter Bedeutung. Techniker müssen Systeme entwickeln und implementieren, die die Privatsphäre standardmäßig respektieren und Prinzipien wie Datenminimierung, Verschlüsselung und Benutzerkontrolle berücksichtigen. Politiker müssen Vorschriften schaffen und durchsetzen, die das Recht auf Privatsphäre schützen und gleichzeitig andere gesellschaftliche Interessen berücksichtigen. Zivilgesellschaftliche Organisationen und Einzelpersonen müssen sich für einen stärkeren Datenschutz einsetzen und sowohl Regierungen als auch Unternehmen für ihre Praktiken zur Verantwortung ziehen.

Der Diskurs über Privatsphäre als Grundrecht ist im Gange und entwickelt sich ständig weiter. Da sich Technologien weiterentwickeln und gesellschaftliche Normen ändern, müssen wir unser Engagement für die Privatsphäre kontinuierlich neu bewerten und bekräftigen. Indem wir Privatsphäre als Eckpfeiler individueller Freiheit und Würde anerkennen, können wir sicherstellen, dass das digitale Zeitalter dieses grundlegende Menschenrecht respektiert und aufrechterhält. Der Schutz der Privatsphäre ist nicht nur eine technische Herausforderung, sondern ein moralisches Gebot, das Wachsamkeit, Engagement und Innovation aus allen Bereichen der Gesellschaft erfordert.

Die Ethik der Sicherheit

Sicherheit umfasst im Wesentlichen die Maßnahmen und Praktiken, die zum Schutz von Einzelpersonen, Organisationen und Nationen vor Bedrohungen und Schäden eingesetzt werden. Da unsere Welt zunehmend digitalisiert wird, geht der Sicherheitsbegriff über die physische Sicherheit hinaus und umfasst auch Cybersicherheit, Datenschutz und die Sicherung digitaler Infrastrukturen. Die Sicherheitsethik untersucht die moralischen Prinzipien und Überlegungen, die diese Schutzmaßnahmen leiten, und befasst sich mit der Balance zwischen Sicherheitsbedürfnissen und ethischen Imperativen. Dieser Diskurs ist von entscheidender Bedeutung, um sicherzustellen, dass Sicherheitspraktiken grundlegende Rechte und Werte nicht untergraben.

Im Mittelpunkt der Sicherheitsethik steht der Grundsatz der Verhältnismäßigkeit. Dieser Grundsatz besagt, dass Sicherheitsmaßnahmen im Verhältnis zu den Bedrohungen stehen sollten, die sie abmildern sollen. Überzogene Sicherheitspraktiken wie allgegenwärtige Überwachung oder exzessive Gewalt können zu erheblichen ethischen Verstößen führen, darunter Eingriffe in Privatsphäre, Autonomie und Freiheit. Die ethische Herausforderung besteht darin, Sicherheitsmaßnahmen zu entwerfen und umzusetzen, die Bedrohungen wirksam begegnen und gleichzeitig negative Auswirkungen auf individuelle Rechte und gesellschaftliche Werte minimieren.

Die Rechtfertigung von Sicherheitsmaßnahmen beruht häufig auf dem Konzept des Risikomanagements. Risiko bezieht sich in diesem Zusammenhang auf das Potenzial für Schäden oder Verluste, die durch verschiedene Bedrohungen entstehen, seien es physische Angriffe, Cyber-Einbrüche oder Naturkatastrophen. Beim ethischen Risikomanagement geht es darum, die Wahrscheinlichkeit und Auswirkung von Bedrohungen zu bewerten und die entsprechende Reaktion festzulegen. Dieser Prozess erfordert Transparenz, Rechenschaftspflicht und die Einbeziehung unterschiedlicher Perspektiven, um sicherzustellen, dass die ergriffenen Maßnahmen gerechtfertigt und angemessen sind.

Eines der wichtigsten ethischen Anliegen im Bereich Sicherheit ist die Balance zwischen individueller Privatsphäre und kollektiver Sicherheit. Sicherheitsmaßnahmen, die Überwachung, Datensammlung und -beobachtung beinhalten, können die Privatsphäre des Einzelnen erheblich beeinträchtigen. Diese Spannung wird besonders deutlich im Kontext der digitalen Sicherheit, wo Technologien wie Data Mining, Gesichtserkennung und Netzwerküberwachung eingesetzt werden, um Bedrohungen zu identifizieren und zu verhindern. Diese Technologien können zwar die Sicherheit erhöhen, geben aber auch Anlass zur Sorge, inwieweit das Privatleben des Einzelnen untersucht und kontrolliert wird.

Die ethischen Auswirkungen der Überwachung sind vielfältig. Überwachung kann einen abschreckenden Effekt haben, bei dem Personen aufgrund des Bewusstseins, beobachtet zu werden, ihr Verhalten ändern und so die Meinungsfreiheit und Autonomie einschränken . Darüber hinaus kann der Missbrauch von Überwachungsdaten zu Diskriminierung, sozialer Profilerstellung und gezielter Verfolgung bestimmter Gruppen führen. Ethisch einwandfreie Sicherheitspraktiken müssen daher Schutzmaßnahmen beinhalten, die vor diesen Risiken schützen und sicherstellen, dass die Überwachung transparent durchgeführt wird und klare rechtliche Rahmenbedingungen und Kontrollmechanismen vorhanden sind.

Ein weiterer wichtiger Aspekt der Sicherheitsethik ist das Gerechtigkeitsprinzip. Sicherheitsmaßnahmen müssen fair und gerecht angewendet werden, ohne Diskriminierung oder Voreingenommenheit. Dieses Prinzip ist besonders im Zusammenhang mit Strafverfolgung und Strafjustiz relevant, wo Sicherheitspraktiken marginalisierte Gemeinschaften unverhältnismäßig stark treffen können. Rassenprofilierung, voreingenommene Algorithmen und ungleicher Zugang zum Schutz sind Beispiele dafür, wie Sicherheitsmaßnahmen Ungerechtigkeit aufrechterhalten können. Ein ethischer Sicherheitsansatz erfordert die Entwicklung und Umsetzung von Praktiken, die die Grundsätze der Gleichheit und Nichtdiskriminierung wahren.

Auch die Rolle der Zustimmung ist ein wichtiger Aspekt in der Sicherheitsethik. Informierte Zustimmung bedeutet, dass sich die Personen der sie betreffenden Sicherheitsmaßnahmen voll bewusst sind und ihnen zustimmen. Allerdings kann es schwierig sein, im Zusammenhang mit der Sicherheit eine echte Zustimmung einzuholen, insbesondere wenn die Personen sich des Umfangs oder der Art der Überwachung und Datenerfassung nicht bewusst sind. Ethische Sicherheitspraktiken sollten darauf abzielen, sicherzustellen, dass die Personen informiert und befugt sind, Entscheidungen über ihre Privatsphäre und Sicherheit zu treffen. Dies erfordert klare Kommunikation, Transparenz und Respekt für die Autonomie der Personen.

Die ethische Dimension der Sicherheit erstreckt sich auf die globale Arena, wo Probleme wie internationaler Terrorismus, Cyberkrieg und globale Pandemien koordinierte Reaktionen erfordern. Die Ethik der globalen Sicherheit beinhaltet die Navigation durch die

Komplexität von Souveränität, Menschenrechten und internationalem Recht. Globale Sicherheitsmaßnahmen müssen nationale Interessen mit dem Gemeinwohl in Einklang bringen und sicherstellen, dass Maßnahmen zum Schutz einer Nation anderen nicht ungerechterweise schaden. Dies erfordert ein Engagement für internationale Zusammenarbeit, Diplomatie und die Einhaltung ethischer Normen und Prinzipien.

Technologische Fortschritte in den Bereichen KI und maschinelles Lernen haben die Sicherheitslandschaft verändert und neue Möglichkeiten und ethische Herausforderungen mit sich gebracht. KI-gesteuerte Sicherheitssysteme können riesige Datenmengen analysieren, Muster erkennen und Bedrohungen mit beispielloser Genauigkeit vorhersagen. Diese Systeme werfen jedoch auch ethische Bedenken hinsichtlich Verantwortlichkeit, Transparenz und Voreingenommenheit auf. KI-Algorithmen sind nur so gut wie die Daten, mit denen sie trainiert werden, und voreingenommene Daten können zu voreingenommenen Ergebnissen führen. Um ethische Standards in Sicherheitspraktiken einzuhalten, muss sichergestellt werden, dass KI-Sicherheitssysteme fair, transparent und nachvollziehbar sind.

Der ethische Einsatz von KI in der Sicherheit erfordert auch die Berücksichtigung der Auswirkungen von Automatisierung und Entscheidungsfindung. Autonome Systeme wie Drohnen und Überwachungsroboter können mit minimalem menschlichen Eingriff arbeiten, was Fragen zu Verantwortlichkeit und Kontrolle aufwirft. Wer ist für die Entscheidungen dieser Systeme verantwortlich? Wie können wir sicherstellen, dass sie ethischen Grundsätzen entsprechen? Um diese Fragen zu beantworten, sind robuste Rahmenbedingungen erforderlich, die ethische Richtlinien, menschliche Aufsicht und kontinuierliche Überwachung beinhalten.

Das Prinzip der Minimierung ist ein weiterer wichtiger Aspekt der Sicherheitsethik. Dieses Prinzip befürwortet den Einsatz der am wenigsten eingreifenden Maßnahmen, die zur Erreichung der Sicherheitsziele erforderlich sind. Bei der Minimierung werden die potenziellen Auswirkungen von Sicherheitsmaßnahmen sorgfältig bewertet und diejenigen ausgewählt, die die Bedrohung wirksam bekämpfen und gleichzeitig den Schaden für Einzelpersonen und die Gesellschaft minimieren. Dieser Ansatz hilft, das

Sicherheitsbedürfnis mit der Wahrung der Grundrechte und -freiheiten in Einklang zu bringen.

Das Vertrauen der Öffentlichkeit ist ein Eckpfeiler effektiver Sicherheit. Vertrauen beruht auf der Gewissheit, dass Sicherheitsmaßnahmen ethisch, transparent und unter Achtung der Rechte des Einzelnen umgesetzt werden. Wenn Sicherheitspraktiken als übertrieben, diskriminierend oder undurchsichtig wahrgenommen werden, erodiert das Vertrauen der Öffentlichkeit, was zu Widerstand und Nichteinhaltung führt. Der Aufbau und Erhalt von Vertrauen erfordert die Verpflichtung zu ethischem Verhalten, offener Kommunikation und Rechenschaftspflicht. Die Einbindung der Gemeinschaften, das Verständnis ihrer Anliegen und ihre Einbeziehung in die Entwicklung von Sicherheitsrichtlinien sind entscheidende Schritte zur Förderung des Vertrauens.

Die Ethik der Sicherheit ist ein fortlaufender Dialog, der sich an sich entwickelnde Bedrohungen, Technologien und gesellschaftliche Werte anpassen muss. Da Sicherheitsherausforderungen immer komplexer und vernetzter werden, wird die Notwendigkeit ethischer Reflexion und prinzipiengeleiteten Handelns immer wichtiger. Indem wir Sicherheitspraktiken auf ethischen Prinzipien aufbauen, können wir eine sicherere und gerechtere Welt schaffen, in der der Schutz von Einzelpersonen und Gesellschaften erreicht wird, ohne die Werte zu gefährden, die unsere Menschlichkeit definieren. Das Gleichgewicht zwischen Sicherheit und Ethik ist heikel, aber mit sorgfältiger Überlegung und unerschütterlichem Engagement ist es ein Gleichgewicht, das erreicht werden kann und muss.

Datenschutz und Sicherheit

Das Spannungsverhältnis zwischen Privatsphäre und Sicherheit ist ein Dauerthema, das durch die Entwicklung moderner Technologien noch komplizierter geworden ist. Mit der zunehmenden Digitalisierung der Gesellschaft wird es immer schwieriger, die Privatsphäre des Einzelnen mit dem Bedürfnis nach Sicherheit in Einklang zu bringen. Dieses empfindliche Gleichgewicht erfordert ein differenziertes Verständnis der ethischen, rechtlichen und praktischen Aspekte, die mit dem Schutz von Privatsphäre und Sicherheit in einer vernetzten Welt verbunden sind.

Privatsphäre ist ein Grundrecht, das persönliche Autonomie und Würde untermauert. Sie ermöglicht es Einzelpersonen, ihre persönlichen Daten zu kontrollieren und sich vor ungerechtfertigter Kontrolle zu schützen. Sicherheit hingegen bedeutet, Einzelpersonen, Organisationen und Nationen vor Bedrohungen und Schäden zu schützen. Dazu gehört der Schutz vor physischen Angriffen, Cyber-Bedrohungen und anderen Gefahren, die die soziale Ordnung und das individuelle Wohlbefinden stören könnten. Das Zusammenspiel dieser beiden Erfordernisse ist komplex und erfordert eine sorgfältige Abwägung der damit verbundenen Auswirkungen und Kompromisse.

Die philosophischen Grundlagen von Privatsphäre und Sicherheit unterstreichen ihren inhärenten Wert. Privatsphäre ist für die Entwicklung der individuellen Identität und die Ausübung der Freiheit unerlässlich. Sie bietet einen Raum, in dem Einzelpersonen ohne Angst vor Überwachung oder Eindringen denken, sprechen und handeln können. Sicherheit wiederum ist eine Voraussetzung für eine stabile und funktionierende Gesellschaft. Sie stellt sicher, dass Einzelpersonen vor Schaden geschützt sind und die soziale Ordnung aufrechterhalten wird. Sowohl Privatsphäre als auch Sicherheit sind für das Gedeihen der Menschheit von entscheidender Bedeutung, und keines von beiden kann ohne erhebliche Konsequenzen außer Acht gelassen werden.

Das digitale Zeitalter hat die Debatte um Datenschutz und Sicherheit verschärft. Technologien wie das Internet, Smartphones und soziale Medien haben unsere Art zu kommunizieren und zu interagieren revolutioniert, aber sie haben auch neue Schwachstellen geschaffen. Cybersicherheitsbedrohungen, die von Datenlecks bis hin zu Ransomware-Angriffen reichen, sind für Einzelpersonen und Organisationen gleichermaßen zu einem erheblichen Problem geworden. Um diese Bedrohungen einzudämmen, werden häufig umfangreiche Datenerfassungen und -überwachungen eingesetzt, was die Sorge vor einer Beeinträchtigung der Privatsphäre aufkommen lässt.

Eine der größten Herausforderungen bei der Balance zwischen Privatsphäre und Sicherheit ist die Gefahr von Übergriffen. Sicherheitsmaßnahmen können, wenn sie nicht richtig geregelt sind, zu invasiven Überwachungspraktiken führen, die die Rechte des Einzelnen verletzen. So können beispielsweise

Massendatenerfassungsprogramme von Regierungen und Unternehmen zur Anhäufung großer Mengen persönlicher Informationen führen, oft ohne die ausdrückliche Zustimmung des Einzelnen. Diese Daten können für Zwecke verwendet werden, die über den ursprünglichen Zweck hinausgehen, was zu einem Verlust der Kontrolle über persönliche Informationen und potenziellem Missbrauch führen kann.

Der Grundsatz der Verhältnismäßigkeit ist bei der Bewältigung dieser Herausforderung von entscheidender Bedeutung. Verhältnismäßigkeit erfordert, dass Sicherheitsmaßnahmen dem Ausmaß der Bedrohung angemessen sind und die Rechte des Einzelnen nicht übermäßig beeinträchtigen. Dazu gehört eine sorgfältige Bewertung der Risiken und der am wenigsten eingreifenden Mittel zur Minderung dieser Risiken. Dieser Grundsatz stellt sicher, dass Sicherheitsbemühungen gerechtfertigt sind und die Privatsphäre nicht unnötig geopfert wird.

Rechtliche Rahmenbedingungen spielen eine entscheidende Rolle bei der Balance zwischen Privatsphäre und Sicherheit. Strenge Datenschutzgesetze wie die Datenschutz-Grundverordnung (DSGVO) der Europäischen Union legen klare Richtlinien für die Erhebung, Verwendung und Speicherung personenbezogener Daten fest. Diese Gesetze schreiben Transparenz, Rechenschaftspflicht und das Recht des Einzelnen vor, auf seine Daten zuzugreifen und sie zu kontrollieren. Indem sie eine Rechtsgrundlage für den Datenschutz bieten, tragen solche Rahmenbedingungen dazu bei, dass Sicherheitsmaßnahmen auf eine Weise umgesetzt werden, die die Rechte des Einzelnen respektiert.

Auch technologische Lösungen bieten Möglichkeiten, Privatsphäre und Sicherheit in Einklang zu bringen. Datenschutzfördernde Technologien (PETs) wie Verschlüsselung und Anonymisierung können persönliche Daten schützen und gleichzeitig die notwendigen Sicherheitsmaßnahmen ermöglichen. Verschlüsselung beispielsweise stellt sicher, dass Daten vertraulich und sicher bleiben, selbst wenn sie von Unbefugten abgefangen werden. Anonymisierungstechniken können Datenanalysen ermöglichen, ohne individuelle Identitäten preiszugeben. Auf diese Weise wird die Privatsphäre geschützt und gleichzeitig werden Sicherheitsmaßnahmen erleichtert.

Transparenz und Verantwortlichkeit sind wesentliche Bestandteile aller Bemühungen, Privatsphäre und Sicherheit in Einklang zu bringen. Transparenz macht die Prozesse und Richtlinien im Zusammenhang mit der Datenerfassung und -überwachung für die Öffentlichkeit transparent. Dazu gehört, dass Einzelpersonen darüber informiert werden, welche Daten erfasst werden, wie sie verwendet werden und welche Zwecke sie verfolgen . Verantwortlichkeit stellt sicher, dass die für die Datenerfassung und -überwachung Verantwortlichen für ihre Handlungen zur Rechenschaft gezogen werden. Dazu gehört die Einrichtung von Kontrollmechanismen wie unabhängigen Prüfungsausschüssen und Audits, um die Einhaltung rechtlicher und ethischer Standards zu überwachen.

Das Vertrauen der Öffentlichkeit ist von grundlegender Bedeutung, um ein Gleichgewicht zwischen Privatsphäre und Sicherheit zu erreichen. Vertrauen entsteht durch Transparenz, Verantwortlichkeit und ein nachweisliches Engagement für den Schutz individueller Rechte. Wenn Einzelpersonen darauf vertrauen, dass ihre Privatsphäre respektiert wird und dass Sicherheitsmaßnahmen vorhanden sind, um sie vor Schaden zu schützen, ist es wahrscheinlicher, dass sie diese Maßnahmen unterstützen und einhalten. Der Aufbau und die Aufrechterhaltung dieses Vertrauens erfordert ein kontinuierliches Engagement mit der Öffentlichkeit, eine klare Kommunikation und ein Bekenntnis zu ethischen Praktiken.

Die Bedeutung von Aufklärung und öffentlichem Bewusstsein kann in diesem Zusammenhang nicht genug betont werden. Wenn Einzelpersonen über ihre Datenschutzrechte und die Bedeutung von Sicherheitsmaßnahmen aufgeklärt werden, sind sie in der Lage, fundierte Entscheidungen zu treffen. Aufklärungskampagnen können die Vorteile datenschutzfreundlicher Technologien und die Bedeutung strenger Datenschutzgesetze hervorheben. Indem wir eine Kultur des Bewusstseins und der Verantwortung fördern, können wir die Komplexität der Balance zwischen Datenschutz und Sicherheit besser bewältigen.

Die Balance zwischen Privatsphäre und Sicherheit ist kein statischer Endpunkt, sondern ein fortlaufender Prozess, der ständiger Reflexion und Anpassung bedarf. Während sich Technologien weiterentwickeln und neue Bedrohungen auftauchen, müssen sich auch die Strategien zur Balance dieser Erfordernisse weiterentwickeln. Dies erfordert eine Zusammenarbeit von Technikern, Politikern, Rechtsexperten und der Öffentlichkeit. Durch Zusammenarbeit können wir Lösungen entwickeln, die Privatsphäre und Sicherheit schützen und sicherstellen, dass die Vorteile des digitalen Zeitalters genutzt werden, ohne die Grundrechte zu beeinträchtigen.

Der Diskurs über die Balance zwischen Privatsphäre und Sicherheit ist ein wichtiger Bestandteil der breiteren Diskussion über den ethischen Einsatz von Technologie. Er fordert uns auf, die Werte zu berücksichtigen, die unseren Gesellschaften zugrunde liegen, und Wege zu finden, diese Werte in einer zunehmend komplexen und vernetzten Welt zu schützen. Indem wir nach einem Gleichgewicht streben, das Privatsphäre und Sicherheit respektiert, können wir eine gerechtere und sicherere Zukunft für alle schaffen.

Ethik und Auswirkungen der Überwachung am Arbeitsplatz

Das Aufkommen moderner Überwachungstechnologien hat den modernen Arbeitsplatz dramatisch verändert. Arbeitgeber haben heute beispiellose Möglichkeiten, die Aktivitäten, Kommunikation und Produktivität ihrer Mitarbeiter zu überwachen. Während die Befürworter argumentieren, dass eine solche Überwachung die Effizienz, Sicherheit und Compliance verbessert, wirft diese Praxis erhebliche ethische und rechtliche Bedenken auf. Die Balance zwischen den Interessen der Organisation und der Privatsphäre der Mitarbeiter ist heikel und erfordert eine sorgfältige Prüfung der Auswirkungen und der Ethik der Überwachung am Arbeitsplatz.

In der Vergangenheit beschränkte sich die Überwachung am Arbeitsplatz auf rudimentäre Methoden wie Stempeluhren, direkte Aufsicht und einfaches Protokollieren der Arbeitszeiten. Diese Maßnahmen zielten darauf ab, Pünktlichkeit und Produktivität sicherzustellen, ihr Umfang war jedoch relativ eng. Die digitale Revolution hat diese Möglichkeiten exponentiell erweitert. Arbeitgeber können heute hochentwickelte Tools wie Keylogging-Software, Videoüberwachung, GPS-Tracking und Datenanalyse nutzen, um praktisch jeden Aspekt des Arbeitstages eines Mitarbeiters zu überwachen. Diese Technologien bieten detaillierte

Einblicke in das Verhalten, die Leistung und sogar die persönlichen Aktivitäten der Mitarbeiter.

Der Hauptgrund für die Überwachung am Arbeitsplatz ist die Steigerung der Produktivität und die Gewährleistung der Sicherheit. Durch die Überwachung der Mitarbeiter können Unternehmen Ineffizienzen erkennen, Arbeitsabläufe optimieren und Unternehmensvermögen schützen. Überwachung kann Fehlverhalten verhindern, Diebstahl vorbeugen und vertrauliche Informationen schützen. In regulierten Branchen trägt sie dazu bei, die Einhaltung gesetzlicher und ethischer Standards sicherzustellen und so kostspielige Bußgelder und Reputationsschäden zu vermeiden. Beispielsweise können Finanzinstitute die Kommunikation überwachen, um Insiderhandel oder Betrug aufzudecken, während Gesundheitsdienstleister den Datenzugriff verfolgen können, um die Vertraulichkeit von Patientendaten zu schützen.

Die weitreichenden Auswirkungen moderner Überwachungstechnologien beeinträchtigen jedoch häufig die Privatsphäre der Mitarbeiter, was erhebliche ethische Bedenken aufwirft. Mitarbeiter haben möglicherweise das Gefühl, dass die ständige Überwachung ihre persönliche Autonomie beeinträchtigt und eine Atmosphäre des Misstrauens schafft. Das Bewusstsein, beobachtet zu werden, kann zu Stress, Angst und einem Rückgang der Arbeitsmoral führen, was sich letztlich negativ auf die Produktivität auswirkt. Darüber hinaus kann die Überwachung die Grenzen zwischen Arbeit und Privatleben verwischen, insbesondere im Zusammenhang mit der Fernarbeit, wo Überwachungssoftware Aktivitäten außerhalb der üblichen Bürozeiten verfolgen kann.

Das ethische Prinzip der Zustimmung ist entscheidend, um diese Bedenken auszuräumen. Mitarbeiter sollten über das Ausmaß und den Zweck der Überwachung informiert werden und ihre ausdrückliche Zustimmung geben. Eine transparente Kommunikation über Überwachungspraktiken kann Misstrauen und Ressentiments abmildern. Sie stellt auch sicher, dass Mitarbeiter die legitimen Gründe für die Überwachung verstehen, beispielsweise die Erhöhung der Sicherheit oder die Verbesserung der Betriebseffizienz. Die Machtdynamik im Arbeitgeber-Arbeitnehmer-Verhältnis kann das Konzept der Zustimmung jedoch erschweren, da sich Mitarbeiter möglicherweise gezwungen fühlen, Überwachungspraktiken zuzustimmen, um ihren Arbeitsplatz zu behalten.

Ein weiteres kritisches ethisches Problem ist das Potenzial der Überwachung, Diskriminierung und Voreingenommenheit zu verewigen. Überwachungstechnologien können riesige Datenmengen sammeln, die, wenn sie nicht verantwortungsvoll gehandhabt werden, zu voreingenommenen Entscheidungen führen können. So können beispielsweise Algorithmen, die zur Analyse der Mitarbeiterleistung verwendet werden, unbeabsichtigt bestimmte Gruppen gegenüber anderen bevorzugen und so bestehende Ungleichheiten verstärken. Arbeitgeber müssen sicherstellen, dass Überwachungsdaten fair verwendet werden und dass Schutzmaßnahmen vorhanden sind, um diskriminierende Praktiken zu verhindern. Dazu gehören regelmäßige Prüfungen der Überwachungssysteme und Algorithmen, um etwaige Voreingenommenheiten zu identifizieren und zu beheben.

Rechtliche Rahmenbedingungen spielen eine wichtige Rolle bei der Regulierung der Überwachung am Arbeitsplatz und beim Schutz der Arbeitnehmerrechte. In vielen Ländern gibt es Gesetze, die Arbeitgeber dazu verpflichten, ihre Mitarbeiter über die Überwachung zu informieren und deren Notwendigkeit zu begründen. Datenschutzbestimmungen wie die Datenschutz-Grundverordnung (DSGVO) in der Europäischen Union stellen strenge Anforderungen an die Erhebung, Verarbeitung und Speicherung personenbezogener Daten. Diese Gesetze zielen darauf ab, die Interessen der Arbeitgeber mit den Datenschutzrechten der Arbeitnehmer in Einklang zu bringen und sicherzustellen, dass Überwachungspraktiken transparent und ethisch durchgeführt werden.

Technische Lösungen können auch dabei helfen, die ethischen Herausforderungen der Arbeitsplatzüberwachung zu bewältigen. Datenschutzfördernde Technologien (PETs) können eingesetzt werden, um Mitarbeiterdaten zu schützen und gleichzeitig die Überwachungsziele zu erreichen. So können beispielsweise Anonymisierungstechniken eingesetzt werden, um Produktivitätstrends zu überwachen, ohne einzelne Mitarbeiter zu identifizieren. Verschlüsselung kann vertrauliche Kommunikation vor unbefugtem Zugriff schützen. Durch die Integration von PETs in Überwachungssysteme können Arbeitgeber das Risiko von

Datenschutzverletzungen verringern und ihr Engagement für ethische Praktiken unter Beweis stellen.

Der kulturelle Kontext der Überwachung ist ein weiterer wichtiger Aspekt. Die Normen und Erwartungen am Arbeitsplatz sind in verschiedenen Regionen und Branchen unterschiedlich und beeinflussen die Wahrnehmung der Überwachung. In einigen Kulturen wird eine umfassende Überwachung möglicherweise als notwendige Maßnahme zur Gewährleistung kollektiver Sicherheit und Effizienz angesehen. In anderen wird sie möglicherweise als invasiver und inakzeptabler Eingriff in die Privatsphäre angesehen. Arbeitgeber müssen mit diesen kulturellen Unterschieden sensibel umgehen und ihre Überwachungspraktiken an die lokalen Normen und Werte anpassen.

Die Überwachung am Arbeitsplatz hat auch Auswirkungen auf die Zukunft der Arbeit. Da Remote- und flexible Arbeitsvereinbarungen immer häufiger werden, wird die Herausforderung, Überwachung und Privatsphäre in Einklang zu bringen, größer. Fernüberwachungstechnologien wie Bildschirmaufzeichnung und Tastatureingabeprotokollierung können die Aktivitäten von Mitarbeitern außerhalb der traditionellen Büroumgebung verfolgen. Diese Tools können zwar die Produktivität und Sicherheit steigern, werfen aber auch Fragen darüber auf, inwieweit Arbeitgeber die persönlichen Bereiche und privaten Aktivitäten der Mitarbeiter überwachen sollten. Um dieses Gleichgewicht zu wahren, ist die Entwicklung klarer Richtlinien, die die Privatsphäre der Mitarbeiter respektieren und gleichzeitig legitime organisatorische Bedenken berücksichtigen, von entscheidender Bedeutung.

Ethische Führung ist bei der Umsetzung von Überwachung am Arbeitsplatz von entscheidender Bedeutung. Führungskräfte müssen den Ton für eine Kultur der Transparenz, des Vertrauens und des Respekts angeben. Dazu gehört nicht nur die Einhaltung gesetzlicher und ethischer Standards, sondern auch die Förderung eines Umfelds, in dem sich Mitarbeiter wertgeschätzt und respektiert fühlen. Ein offener Dialog über Überwachungspraktiken, Möglichkeiten zur Rückmeldung und die Verpflichtung zu ethischen Entscheidungen können Vertrauen aufbauen und eine positive Unternehmenskultur fördern.

Die ethischen Aspekte der Arbeitsplatzüberwachung sind komplex und vielschichtig und erfordern eine sorgfältige Abwägung zwischen organisatorischen Interessen und Arbeitnehmerrechten. Überwachung kann zwar die Produktivität, Sicherheit und Compliance verbessern, muss jedoch transparent und ethisch durchgeführt werden, um eine Verletzung der Privatsphäre und Autonomie des Einzelnen zu vermeiden. Rechtliche Rahmenbedingungen, technologische Lösungen, kulturelle Sensibilität und ethische Führung sind allesamt wesentliche Bestandteile dieser Abwägung. Da sich Technologien zur Arbeitsplatzüberwachung ständig weiterentwickeln, sind ein kontinuierlicher Dialog und eine kontinuierliche Reflexion erforderlich, um sicherzustellen, dass sie verantwortungsvoll eingesetzt werden und die Würde und Rechte der Arbeitnehmer gewahrt werden.

Soziale Medien: Verbindung und Konsequenz

„Bei sozialen Medien geht es nicht um die Ausbeutung der Technologie, sondern um den Dienst an der Gemeinschaft." – *Simon Mainwaring*

Soziale Medien haben die Art und Weise, wie wir kommunizieren, uns vernetzen und Informationen teilen, revolutioniert und sind für Milliarden Menschen weltweit zu einem festen Bestandteil des täglichen Lebens geworden. Plattformen wie Facebook, Twitter, Instagram und TikTok bieten beispiellose Möglichkeiten zur Selbstdarstellung, zum Aufbau von Gemeinschaften und zur globalen Vernetzung. Sie ermöglichen es uns, mit Freunden und Familie in Kontakt zu bleiben, am öffentlichen Diskurs teilzunehmen und auf ein vielfältiges Angebot an Inhalten und Perspektiven zuzugreifen. Diese digitale Vernetzung bringt jedoch erhebliche positive wie negative Konsequenzen mit sich, die einer sorgfältigen Betrachtung bedürfen.

Der Aufstieg der sozialen Medien hat die Entstehung virtueller Gemeinschaften erleichtert, in denen Einzelpersonen Unterstützung, Solidarität und ein Gefühl der Zugehörigkeit finden können. Diese Plattformen haben marginalisierten Stimmen Gehör verschafft und Raum für Aktivismus und Interessenvertretung zu Themen von sozialer Gerechtigkeit bis hin zum Klimawandel geboten. Bewegungen wie #BlackLivesMatter und #MeToo haben die Macht der sozialen Medien genutzt, um das Bewusstsein zu schärfen, Unterstützer zu mobilisieren und Veränderungen herbeizuführen. Indem sie diesen Stimmen mehr Gehör verschaffen, haben die sozialen Medien zu einer inklusiveren und demokratischeren Öffentlichkeit beigetragen.

Trotz ihrer vielen Vorteile bringen soziale Medien auch tiefgreifende ethische Herausforderungen mit sich. Eines der dringendsten Probleme ist die Aushöhlung der Privatsphäre. Benutzer geben oft persönliche Informationen weiter, manchmal unabsichtlich, die von Unternehmen und Dritten für gezielte Werbung und andere Zwecke missbraucht werden können. Die Kommerzialisierung persönlicher Daten wirft Fragen hinsichtlich Zustimmung, Eigentum und Missbrauchspotenzial auf. Darüber hinaus kann die Allgegenwärtigkeit sozialer Medien die Grenzen zwischen öffentlichem und privatem Leben verwischen, was zu einem Verlust der persönlichen Autonomie führt.

Ein weiteres großes Problem sind die Auswirkungen der sozialen Medien auf die psychische Gesundheit. Die ständige Konfrontation mit ausgewählten Bildern und Inhalten kann bei den Nutzern unrealistische Erwartungen und ein Gefühl der Unzulänglichkeit hervorrufen. Studien haben einen Zusammenhang zwischen der Nutzung sozialer Medien und einem Anstieg von Angstzuständen, Depressionen und Einsamkeit gezeigt, insbesondere bei Jugendlichen und jungen Erwachsenen. Das Design von Social-Media-Plattformen mit Funktionen wie „Gefällt mir" und „Teilen" kann Suchtverhalten und ein ständiges Bedürfnis nach Bestätigung fördern und diese psychischen Probleme verschlimmern.

Soziale Medien spielen auch eine entscheidende Rolle bei der Gestaltung der öffentlichen Meinung und des Diskurses. Sie bieten zwar eine Plattform für unterschiedliche Standpunkte, können aber auch zur Verbreitung von Fehlinformationen und Polarisierung beitragen. Algorithmen, die Engagement priorisieren, verstärken oft sensationslüsterne und spaltende Inhalte und schaffen Echokammern, in denen Benutzer vor allem Informationen ausgesetzt sind, die ihre bestehenden Überzeugungen bekräftigen. Dies kann einen konstruktiven Dialog behindern, das Vertrauen in Institutionen untergraben und gesellschaftliche Spaltungen vertiefen.

Die ethischen Implikationen sozialer Medien erstrecken sich auf Fragen der freien Meinungsäußerung und der Zensur. Plattformen stehen vor der Herausforderung, den Schutz der freien Meinungsäußerung mit der Notwendigkeit zu vereinen, schädliche Inhalte wie Hassreden, Belästigung und Desinformation einzudämmen. Entscheidungen über die Moderation von Inhalten lösen oft Kontroversen aus und werfen Fragen über die Rolle und Verantwortung von Social-Media-Unternehmen bei der Regulierung der Meinungsäußerung und der Aufrechterhaltung einer gesunden Online-Umgebung auf.

Wenn wir uns mit dem komplexen Zusammenspiel zwischen sozialen Medien, Verbindungen und Konsequenzen befassen, ist es wichtig, die Doppelnatur dieser Plattformen zu erkennen. Sie bieten leistungsstarke Tools für die Kommunikation und den Aufbau von Gemeinschaften, bergen jedoch auch erhebliche Risiken für die Privatsphäre, die psychische Gesundheit und den gesellschaftlichen Zusammenhalt. In diesem Kapitel werden diese Themen eingehend untersucht, wobei die transformativen Auswirkungen sozialer Medien auf unser Leben und die ethischen Überlegungen untersucht werden, die ihre Nutzung bestimmen müssen. Durch diese Untersuchung möchten wir ein differenziertes Verständnis der Rolle sozialer Medien in der heutigen Gesellschaft fördern und wie wir ihr Potenzial nutzen und gleichzeitig ihre Schäden mildern können.

Dem Aufstieg der sozialen Medien auf der Spur

Das Aufkommen der sozialen Medien markiert einen entscheidenden Wandel in der Art und Weise, wie Menschen kommunizieren, Informationen austauschen und interagieren. In den letzten zwei Jahrzehnten sind Plattformen wie Facebook, Twitter, Instagram und TikTok allgegenwärtig geworden und haben die soziale Landschaft grundlegend verändert. Der Aufstieg der sozialen Medien hat nicht nur persönliche Beziehungen und Gemeinschaftsdynamiken neu geformt, sondern auch Geschäftspraktiken, politische Prozesse und kulturelle Trends beeinflusst. Dieser Artikel untersucht die historische Entwicklung, die technologischen Fortschritte und die gesellschaftlichen Auswirkungen des Aufstiegs der sozialen Medien.

Die Ursprünge der sozialen Medien lassen sich bis in die frühen Tage des Internets zurückverfolgen, als Online-Foren und Bulletin-Board-Systeme (BBS) den Benutzern einen digitalen Raum zum Informationsaustausch und zur Diskussion verschiedener Themen boten. Diese frühen Plattformen legten den Grundstein für die ausgefeilteren sozialen Netzwerke, die Ende der 1990er und Anfang der 2000er Jahre entstanden. Six Degrees wurde 1997 gegründet und gilt oft als die erste soziale Netzwerkseite, auf der Benutzer Profile erstellen und sich mit Freunden verbinden konnten. Obwohl Six Degrees nur von kurzer Dauer war, legte es den Grundstein für nachfolgende Entwicklungen in der Social-Media-Landschaft.

Anfang der 2000er Jahre entstanden Plattformen, die zu allgemein bekannten Namen wurden. Friendster (2002) und MySpace (2003) ermöglichten es den Benutzern, ihre Profile zu personalisieren und sich mit einem größeren Netzwerk von Freunden und Bekannten zu verbinden. Diese Websites betonten soziale Interaktion und Selbstdarstellung – Funktionen, die zu Markenzeichen sozialer Medien werden sollten. Vor allem MySpace erfreute sich unter Teenagern und jungen Erwachsenen enormer Beliebtheit, da es einen Raum zum Teilen von Musik, Fotos und persönlichen Neuigkeiten bot.

Die Einführung von Facebook im Jahr 2004 war ein wichtiger Meilenstein in der Entwicklung der sozialen Medien. Zunächst war Facebook auf Studenten der Harvard University beschränkt, wurde aber schnell auf andere Universitäten und schließlich auf die breite Öffentlichkeit ausgeweitet. Der Schwerpunkt auf der Identität mit echtem Namen und einer benutzerfreundlichen Oberfläche unterschied es von seinen Vorgängern. Das schnelle Wachstum und die weite Verbreitung von Facebook läuteten die Mainstreamisierung der sozialen Medien ein. Es wurde zu einem zentralen Knotenpunkt, um mit Freunden in Kontakt zu treten, Inhalte zu teilen und an Online-Communitys teilzunehmen.

Die Verbreitung von Smartphones und mobilem Internetzugang in den späten 2000er Jahren beschleunigte das Wachstum der sozialen Medien weiter. Plattformen wie Twitter (2006) und Instagram (2010) profitierten von der mobilen Revolution, indem sie nahtlose Social-Networking-Erlebnisse für unterwegs anboten. Das Echtzeit-Microblogging-Format von Twitter und die visuell gestalteten Inhalte von Instagram fanden bei den Nutzern Anklang und förderten neue Formen der Kommunikation und des Teilens von Inhalten. Die Integration sozialer Medien in mobile Geräte machte sie zu einem integralen Bestandteil des täglichen Lebens, der jederzeit und überall zugänglich ist.

Der Aufstieg der sozialen Medien hatte tiefgreifende Auswirkungen auf persönliche Beziehungen und Gemeinschaftsdynamiken. Er hat die Art und Weise, wie Menschen kommunizieren, verändert und neue Möglichkeiten der Selbstdarstellung und sozialen Interaktion geschaffen. Social-Media-Plattformen erleichtern die Bildung von Online-Communitys, in denen sich Personen mit gemeinsamen Interessen oder Erfahrungen vernetzen und gegenseitig unterstützen können. Diese virtuellen Communities überschreiten oft geografische Grenzen und fördern ein Gefühl globaler Verbundenheit.

Die Auswirkungen sozialer Medien auf persönliche Beziehungen sind jedoch nicht ausschließlich positiv. Die ständige Erreichbarkeit und der Druck, eine idealisierte Online-Persona zu pflegen, können zu sozialem Vergleich, Neid und Minderwertigkeitsgefühlen führen. Untersuchungen haben gezeigt, dass übermäßige Nutzung sozialer Medien mit einer erhöhten Anzahl von Angstzuständen, Depressionen und Einsamkeit einhergeht. Die oberflächliche Natur der Online-Interaktionen kann auch die Tiefe und Authentizität realer Beziehungen beeinträchtigen, was zu Bedenken hinsichtlich der Qualität sozialer Verbindungen im digitalen Zeitalter führt.

Soziale Medien haben auch die Arbeitsweise von Unternehmen revolutioniert. Sie sind zu einem mächtigen Werkzeug für Marketing, Kundenbindung und Markenaufbau geworden. Unternehmen nutzen soziale Medienplattformen, um ein breiteres Publikum zu erreichen, in Echtzeit mit Kunden zu interagieren und durch Datenanalyse wertvolle Erkenntnisse zu gewinnen. Influencer-Marketing, ein Phänomen, bei dem Einzelpersonen mit vielen Followern für Produkte oder Dienstleistungen werben, hat sich zu einer bedeutenden Branche entwickelt, in der die Grenzen zwischen persönlichem Ausdruck und kommerzieller Werbung verschwimmen.

Die politische Landschaft wurde durch den Aufstieg der sozialen Medien tiefgreifend verändert. Plattformen wie Twitter und Facebook sind zu unverzichtbaren Instrumenten für politische Kommunikation, Wahlkampf und Aktivismus geworden. Soziale Medien ermöglichen es Politikern, direkt mit ihren Wählern in Kontakt zu treten und dabei traditionelle Medienkanäle zu umgehen. Sie haben auch Basisbewegungen gestärkt, indem sie eine Plattform zur Organisation, Mobilisierung und Verstärkung von Stimmen bieten. Bemerkenswerte Beispiele sind die Aufstände des Arabischen Frühlings und die #BlackLivesMatter-Bewegung, die beide soziale Medien nutzten, um Unterstützung zu mobilisieren und sozialen Wandel voranzutreiben.

Trotz ihres transformativen Potenzials ist die politische Nutzung sozialer Medien mit Herausforderungen verbunden. Die

Verbreitung von Fehlinformationen und Fake News ist ein großes Problem, da falsche Informationen schnell verbreitet und als Wahrheit akzeptiert werden können. Social-Media-Algorithmen, die Engagement priorisieren, können Echokammern schaffen, in denen Benutzer vor allem Informationen ausgesetzt sind, die ihre bestehenden Überzeugungen bekräftigen, was die politische Polarisierung verschärft. Darüber hinaus haben Bedenken hinsichtlich des Datenschutzes und der Manipulation der öffentlichen Meinung durch gezielte Werbung Debatten über die ethische Nutzung sozialer Medien in der Politik ausgelöst.

In kultureller Hinsicht haben soziale Medien die Produktion und den Konsum von Inhalten neu gestaltet. Der Aufstieg benutzergenerierter Inhalte hat die Medienlandschaft demokratisiert und ermöglicht es jedem mit einer Internetverbindung, Inhalte zu erstellen. Plattformen wie YouTube, TikTok und Instagram haben eine neue Generation von Influencern und Kreativen hervorgebracht, die eine große Anhängerschaft und einen erheblichen kulturellen Einfluss angehäuft haben. Traditionelle Medienunternehmen mussten sich an dieses neue Paradigma anpassen und Social-Media-Strategien integrieren, um in einer zunehmend digitalen Welt relevant zu bleiben.

Die rasante Entwicklung der sozialen Medien wirft auch ethische und regulatorische Fragen auf. Themen wie Datenschutz, Inhaltsmoderation und die monopolistischen Praktiken großer Technologieunternehmen stehen im Mittelpunkt der öffentlichen Debatte. Regierungen und Regulierungsbehörden ringen mit der Frage, wie sie die Vorteile der sozialen Medien mit der Notwendigkeit des Schutzes individueller Rechte und der Wahrung des gesellschaftlichen Friedens in Einklang bringen können. Die Herausforderung besteht darin, Rahmenbedingungen zu schaffen, die diese Bedenken berücksichtigen, ohne Innovation und Meinungsfreiheit zu unterdrücken.

Wenn wir über den Aufstieg der sozialen Medien nachdenken, wird klar, dass sie das Gefüge der Gesellschaft tiefgreifend verändert haben. Sie haben die Konnektivität verbessert, Informationen demokratisiert und Branchen verändert. Doch sie haben auch neue Herausforderungen mit sich gebracht, die sorgfältige Überlegungen und wohlüberlegte Antworten erfordern. Die Entwicklung der sozialen Medien wird unsere Welt zweifellos auch weiterhin prägen, und um die Komplexität des digitalen Zeitalters zu meistern, ist es wichtig, ihre Entwicklung zu verstehen.

Die moralischen Dilemmata der sozialen Medien

Soziale Medien sind zu einem Eckpfeiler der modernen Kommunikation geworden und prägen, wie Menschen interagieren, Informationen austauschen und die Welt wahrnehmen. Plattformen wie Facebook, Twitter, Instagram und TikTok haben die soziale Landschaft verändert und bieten beispiellose Möglichkeiten zur Vernetzung und Selbstdarstellung. Die rasche Integration sozialer Medien in das tägliche Leben hat jedoch eine Reihe ethischer Implikationen in den Vordergrund gerückt, die einer gründlichen Prüfung bedürfen. Von Datenschutzbedenken bis hin zur Verbreitung von Fehlinformationen erfordern die moralischen Komplexitäten sozialer Medien einen nachdenklichen und informierten Diskurs.

Eines der wichtigsten ethischen Probleme im Zusammenhang mit sozialen Medien ist die Aushöhlung der Privatsphäre. Benutzer geben freiwillig große Mengen persönlicher Informationen online weiter, oft ohne genau zu verstehen, in welchem Ausmaß diese Daten von Unternehmen und Dritten gesammelt, analysiert und verwendet werden. Soziale Medienplattformen nutzen diese Daten, um Werbung und Inhalte maßzuschneidern, was Fragen zur Einwilligung und zur Kommerzialisierung persönlicher Informationen aufwirft. Das Konzept der informierten Einwilligung ist für die ethische Datennutzung von zentraler Bedeutung, doch viele Benutzer sind sich der vollen Auswirkungen ihres digitalen Fußabdrucks nicht bewusst. Die undurchsichtigen Datenpraktiken von Social-Media-Unternehmen untergraben die individuelle Autonomie und das Recht auf Privatsphäre.

Die allgegenwärtige Überwachung sozialer Medien geht über gezielte Werbung hinaus. Die gesammelten Daten können für heimtückischere Zwecke verwendet werden, etwa für soziales Profiling und Manipulation. Es ist bekannt, dass Regierungen und politische Akteure Daten sozialer Medien nutzen, um die öffentliche Meinung und Wahlergebnisse zu beeinflussen. Der Skandal um Cambridge Analytica ist ein prominentes Beispiel, bei dem persönliche Daten von Millionen von Facebook-Nutzern ohne deren Zustimmung gesammelt und verwendet wurden, um das

Wahlverhalten zu beeinflussen. Solche Praktiken zeigen, wie gut soziale Medien als Waffe eingesetzt werden können, um demokratische Prozesse zu untergraben und das Vertrauen der Öffentlichkeit zu untergraben.

Ein weiteres wichtiges ethisches Problem ist der Einfluss sozialer Medien auf die psychische Gesundheit. Die ständige Konfrontation mit kuratierten und oft idealisierten Bildern des Lebens anderer kann Gefühle der Unzulänglichkeit, Angst und Depression fördern. Der Druck, eine perfekte Online-Persona zu präsentieren, kann zu einem verzerrten Selbstbild und einer ungesunden Vergleichskultur führen. Studien haben gezeigt, dass die intensive Nutzung sozialer Medien, insbesondere unter Jugendlichen, mit einer erhöhten Rate an psychischen Problemen einhergeht. Das Design von Social-Media-Plattformen, das Engagement durch Likes, Shares und Kommentare priorisiert, kann diese Probleme verschärfen, indem es eine Feedbackschleife der Bestätigung und des Selbstwertgefühls schafft, die an Online-Interaktionen gebunden ist.

Die Verbreitung von Fehlinformationen und Fake News ist eine weitere kritische ethische Herausforderung. Social-Media-Plattformen, die von Algorithmen gesteuert werden, die Engagement priorisieren, verstärken oft sensationsheischende und irreführende Inhalte. Dies kann zu einer schnellen Verbreitung falscher Informationen führen, mit schwerwiegenden Folgen für die öffentliche Gesundheit, Sicherheit und Demokratie. Die COVID-19-Pandemie hat die Gefahren von Fehlinformationen verdeutlicht, da sich falsche Behauptungen über das Virus und Impfstoffe in den sozialen Medien weit verbreiteten und die Bemühungen um die öffentliche Gesundheit untergruben. Die ethische Verantwortung von Social-Media-Unternehmen, Fehlinformationen zu bekämpfen und gleichzeitig die freie Meinungsäußerung zu respektieren, ist ein umstrittenes Thema, das sorgfältig abgewogen werden muss.

Die Rolle von Algorithmen bei der Gestaltung von Social-Media-Inhalten ist auch ethisch bedeutsam. Diese Algorithmen, die darauf ausgelegt sind, das Engagement der Nutzer zu maximieren, erzeugen oft Echokammern, in denen die Nutzer vor allem Informationen ausgesetzt sind, die mit ihren bestehenden Überzeugungen übereinstimmen. Dies kann die Polarisierung verstärken und einen konstruktiven Dialog behindern. Bei der ethischen Gestaltung von Algorithmen sollte die Förderung unterschiedlicher Perspektiven und die Abschwächung von Vorurteilen berücksichtigt werden. Transparenz bei der Funktionsweise dieser Algorithmen ist entscheidend, damit die Nutzer die Art der Inhalte verstehen, denen sie ausgesetzt sind, und um einen fundierteren und ausgewogeneren Diskurs zu fördern.

Die ethischen Auswirkungen der Inhaltsmoderation sind komplex und vielschichtig. Social-Media-Unternehmen stehen vor der Herausforderung, schädliche Inhalte wie Hassreden, Belästigung und gewalttätigen Extremismus zu regulieren, ohne die Meinungsfreiheit zu beeinträchtigen. Die Richtlinien und Praktiken zur Inhaltsmoderation sind oft undurchsichtig und inkonsistent, was zu Vorwürfen der Voreingenommenheit und Zensur führt. Das richtige Gleichgewicht zwischen der Aufrechterhaltung einer sicheren Online-Umgebung und dem Schutz der Meinungsfreiheit zu finden, ist eine heikle Aufgabe, die klare Richtlinien, Rechenschaftspflicht und Aufsicht erfordert.

Die digitale Kluft ist ein weiteres ethisches Problem, das durch soziale Medien verschärft wird. Diese Plattformen haben zwar das Potenzial, Informationen zu demokratisieren und den Ausgegrenzten eine Stimme zu geben, doch der Zugang zu sozialen Medien ist nicht universell. Sozioökonomische Ungleichheiten, digitale Kompetenz und Zugang zu Technologie können erhebliche Barrieren für die Teilnahme darstellen. Um sicherzustellen, dass soziale Medien als integrative Plattform dienen, müssen diese Ungleichheiten angegangen und ein gleichberechtigter Zugang gefördert werden. Bemühungen zur Überbrückung der digitalen Kluft sind unerlässlich, um die weitere Ausgrenzung benachteiligter Gruppen zu verhindern und sicherzustellen, dass die Vorteile sozialer Medien allen zugänglich sind.

Darüber hinaus verdient die ethische Behandlung von Social-Media-Mitarbeitern, insbesondere von Content-Moderatoren, Aufmerksamkeit. Diese Mitarbeiter sind oft damit beauftragt, verstörende Inhalte zu sichten und zu entfernen, was ihre psychische Gesundheit erheblich beeinträchtigen kann. Die Arbeitsbedingungen, die Vergütung und die psychologische Unterstützung der Content-Moderatoren sind kritische Themen, die angegangen werden müssen, um ethische Arbeitspraktiken in der Social-Media-Branche sicherzustellen.

Soziale Medien haben auch das Potenzial, kulturelle Normen und Werte zu beeinflussen. Die globale Reichweite dieser Plattformen ermöglicht die schnelle Verbreitung von Ideen und kulturellen Praktiken, was zu kultureller Homogenisierung und der Erosion lokaler Traditionen führen kann. Die Dominanz westlich orientierter Inhalte und Perspektiven kann vielfältige kulturelle Ausdrucksformen marginalisieren. Ethische Überlegungen sollten die Förderung kultureller Vielfalt und die Gewährleistung umfassen, dass soziale Medien als Plattform für die Darstellung einer breiten Palette von Stimmen und Erfahrungen dienen.

Um die ethischen Auswirkungen sozialer Medien anzugehen, ist ein vielschichtiger Ansatz erforderlich, an dem Interessenvertreter aus verschiedenen Sektoren beteiligt sind, darunter Technologie, Wissenschaft, Regierung und Zivilgesellschaft. Es müssen regulatorische Rahmenbedingungen entwickelt werden, um die Privatsphäre zu schützen, Fehlinformationen zu bekämpfen und Transparenz und Rechenschaftspflicht bei der Moderation von Inhalten und der Entwicklung von Algorithmen sicherzustellen. Es sind Bildungsinitiativen erforderlich, um das Bewusstsein für digitale Kompetenz und den verantwortungsvollen Umgang mit sozialen Medien zu schärfen. Darüber hinaus müssen sich Social-Media-Unternehmen zu ethischen Praktiken verpflichten, die das Wohl der Nutzer und der Gesellschaft über den Profit stellen.

Der Aufstieg der sozialen Medien hat unsere Art zu kommunizieren und zu interagieren zweifellos verändert. Die damit verbundenen ethischen Herausforderungen sind jedoch erheblich und erfordern eine sorgfältige Abwägung. Indem wir diese Herausforderungen umsichtig und gemeinsam meistern, können wir das positive Potenzial der sozialen Medien nutzen und gleichzeitig ihre negativen Auswirkungen abmildern.

Datenschutz und Dateneigentum im digitalen Zeitalter

Der rasante Fortschritt der digitalen Technologie hat die Art und Weise, wie persönliche Informationen gesammelt, gespeichert und genutzt werden, grundlegend verändert. Diese Entwicklung hat erhebliche Annehmlichkeiten und Innovationen mit sich gebracht, aber auch wichtige Debatten über Datenschutz und Dateneigentum ausgelöst. Da Einzelpersonen immer häufiger persönliche Daten online teilen, ist es von größter Bedeutung geworden, zu verstehen, wem diese Informationen gehören und wie sie geschützt werden. Die Fragen rund um Datenschutz und Dateneigentum sind komplex und vielschichtig und beinhalten ethische, rechtliche und technologische Überlegungen.

Datenschutz ist im Grunde das Recht des Einzelnen, den Zugriff auf seine persönlichen Daten zu kontrollieren und die Vertraulichkeit seiner Kommunikation und Aktivitäten zu wahren. Dieses Recht ist in verschiedenen internationalen Menschenrechtsinstrumenten verankert und gilt als unverzichtbar für die Wahrung der persönlichen Autonomie und Würde. Das digitale Zeitalter hat den Begriff Datenschutz jedoch komplizierter gemacht. Die Verbreitung internetfähiger Geräte, Social-Media-Plattformen und datengesteuerter Dienste hat zu einem beispiellosen Ausmaß an Datenerfassung und Überwachung geführt. Persönliche Informationen, von sozialen Interaktionen und Surfgewohnheiten bis hin zu biometrischen Daten, werden routinemäßig erfasst, oft ohne ausdrückliche Zustimmung oder Wissen.

Dateneigentum bezieht sich auf die gesetzlichen Rechte und die Kontrolle über Daten. Im Zusammenhang mit personenbezogenen Daten beinhaltet dieses Konzept die Bestimmung, wer die Befugnis hat, auf Informationen über Einzelpersonen zuzugreifen, diese zu verwenden und zu verbreiten. Traditionell liegt das Dateneigentum bei den Stellen, die die Daten sammeln und speichern, wie etwa Unternehmen und Regierungen. Dieses Paradigma wird jedoch zunehmend in Frage gestellt, da Einzelpersonen und Interessengruppen mehr Kontrolle und Transparenz über personenbezogene Daten fordern.

Eine der wichtigsten ethischen Fragen in der Debatte um Datenschutz und Dateneigentum ist die Frage der Einwilligung. Damit die Datenerfassung ethisch vertretbar ist, müssen Einzelpersonen ihre Einwilligung nach erfolgter Aufklärung geben und verstehen, welche Daten erfasst werden, wie sie verwendet werden und wer Zugriff darauf hat. Im digitalen Zeitalter ist die Erlangung einer echten Einwilligung nach erfolgter Aufklärung jedoch mit zahlreichen Herausforderungen verbunden. Datenschutzrichtlinien sind oft langwierig, komplex und undurchsichtig, sodass es für Einzelpersonen schwierig ist, die Auswirkungen ihrer Einwilligung vollständig zu verstehen. Darüber hinaus können die Machtdynamiken zwischen Einzelpersonen und Datensammlern ein Gefühl der Nötigung erzeugen, wenn die Einwilligung eher aus Notwendigkeit als aus echter Übereinstimmung erteilt wird.

Die Kommerzialisierung persönlicher Daten durch Unternehmen hat die Frage des Dateneigentums noch komplizierter gemacht. Unternehmen wie Facebook, Google und Amazon sammeln umfangreiche Daten über Nutzerverhalten, Vorlieben und Interaktionen, die dann durch gezielte Werbung und andere Geschäftsmodelle monetarisiert werden. Diese Praxis wirft erhebliche ethische Fragen über den Besitz und den Wert persönlicher Informationen auf. Sollten Einzelpersonen das Recht haben, ihre Daten zu besitzen und davon zu profitieren? Wie kann eine faire Vergütung für die Nutzung persönlicher Daten sichergestellt werden? Diese Fragen sind für den laufenden Diskurs über Dateneigentum von zentraler Bedeutung und erfordern eine Neubewertung bestehender rechtlicher und wirtschaftlicher Rahmenbedingungen.

Rechtliche Rahmenbedingungen spielen eine entscheidende Rolle beim Schutz der Privatsphäre und der Definition von Dateneigentumsrechten. Die Datenschutz-Grundverordnung (DSGVO) der Europäischen Union, die 2018 in Kraft trat, ist eine wegweisende Verordnung, die diese Probleme angehen soll. Die DSGVO gewährt Einzelpersonen umfassende Rechte in Bezug auf ihre personenbezogenen Daten, darunter das Recht auf Zugriff, Berichtigung und Löschung von Daten sowie das Recht auf Datenübertragbarkeit. Sie stellt außerdem strenge Anforderungen an Organisationen, um eine ausdrückliche Zustimmung einzuholen, die Datensicherheit zu gewährleisten und Transparenz über die Datenpraktiken zu schaffen. Durch die Festlegung klarer Richtlinien und Strafen bei Nichteinhaltung zielt die DSGVO darauf ab, das Machtgleichgewicht zugunsten des Einzelnen zu verschieben und den Datenschutz zu verbessern.

Trotz dieser Regulierungsbemühungen stellt die globale Natur digitaler Datenströme erhebliche Herausforderungen für die Durchsetzung und Einhaltung dar. Daten überschreiten oft nationale Grenzen und unterliegen unterschiedlichen rechtlichen Standards und kulturellen Normen in Bezug auf den Datenschutz. Dieser transnationale Aspekt erfordert internationale

Zusammenarbeit und Harmonisierung der Vorschriften, um einen einheitlichen Schutz der Privatsphäre und der Dateneigentumsrechte zu gewährleisten. Darüber hinaus müssen die Regulierungsrahmen angesichts der fortschreitenden technologischen Entwicklung anpassungsfähig und zukunftsorientiert sein, um aufkommende Bedrohungen und Herausforderungen zu bewältigen.

Technologische Lösungen können auch die Privatsphäre und das Eigentum an Daten verbessern. Datenschutzverbessernde Technologien (PETs) wie Verschlüsselung, Anonymisierung und differenzielle Privatsphäre können persönliche Daten vor unbefugtem Zugriff und Missbrauch schützen. Verschlüsselung beispielsweise stellt sicher, dass Daten vertraulich und sicher bleiben, selbst wenn sie von böswilligen Akteuren abgefangen werden. Anonymisierungstechniken können identifizierende Informationen aus Datensätzen entfernen und so eine Datenanalyse ermöglichen, ohne die Privatsphäre des Einzelnen zu beeinträchtigen. Differenzielle Privatsphäre fügt Daten Rauschen hinzu und ermöglicht so eine statistische Analyse, während einzelne Datenpunkte geschützt werden. Durch die Integration von PETs in die Datenerfassungs- und -verarbeitungspraktiken können Organisationen die Datensicherheit verbessern und ethische Standards einhalten.

Das Konzept der Datenverwaltung bietet einen weiteren Ansatz zum Umgang mit Datenschutz und Dateneigentum. Bei der Datenverwaltung handeln Organisationen als verantwortungsvolle Verwalter personenbezogener Daten und stellen dabei die Interessen und Rechte des Einzelnen in den Vordergrund. Dieser Ansatz betont Transparenz, Verantwortlichkeit und ethische Datenpraktiken und stellt sicher, dass die Daten auf eine Weise verwendet werden, die dem Einzelnen und der Gesellschaft zugutekommt. Datenverwaltung kann das Vertrauen zwischen Einzelpersonen und Organisationen stärken, die Zusammenarbeit und Innovation verbessern und gleichzeitig die Privatsphäre schützen.

Das öffentliche Bewusstsein und die Aufklärung sind entscheidend, um Einzelpersonen die Kontrolle über ihre Privatsphäre und ihr Dateneigentum zu geben. Initiativen zur digitalen Kompetenz können Einzelpersonen über ihre Rechte und die Auswirkungen ihrer Datenpraktiken informieren und sie in die Lage versetzen, fundierte Entscheidungen zu treffen. Kampagnen zur öffentlichen Aufklärung können die Bedeutung von Privatsphäre und Datenschutz hervorheben und eine Kultur der Rechenschaftspflicht und Verantwortung fördern. Durch die Sensibilisierung und Förderung der digitalen Kompetenz kann die Gesellschaft gemeinsam für einen stärkeren Datenschutz und gerechtere Dateneigentumsmodelle eintreten.

Die ethischen und praktischen Herausforderungen in Bezug auf Datenschutz und Dateneigentum sind erheblich und vielschichtig. Um diese Herausforderungen zu meistern, ist ein umfassender Ansatz erforderlich, der rechtliche, technologische und pädagogische Strategien umfasst. Regulatorische Rahmenbedingungen wie die DSGVO, datenschutzfreundliche Technologien, Datenverwaltungspraktiken und Initiativen zur Sensibilisierung der Öffentlichkeit spielen alle eine wesentliche Rolle beim Schutz der Privatsphäre und der Gewährleistung eines fairen Dateneigentums. Indem diese Probleme sorgfältig und gemeinsam angegangen werden, kann die Gesellschaft die Vorteile der digitalen Technologie nutzen und gleichzeitig die individuellen Rechte und die Autonomie wahren. Der Diskurs über Datenschutz und Dateneigentum wird sich weiterentwickeln, aber das Bekenntnis zu ethischen Grundsätzen und zum Schutz personenbezogener Daten muss unerschütterlich bleiben.

Soziale Medien und die Zukunft der Demokratie

Das Aufkommen der sozialen Medien hat die Funktionsweise demokratischer Gesellschaften grundlegend verändert. Plattformen wie Facebook, Twitter und Instagram sind zu zentralen Elementen des politischen Diskurses, des Aktivismus und der Informationsverbreitung geworden. Die Fähigkeit der sozialen Medien, Menschen zu verbinden und Stimmen zu verstärken, wird als Segen für die Demokratie gepriesen, da sie Engagement, Transparenz und Beteiligung fördert. Dieselben Eigenschaften, die die sozialen Medien zu einem mächtigen Instrument für demokratisches Engagement machen, bringen jedoch auch erhebliche Herausforderungen mit sich, darunter die Verbreitung von Fehlinformationen, Polarisierung und Manipulation. Das Verständnis der komplexen Beziehung zwischen sozialen Medien und Demokratie ist entscheidend für die Gestaltung der Zukunft demokratischer Regierungsführung.

Social-Media-Plattformen haben die politische Kommunikation zweifellos revolutioniert. Sie bieten Politikern, Aktivisten und normalen Bürgern direkte Kanäle, um ein breites Publikum zu erreichen und dabei die traditionellen Medienwächter zu umgehen. Diese Demokratisierung der Kommunikation hat es einer größeren Bandbreite von Stimmen ermöglicht, an öffentlichen Debatten teilzunehmen. Grassroots-Bewegungen wie der Arabische Frühling, #BlackLivesMatter und die globalen Klimastreiks haben Social Media genutzt, um sich zu organisieren, zu mobilisieren und für Veränderungen einzutreten. Die Möglichkeit, Informationen schnell und weit zu teilen, hat es Einzelpersonen und Gemeinschaften ermöglicht, die Macht zur Rechenschaft zu ziehen und für soziale Gerechtigkeit zu kämpfen.

Darüber hinaus fördern soziale Medien Transparenz und Rechenschaftspflicht in demokratischen Prozessen. Politiker und öffentliche Amtsträger nutzen diese Plattformen, um direkt mit ihren Wählern zu kommunizieren, politische Positionen zu teilen und auf die Anliegen der Öffentlichkeit zu reagieren. Dieses direkte Engagement kann die Transparenz erhöhen und Vertrauen zwischen gewählten Vertretern und der Öffentlichkeit aufbauen. Soziale Medien fungieren auch als Kontrollorgane, die es den Bürgern ermöglichen, Korruption, Fehlverhalten und Machtmissbrauch aufzudecken. Virale Videos und Hashtags haben eine entscheidende Rolle dabei gespielt, auf Probleme aufmerksam zu machen, die von den Mainstream-Medien sonst möglicherweise übersehen worden wären.

Trotz dieser positiven Aspekte ist der Einfluss der sozialen Medien auf die Demokratie mit Herausforderungen behaftet. Eine der dringendsten Sorgen ist die Verbreitung von Fehl- und Desinformationen. Soziale Medienplattformen, die von Algorithmen gesteuert werden, die Engagement priorisieren, verstärken oft sensationsheischende und irreführende Inhalte. Dies kann das öffentliche Verständnis wichtiger Themen verzerren und das Vertrauen in demokratische Institutionen untergraben. Während der COVID-19-Pandemie beispielsweise gab es eine Flut von Falschinformationen über das Virus und Impfstoffe, die die

Bemühungen der öffentlichen Gesundheit untergruben und Verwirrung stifteten.

Das Phänomen der Echokammern und Filterblasen verkompliziert die demokratische Landschaft noch weiter. Die Algorithmen der sozialen Medien neigen dazu, den Nutzern Inhalte zu zeigen, die mit ihren bestehenden Überzeugungen und Vorlieben übereinstimmen, wodurch isolierte Gemeinschaften entstehen, in denen abweichende Standpunkte selten anzutreffen sind. Dies kann ideologische Spaltungen verstärken und die öffentliche Meinung polarisieren, was einen konstruktiven Dialog und Kompromisse erschwert. Die Fragmentierung des öffentlichen Diskurses in isolierte Echokammern untergräbt den deliberativen Aspekt der Demokratie, bei dem unterschiedliche Perspektiven berücksichtigt und ein Konsens angestrebt wird.

Die Manipulation sozialer Medien durch böswillige Akteure stellt eine weitere erhebliche Bedrohung für die Demokratie dar. Ausländische Einmischung in Wahlen, wie beispielsweise die Einmischung Russlands in die US-Präsidentschaftswahlen 2016, zeigt, wie soziale Medien ausgenutzt werden können, um politische Ergebnisse zu beeinflussen. Koordinierte Desinformationskampagnen, gefälschte Konten und Bots können die öffentliche Wahrnehmung verzerren und Wahlprozesse manipulieren. Die Fähigkeit dieser Akteure, anonym und in großem Maßstab zu agieren, stellt die Integrität demokratischer Systeme in Frage und erfordert robuste Maßnahmen zum Schutz vor solchen Bedrohungen.

Die Rolle von Social-Media-Unternehmen bei der Regulierung von Inhalten und der Gewährleistung der Integrität demokratischer Prozesse ist ein umstrittenes Thema. Diese Plattformen haben enormen Einfluss auf die Gestaltung des öffentlichen Diskurses und werden für ihren Mangel an Transparenz und Rechenschaftspflicht kritisiert. Entscheidungen darüber, welche Inhalte gefördert, herabgestuft oder entfernt werden, werden oft hinter verschlossenen Türen getroffen, was erhebliche Auswirkungen auf die freie Meinungsäußerung und die demokratische Teilhabe hat. Die Herausforderung besteht darin, die Notwendigkeit, schädliche Inhalte einzudämmen, mit dem Schutz der freien Meinungsäußerung in Einklang zu bringen. Die Entwicklung klarer, konsistenter und fairer Richtlinien zur Inhaltsmoderation ist für die

Aufrechterhaltung von Vertrauen und Legitimität von entscheidender Bedeutung.

Die ethischen Auswirkungen des Datenschutzes und der Überwachung in sozialen Medien betreffen auch die Demokratie. Die umfangreichen Datenerfassungspraktiken von Social-Media-Unternehmen wecken Bedenken hinsichtlich der Privatsphäre der Benutzer und des Überwachungspotenzials. Der Skandal um Cambridge Analytica hat gezeigt, wie aus sozialen Medien gesammelte persönliche Daten verwendet werden könnten, um politisches Verhalten zu beeinflussen, und hat die Notwendigkeit strenger Datenschutzmaßnahmen unterstrichen. Um demokratische Werte zu schützen, ist es von entscheidender Bedeutung, sicherzustellen, dass die Benutzer die Kontrolle über ihre persönlichen Daten haben und dass die Daten ethisch verwendet werden.

Um die Herausforderungen der sozialen Medien zu bewältigen, ist ein vielschichtiger Ansatz erforderlich, an dem Regierungen, Social-Media-Unternehmen, die Zivilgesellschaft und die Nutzer selbst beteiligt sind. Es müssen regulatorische Rahmenbedingungen entwickelt werden, um Transparenz, Rechenschaftspflicht und den Schutz demokratischer Prozesse zu gewährleisten. Social-Media-Unternehmen müssen bei der Moderation von Inhalten, dem Datenschutz und der Entwicklung von Algorithmen ethische Praktiken anwenden. Zivilgesellschaftliche Organisationen spielen eine wichtige Rolle bei der Verteidigung der Nutzerrechte und der Förderung digitaler Kompetenz. Die Aufklärung der Öffentlichkeit über den ethischen Umgang mit sozialen Medien, kritisches Denken und Medienkompetenz ist für die Förderung einer besser informierten und widerstandsfähigeren demokratischen Gesellschaft von entscheidender Bedeutung.

Die Zukunft der Demokratie im Zeitalter der sozialen Medien hängt von unserer Fähigkeit ab, diese Komplexitäten umsichtig und ethisch zu meistern. Indem wir das positive Potenzial der sozialen Medien nutzen und gleichzeitig ihre Herausforderungen angehen, können wir die demokratische Teilhabe stärken, die Transparenz erhöhen und die Integrität demokratischer Prozesse schützen. Dieses Unterfangen erfordert einen kontinuierlichen Dialog, Zusammenarbeit und ein Bekenntnis zu demokratischen Werten. Während sich die sozialen Medien weiterentwickeln, müssen auch unsere Ansätze angepasst werden, um sicherzustellen, dass sie in demokratischen Gesellschaften als Kraft des Guten wirken.

Autonomie im digitalen Zeitalter

„Technologie sollte unsere Autonomie stärken, nicht untergraben." –
Shoshana Zuboff

Die digitale Technologie hat nahezu jeden Aspekt des menschlichen Lebens verändert und bietet beispiellose Möglichkeiten für Komfort, Konnektivität und Effizienz. Doch inmitten dieser Fortschritte liegt ein komplexes und oft übersehenes Problem: die Auswirkungen der digitalen Technologie auf die individuelle Autonomie. Autonomie, die Fähigkeit, informierte, ungezwungene Entscheidungen über das eigene Leben zu treffen, ist ein Eckpfeiler persönlicher Freiheit und Selbstbestimmung. Da digitale Technologien immer mehr in unser tägliches Leben integriert werden, ist es wichtig zu untersuchen, wie sie diesen grundlegenden Aspekt der menschlichen Existenz beeinflussen, verbessern oder untergraben.

Digitale Technologien, von Smartphones und sozialen Medien bis hin zu künstlicher Intelligenz und dem Internet der Dinge (IoT), haben die Art und Weise, wie wir mit der Welt interagieren, neu definiert. Diese Tools bieten ein enormes Potenzial, Einzelpersonen zu stärken, ihnen Zugang zu Informationen zu verschaffen, die Kommunikation zu erleichtern und alltägliche Aufgaben zu rationalisieren. So können KI-gestützte persönliche Assistenten wie Siri und Alexa beispielsweise dabei helfen, Zeitpläne zu verwalten, Fragen zu beantworten und Smart-Home-Geräte zu steuern und so ein Maß an Komfort bieten, das bisher unvorstellbar war. Social-Media-Plattformen ermöglichen es den Benutzern, sich auszudrücken, sich mit anderen zu vernetzen und auf ein vielfältiges Spektrum an Perspektiven zuzugreifen, wodurch die persönliche und soziale Autonomie gestärkt wird.

Diese Vorteile sind jedoch mit erheblichen Herausforderungen verbunden. Eine der Hauptsorgen ist das Ausmaß, in dem digitale Technologien durch Überwachung und Datensammlung die individuelle Autonomie beeinträchtigen können. Jede Online-Interaktion, sei es eine Suchanfrage, ein Social-Media-Post oder ein

Kauf, generiert Daten, die häufig von Unternehmen und Regierungen gesammelt, analysiert und verwendet werden. Diese Daten können verwendet werden, um Verhalten zu verfolgen, Vorlieben vorherzusagen und sogar Entscheidungen zu manipulieren. Die allgegenwärtige Natur der digitalen Überwachung wirft wichtige ethische Fragen über Privatsphäre, Einwilligung und die Kontrolle auf, die Einzelpersonen über ihre persönlichen Daten haben.

Auch die Algorithmen, die digitale Technologien antreiben, spielen eine entscheidende Rolle bei der Gestaltung der Autonomie. Diese Algorithmen, die darauf ausgelegt sind, Engagement und Effizienz zu maximieren, arbeiten oft unsichtbar und treffen im Namen der Nutzer Entscheidungen auf Grundlage ihrer Daten. Empfehlungssysteme auf Plattformen wie YouTube, Netflix und Spotify schlagen beispielsweise Inhalte vor, die mit dem früheren Verhalten der Nutzer übereinstimmen, und schränken so möglicherweise die Exposition gegenüber neuen und vielfältigen Informationen ein. Diese Empfehlungen können zwar das Benutzererlebnis verbessern, sie können aber auch Echokammern schaffen, die bestehende Überzeugungen und Vorlieben verstärken und so die Autonomie des Einzelnen subtil beeinflussen und einschränken.

Darüber hinaus kann das Design digitaler Plattformen Entscheidungsprozesse beeinflussen. Viele digitale Schnittstellen sind intuitiv und benutzerfreundlich gestaltet, können aber auch manipulativ sein und Techniken wie Dark Patterns einsetzen, um Benutzer zu bestimmten Aktionen zu bewegen. Dark Patterns sind Designelemente, die kognitive Verzerrungen ausnutzen, um das Benutzerverhalten zu beeinflussen, was oft zu Entscheidungen führt, die der Plattform zugutekommen, auf Kosten der Autonomie des Benutzers. Beispiele hierfür sind die Erschwerung der Abmeldung von Abonnements, das Verbergen von Datenschutzeinstellungen oder die Verwendung mehrdeutiger Sprache, um die Zustimmung einzuholen.

Der Aufstieg der künstlichen Intelligenz und des maschinellen Lernens bringt zusätzliche Komplexität mit sich. Autonome Systeme, die Entscheidungen mit minimalem menschlichen Eingriff treffen können, werfen Fragen hinsichtlich Verantwortlichkeit und Kontrolle auf. So arbeiten autonome Fahrzeuge, medizinische

Diagnosesysteme und Algorithmen für den Finanzhandel mit einem Grad an Unabhängigkeit, der traditionelle Vorstellungen menschlicher Aufsicht und Verantwortung in Frage stellen kann. Um die Autonomie im digitalen Zeitalter zu bewahren, muss sichergestellt werden, dass diese Systeme transparent, erklärbar und an menschlichen Werten ausgerichtet sind.

Das Konzept der Autonomie ist auch eng mit digitaler Kompetenz verknüpft. Da digitale Technologien immer weiter verbreitet sind, wird die Fähigkeit, diese Technologien zu verstehen, zu steuern und kritisch zu bewerten, von entscheidender Bedeutung. Digitale Kompetenz befähigt Einzelpersonen, fundierte Entscheidungen über ihre digitalen Interaktionen zu treffen, potenzielle Vorurteile zu erkennen und ihre Privatsphäre zu schützen. Die Förderung digitaler Kompetenz durch Bildung und öffentliches Bewusstsein ist von grundlegender Bedeutung für die Stärkung der Autonomie im digitalen Zeitalter.

Darüber hinaus ist die ethische Gestaltung von Technologie für die Förderung der Autonomie von entscheidender Bedeutung. Designer und Entwickler tragen die Verantwortung, Technologien zu schaffen, die die Autonomie der Benutzer respektieren und stärken. Dazu gehört, dass die Zustimmung, Transparenz und Kontrolle der Benutzer Priorität haben und manipulative Praktiken vermieden werden, die diese Prinzipien untergraben. Ethisches Design bedeutet auch, die breiteren gesellschaftlichen Auswirkungen der Technologie zu berücksichtigen und sich um die Schaffung inklusiver und gerechter digitaler Umgebungen zu bemühen.

Während wir uns im digitalen Zeitalter bewegen, ist es unerlässlich, darüber nachzudenken, wie Technologie unsere Autonomie prägt, und ein Gleichgewicht zu finden, das den Nutzen maximiert und gleichzeitig die Risiken minimiert. Das Zusammenspiel zwischen digitaler Technologie und Autonomie ist komplex und vielschichtig und erfordert konzertierte Anstrengungen von Einzelpersonen, Technikern, politischen Entscheidungsträgern und der Gesellschaft als Ganzes. Indem wir die Herausforderungen erkennen und angehen, die digitale Technologien mit sich bringen, können wir auf eine Zukunft hinarbeiten, in der Technologie als Instrument der Ermächtigung und Selbstbestimmung dient und nicht als Quelle der Kontrolle und Einschränkung.

In diesem Kapitel werden diese Themen eingehend untersucht. Dabei wird untersucht, wie sich digitale Technologien auf die Autonomie auswirken, und es werden Strategien zum Schutz und zur Verbesserung der individuellen Autonomie in einer zunehmend digitalen Welt erörtert. Mit dieser Untersuchung möchten wir ein differenziertes Verständnis von Autonomie im digitalen Zeitalter fördern und uns für ethische Praktiken einsetzen, die diesen wesentlichen Aspekt der Menschenwürde und Freiheit wahren.

Freiheit im digitalen Zeitalter

Autonomie ist ein grundlegendes Konzept im philosophischen und ethischen Diskurs. Sie steht für die Fähigkeit des Einzelnen, informierte und ungezwungene Entscheidungen über sein eigenes Leben zu treffen. Sie ist die Grundlage persönlicher Freiheit, Selbstbestimmung und Menschenwürde. Im digitalen Zeitalter gewinnt Autonomie erneut an Bedeutung und Komplexität, da technologische Fortschritte unsere Umwelt und Entscheidungsprozesse zunehmend prägen.

Im Kern geht es bei Autonomie um Selbstbestimmung. Sie umfasst die Fähigkeit, über die eigenen Wünsche, Überzeugungen und Werte nachzudenken und entsprechend dieser Überlegungen zu handeln. Dazu gehört, entsprechend den eigenen unmittelbaren Impulsen zu handeln und Entscheidungen zu treffen, die mit den eigenen langfristigen Zielen und Prinzipien übereinstimmen. Immanuel Kant hat Autonomie bekanntlich mit Rationalität in Verbindung gebracht und darauf hingewiesen, dass Autonomie bedeutet, nach Vernunft und nicht nach bloßer Neigung zu handeln.

In der Praxis zeigt sich Autonomie in verschiedenen Aspekten des Lebens, vom Persönlichen bis zum Politischen. Persönliche Autonomie beinhaltet die Freiheit, ohne äußere Einmischung Entscheidungen über den eigenen Körper, Lebensstil und Beziehungen zu treffen. Politische Autonomie hingegen bezieht sich auf die Fähigkeit des Einzelnen, an der Verwaltung seiner Gemeinschaften teilzunehmen und seine Rechte und Pflichten als Bürger wahrzunehmen. Beide Dimensionen der Autonomie sind für eine blühende Gesellschaft von wesentlicher Bedeutung.

Das digitale Zeitalter, das durch die Allgegenwart von Informationstechnologie und datengesteuerten Systemen gekennzeichnet ist, bringt erhebliche Herausforderungen und

Chancen für die Autonomie mit sich. Digitale Technologien haben das Potenzial, die Autonomie zu stärken, indem sie den Einzelnen einen besseren Zugang zu Informationen, Werkzeugen zur Selbstdarstellung und Plattformen für bürgerschaftliches Engagement bieten. So ermöglicht das Internet den Menschen beispielsweise, unterschiedliche Perspektiven kennenzulernen, sich online weiterzubilden und sich mit gleichgesinnten Gemeinschaften zu vernetzen. Social-Media-Plattformen ermöglichen es den Benutzern, ihre Meinung zu äußern, kollektive Aktionen zu organisieren und Behörden zur Verantwortung zu ziehen.

Allerdings können eben diese Technologien auch die Autonomie auf subtile und tiefgreifende Weise untergraben. Eine der Hauptsorgen sind die Auswirkungen der digitalen Überwachung und Datensammlung. Jede Online-Interaktion generiert Daten, die verfolgt, analysiert und zur Verhaltensbeeinflussung verwendet werden können. Unternehmen und Regierungen sammeln Unmengen persönlicher Informationen, oft ohne ausdrückliche Zustimmung, was erhebliche ethische Fragen hinsichtlich Privatsphäre und Kontrolle aufwirft. Wenn Algorithmen unsere Entscheidungen auf der Grundlage dieser Daten vorhersagen und beeinflussen, wird unsere Fähigkeit zur echten Selbstbestimmung beeinträchtigt.

Auch das Design digitaler Technologien spielt eine entscheidende Rolle bei der Gestaltung von Autonomie. Viele Plattformen nutzen überzeugende Designtechniken, um die Aufmerksamkeit der Nutzer zu gewinnen und zu halten, wobei Engagement oft Vorrang vor dem Wohlbefinden der Nutzer hat. Funktionen wie endloses Scrollen, Benachrichtigungen und personalisierte Empfehlungen können Gewohnheiten und Abhängigkeiten schaffen, die nur schwer zu durchbrechen sind. Diese Designentscheidungen können das Verhalten subtil manipulieren, indem sie die Nutzer zu bestimmten Aktionen drängen und ihre Fähigkeit einschränken, unabhängige Entscheidungen zu treffen.

Künstliche Intelligenz (KI) verkompliziert die Landschaft der Autonomie noch weiter. KI-Systeme, von Empfehlungsmaschinen bis hin zu autonomen Fahrzeugen, treffen Entscheidungen, die das Leben des Einzelnen tiefgreifend beeinflussen. Diese Systeme können zwar die Effizienz und den Komfort steigern, werfen aber auch Fragen zu Verantwortlichkeit und Kontrolle auf. Wenn ein KI-

System eine Entscheidung trifft, die das Leben eines Einzelnen beeinflusst, wer ist dann für diese Entscheidung verantwortlich? Wie können Einzelpersonen sicherstellen, dass diese Systeme ihre Werte und Vorlieben widerspiegeln? Um die Autonomie zu bewahren, ist es unerlässlich, sicherzustellen, dass KI-Systeme transparent, erklärbar und mit menschlichen Werten im Einklang sind.

Darüber hinaus kann das schnelle Tempo des technologischen Wandels selbst ein Hindernis für die Autonomie darstellen. Um mit den neuesten Entwicklungen Schritt zu halten, ihre Auswirkungen zu verstehen und fundierte Entscheidungen über ihre Nutzung zu treffen, ist ein hohes Maß an digitaler Kompetenz erforderlich. Vielen Menschen fehlen das Wissen und die Fähigkeiten, um sich in dieser komplexen Landschaft effektiv zurechtzufinden, wodurch sie anfällig für Ausbeutung und Manipulation sind. Die Förderung digitaler Kompetenz ist daher von entscheidender Bedeutung, um Menschen zu befähigen, im digitalen Zeitalter ihre Autonomie auszuüben.

Ethisches Design und Regulierung sind der Schlüssel zur Bewältigung dieser Herausforderungen. Designer und Entwickler sind dafür verantwortlich, Technologien zu schaffen, die die Autonomie der Benutzer respektieren und stärken. Dazu gehört, dass die Zustimmung der Benutzer, Transparenz und Kontrolle Vorrang haben und manipulative Praktiken vermieden werden, die diese Prinzipien untergraben. Die Regulierungsbehörden müssen unterdessen sicherstellen, dass die rechtlichen Rahmenbedingungen die Rechte des Einzelnen schützen und Organisationen für ihre Datenpraktiken zur Rechenschaft gezogen werden.

Letztlich ist die Autonomie des Menschen auch im Zeitalter der Digitalisierung noch immer ein zentraler Punkt. Die Macht der Technologie ist zweischneidig, da sie einerseits die Autonomie fördert und andererseits untergräbt. Unsere Entscheidungen als Gesellschaft werden es ermöglichen, das Gleichgewicht herzustellen. Indem wir ein Umfeld schaffen, in dem das Prinzip der Selbstbestimmung geschätzt wird, können wir beides haben, indem wir die Vorteile der digitalen Technologie genießen und gleichzeitig die unveräußerlichen Rechte wahren, die die Säulen der Menschenwürde bilden. Die anhaltende Debatte über persönliche Unabhängigkeit im digitalen Zeitalter dreht sich nicht so sehr um

Technologie, sondern vielmehr um die Art der Gesellschaft, die wir aufbauen wollen, und die Werte, die wir bewahren wollen.

Digitale Autonomie und menschliches Handeln

Der jüngste Beginn der digitalen Revolution hat unser Leben, unsere Arbeit und unseren Umgang miteinander völlig verändert. Im Mittelpunkt dieser Transformation steht die Dynamik zwischen digitaler Autonomie und menschlicher Handlungsfähigkeit. Erstere bedeutet, dass Einzelpersonen die Kontrolle über ihre digitalen Räume und ihre persönlichen Daten haben. Letztere hingegen bezieht sich auf die Fähigkeit des Einzelnen, Entscheidungen zu treffen und im Einklang mit den Dingen zu handeln, die ihm wichtig sind. Die Zusammenführung dieser beiden Aspekte ist der Schlüssel zur Unterscheidung der sozialen und ethischen Probleme im Zusammenhang mit neuen Technologien und zur Gewährleistung, dass die digitalen Upgrades, die unseren Fortschritt vorantreiben , unsere Selbstbestimmung stärken, aber nicht einschränken.

Die exponentielle Entwicklung digitaler Tools wie Smartphones und Computer sowie Plattformen wie soziale Medien und Cloud-Dienste sind ideale Kommunikations-, Wissenszugangs- und künstlerische Werkzeuge für freie Meinungsäußerung. Sie helfen einem nicht nur, einfach mit anderen zu kommunizieren, sondern bieten auch Raum, um Ideen auszutauschen und sich selbst auszudrücken. Insbesondere das Internet hat jedem eine zuverlässige Datenquelle gegeben und einen nie dagewesenen Zugang zu Informationen ermöglicht.

Ungeachtet der vielen Vorteile muss sich die pro-emanzipatorische Perspektive einer Welle gewaltiger Herausforderungen stellen. Kritiker argumentieren, dass Fragen im Zusammenhang mit der Tendenz digitaler Technologien, die persönliche Autonomie zu behindern, weitverbreitete Ängste auslösen. Die größte Angst gilt dem Ausmaß, in dem digitale Technologien Teil unseres Privatlebens werden könnten. Digitale Aktivitäten, sei es das Surfen im Internet oder die Teilnahme an sozialen Netzwerken, werden von diesen Firmen und Regierungen verfolgt, um die gewünschten Daten zu erhalten. Diese Daten werden verwendet, um Aktionen zu verfolgen, umfassende Profile von Kunden zu erstellen und Entscheidungen zu manipulieren. Angesichts der bevorstehenden Cyberangriffe dieser Art ist es offensichtlich, dass die Menschen die

Kontrolle über die digitale Welt haben müssen und Autonomie über die Daten über ihr Privatleben haben müssen.

Darüber hinaus ist die Technologie, die datengesteuerten Modellen zugrunde liegt und das digitale Verhalten und die Fähigkeiten des Menschen bestimmt, von großer Bedeutung. Die folgenden Algorithmen, die darauf ausgelegt sind, die Interaktion zu maximieren und die menschliche Effizienz der Erfahrung zu nutzen, fungieren in einigen Fällen als Benutzerersatz und treffen Entscheidungen auf der Grundlage der Benutzerdaten. Bei der Verwendung sozialer Medien werden beispielsweise Inhaltsvorschläge angezeigt, die das Verhalten der Benutzer widerspiegeln. Einerseits verbessern personalisierte Inhalte das Benutzererlebnis, indem sie hilfreiche Informationen liefern, andererseits erhöhen sie das Risiko, Maschinen zu schaffen, die Echokammern erzeugen, indem sie die Offenlegung mehrerer Meinungen einschränken, was zu einer subtilen Übertragung der Entscheidungsgewalt der Benutzer auf das System führt, was wiederum die Freiheit der Benutzer einschränkt.

Verhalten beeinflusst, ist das Design digitaler Schnittstellen. Ein gutes Beispiel ist, wie digitale Unternehmen dunkle Muster einsetzen, um die Aufmerksamkeit eines Benutzers zu gewinnen und zu erhalten. Funktionen wie Benachrichtigungen und unendliches Scrollen, die auf die Bedürfnisse des Benutzers zugeschnitten sind, werden eingesetzt, um ihn länger zu unterhalten. Diese Art der Befriedigung ist gut für die Rentabilität des Unternehmens, hat aber ebenso das Potenzial, Einzelpersonen in hilflose Süchtige zu verwandeln, die ihre eigene digitale Nutzbarkeit nicht bewusst und kognitiv bestimmen können.

Ein weiterer wichtiger Zusammenhang zwischen maschineller Intelligenz und individueller Kontrolle ist das Problem, das sich aus den aktuellen Szenarien menschlicher Handlungsfähigkeit im digitalen Raum ergibt. Dies ändert jedoch nichts an der Tatsache, dass KI-gestützte intelligente Systeme im Alltag der Menschen Einzug halten. KI-Systeme, von Chatbots bis hin zu autonomen Fahrzeugen, dürften bereits für viele Menschen schwierige Entscheidungen getroffen haben. Solche Systeme funktionieren in einem Ausmaß, das die traditionellen Normen aufhebt, während die Benutzer im digitalen Bereich die vollständige Kontrolle haben. Wo autonome Fahrzeuge, die mit KI ausgestattet sind, jede fahrbezogene Entscheidung treffen, wenn sie von der Maschine artikuliert wird und ohne menschliches Eingreifen. Der wichtigste Aspekt der Wahrung menschlicher Handlungsfähigkeit in einer digitalisierten Welt besteht darin, KI-Systemen zu ermöglichen, sich vollständig an ethischen und menschlichen Werten auszurichten und ihnen gleichzeitig eine Reihe von Regeln vorzugeben, an die sie sich halten müssen.

Digitale Kompetenz gilt als ein weiterer Faktor für digitale Selbstbestimmung und menschliche Ermächtigung. Da sich die digitale Welt, in der wir leben, immer weiter etabliert, wird die Fähigkeit, diese Technologien zu interpretieren, zu navigieren und kritisch zu bewerten, immer wichtiger. In diesem Sinne bedeutet digitale Kompetenz, dass Sie in der Lage sind, fundierte Entscheidungen darüber zu treffen, wie und wann Sie sich digital vernetzen, mögliche Vorurteile zu erkennen und Ihre Privatsphäre zu schützen. Digitale Kompetenz ist eng mit Bildungsprogrammen und Aufklärungskampagnen verknüpft, da Bildung einen erheblichen Einfluss auf die Autonomie der Bürger in einer digitalen Gesellschaft hat.

Ein weiteres wichtiges ethisches Anliegen und ein wirksames Mittel zur Lösung dieser Probleme sind ethische Grundsätze bei Design und Regulierung. Ethisches Handeln bei Technologiedesign und -entwicklung setzt ethische Grundsätze wie Respekt vor Menschen voraus und fördert die Autonomie der Benutzer, da Designer und Entwickler die Verantwortung haben, Technologien zu schaffen, die die Rechte des Einzelnen respektieren und es ihm ermöglichen, sich als autonome Wesen zu entwickeln. Der Schlüssel dazu ist, die Datenschutzkonfigurationen benutzerfreundlich zu gestalten und jegliche manipulative Handlungen zu unterbinden. Einige Beispiele sind die Erteilung einer klaren und zugänglichen Zustimmung zum Datenschutz, die Vermeidung von Dark Patterns sowie die Gewährleistung, dass Benutzer die Wahl haben, welche Daten sie speichern oder freigeben.

Darüber hinaus sollten Vorschriften geschaffen werden, um die digitale Autonomie und die menschliche Handlungsfähigkeit zu schützen. Die Schaffung von Rahmenbedingungen, die die digitale Autonomie regulieren, muss ebenfalls gefördert und gestärkt werden, um die Erwartung digitaler Autonomie zu schützen. Die Datenschutz-Grundverordnung (DSGVO) in der Europäischen

Union ist ein Beispiel für eine Verordnung, die maßgeblich zur Schaffung von Präzedenzfällen beigetragen hat. Dabei handelt es sich um Vorschriften, die die Rechte des Einzelnen in Bezug auf seine digitalen Daten schützen und den Datenverarbeitern Pflichten auferlegen. Solche Vorschriften dienen dem Zweck, dem Einzelnen die volle Kontrolle über seinen digitalen Lebensraum zu geben, in dem seine Autonomie anerkannt werden muss. Wenn die Gesetze jedoch nicht eingehalten werden, können die Vorschriften mit der Zeit ihre Wirksamkeit verlieren, was zu neuen Problemen im Zusammenhang mit ihrer Verletzung führen kann. Schließlich sollten die Vorschriften bei Bedarf aktualisiert werden, damit sie in der Lage sind, mit fortgeschritteneren technologischen Herausforderungen umzugehen und zu gewährleisten, dass digitale Technologien auf moralische Weise genutzt werden.

Damit digitale Autonomie und menschliches Handeln eine gerechte Zukunft haben, ist es wichtig, dass so viele Menschen aus allen Bereichen wie möglich (also Techniker, Politiker, NGOs, die normale Bevölkerung usw.) an den Debatten teilnehmen, die sich um die Ethik digitaler Technologien drehen, und tatsächlich die Arbeit leisten, mögliche Problembereiche zu hinterfragen und anzusprechen. Das Eintreten für digitale Rechte und den notwendigen ethischen Einsatz von Technologien kann bedeutende Veränderungen bewirken, die den Menschen in der Gesellschaft den Nutzen digitaler Fortschritte bringen.

Die Verbindung zwischen digitaler Autonomie und menschlicher Handlungsfähigkeit ist recht komplex und vielfältig. Obwohl digitale Technologien zahlreiche Möglichkeiten zur Autonomie bieten, müssen wir auch die Herausforderungen im Auge behalten, die sie auf dem Weg zur Autonomie mit sich bringen. Wenn wir ein Ökosystem geschaffen haben, das die Anerkennung und Umsetzung von Individualismus ermöglicht, können wir uns nicht nur mit den bereits bestehenden Aspekten befassen, sondern auch die grundlegende Freiheit bewahren, die die Grundlage für die Würde jedes Menschen bildet. Damit dies gelingt, ist der bewusste Raum für Gespräche, Zusammenarbeit und die Einhaltung ethischer Werte erforderlich. Wir müssen unsere Herangehensweise ändern, um die positiven Auswirkungen digitaler Technologien sicherzustellen, während sie sich ausbreiten. Das bedeutet, dass wir uns von der

Vorstellung lösen sollten, dass sie die Elemente sind, die unsere Autonomie und Handlungsfähigkeit fördern und nicht schädigen.

Die Macht und Verantwortung von Algorithmen

Algorithmen sind ein kaum wahrnehmbares Wesensmerkmal der modernen digitalen Welt. Ihre einzigartigen Eigenschaften bilden die Grundlage für Suchmaschinenfunktionen, Social-Media-Plattformen, Empfehlungen und zahlreiche andere Apps und hinterlassen somit eine Lücke im Leben aller. Trotz der Verbreitung dieser digitalen Wunder kann es in vielen Fällen vorkommen, dass der Benutzer ihre Funktionen oder ihren Verbleib nicht genau versteht. Die Verwendung von Algorithmen in der modernen Technologie erfordert eine systematische Anordnung von Anweisungen, die auf die Erledigung einer bestimmten Aufgabe oder die Lösung eines bestimmten Problems ausgerichtet sind. Im digitalen Kontext interpretieren Algorithmen riesige Datensätze und treffen die besten Entscheidungen, geben Ratschläge und verbessern den Arbeitsablauf. In der Praxis geben die Algorithmen der Suchmaschinen Suchbegriffe ein, um relevante Ergebnisse abzurufen, während Algorithmen im sozialen Netzwerk interessante Benutzer und dementsprechend das Verhalten und die Vorlieben des Benutzers erkennen.

Die Verwaltung und Interpretation der großen Mengen digitaler Daten, die in der modernen Zeit produziert werden, ist eine der Hauptaufgaben von Algorithmen. Diese enorme Datenmenge, die gemeinhin als „Big Data" bezeichnet wird, besteht aus Informationen aus Suchanfragen und Social-Media-Kontakten wie Likes oder aus vergangenen Einkaufsvorgängen und Standortinformationen auf Google Maps. Muster, Trends und paarweise Relevanz, die den Daten zugeschrieben werden, werden normalerweise mit einem Algorithmus berechnet, der es ermöglicht, sie in strategische Geschäftsinformationen umzuwandeln. Dank der Rolle dieser Ratschläge kann ein breites Spektrum an Verpflichtungen, die von der Sicherung des Patientenbetriebs bis zur Erzielung von Gewinnen durch Marketing reichen, effektiv erfüllt werden.

Für das bloße menschliche Auge können die Zahlenmultiplikatoren der Benutzer und Interpreten von Algorithmen im Zeitalter der digitalen Technologie so überwältigend werden, dass sie einen

Echtzeit-Kulturschock auslösen können. Solche Daten beziehen sich auf verschiedene Aktivitäten wie Suchanfragen und Social-Media-Interaktionen, Einkaufshistorien und Standortaufzeichnungen. Algorithmen sind in der Lage, auf jeglichen Anschein von Systematik und Trends hinzuweisen sowie die Mengen direkt zu verfolgen, die unabhängig vom Sektor von relevanter Bedeutung sind. Mit ihnen haben die Bereiche Gesundheit und Wohlbefinden folgende Anwendungen als Datenbankassistent: Patientendiagnose – mithilfe von ihnen überprüfen Ärzte elektronische Gesundheitsakten und Genomdaten, um medizinische Schwachstellen vorherzusagen, Angebote für maßgeschneiderte medizinische Behandlungen zu genehmigen und Krankheitsausbrüche vorherzusagen. Ebenso erkennen Algorithmen im Finanzsektor betrügerische Transaktionen, bewerten die Kreditwürdigkeit der beteiligten Personen und weisen dann Investitionsmittel zu. Im Marketinggeschäft passen Algorithmen Werbung an, sagen Verbraucherverhalten voraus und segmentieren die Marketingbasis noch weiter. Diese Beispiele unterstreichen die enorme Vorhersagekraft von Algorithmen zur Steigerung von Produktivität, Fehlerfreiheit und Erfindungsreichtum.

Die zunehmende Verbreitung von Algorithmen ist jedoch auch mit ethischen und sozialen Bedenken behaftet. Das wichtigste ist eine automatische Verzerrung. Da die Algorithmen nur auf der Grundlage der Daten agieren, mit denen sie trainiert wurden, könnten sie die Verzerrungen unterstützen und sogar zu ihnen führen. So wurde beispielsweise nachgewiesen, dass Erkennungsalgorithmen möglicherweise fehlerhafter sind, wenn es sich um farbige Menschen handelt , sodass die Verzerrung aus den Trainingsdaten widergespiegelt wird. Faire Datensätze sollten auf die gleiche Weise verwendet werden, da die Algorithmen für Prozesse wie Rechtsdurchsetzung, Einstellung und Kreditvergabe erforderlich sind und wenn das System beispielsweise auf der Grundlage unfairer Daten erstellt wird, kann es gegenüber bestimmten Gruppen unfair sein.

Daher verkompliziert die Entstehung von Datenverzerrungen durch Algorithmen diese Probleme noch weiter. Viele Algorithmen, insbesondere solche, die auf maschinellem Lernen basieren, funktionieren wie „Black Boxes", bei denen der

Entscheidungsprozess nicht transparent oder leicht verständlich ist. Mangelnde Transparenz macht es schwieriger, Verzerrungen zu erkennen und zu beheben, Systeme zur Rechenschaft zu ziehen und Fairness zu erreichen. Gleichzeitig ist der rechnerische Prozess der Entwicklung von Algorithmen, die nicht nur genau und effizient, sondern auch transparent und nachvollziehbar sind, schwierig.

Darüber hinaus wirft der unethische Einsatz von Algorithmen ein weiteres Problem hinsichtlich der Souveränität auf. Es ist eine Tatsache, dass Algorithmen häufig mit Big Data arbeiten, die Informationen sammeln, aber viele fürchten, wie auf diese Daten zugegriffen und sie geschützt werden. Der Skandal um Cambridge Analytica, bei dem persönliche Daten einer großen Zahl von Facebook-Nutzern ohne deren Wissen verwendet wurden, lenkte die Aufmerksamkeit auf das Potenzial des Missbrauchs datengesteuerter Algorithmen. Es ist immens wichtig, sicherzustellen, dass Daten mit den entsprechenden Zustimmungs- und Sicherheitsmechanismen auf die richtige Weise gesammelt und verarbeitet werden, um die Privatsphäre des Einzelnen unantastbar zu halten und das öffentliche Vertrauen aufrechtzuerhalten.

Einer der kritischen Diskussionspunkte ist der Einfluss von Algorithmen auf die Meinungen und Urteile der Öffentlichkeit. Die Algorithmen von Social-Media-Plattformen, die von dem Wunsch getrieben sind, das Engagement der Nutzer zu erhöhen, neigen dazu, sensationelle und polarisierende Inhalte zu priorisieren. Diese Art von Inhalten fördert Echokammern, in denen Sie hauptsächlich Informationen finden, die Ihre Überzeugungen bestärken. Dies wiederum führt zu einer Vertiefung der Polarisierung in der Gesellschaft sowie zur Etablierung von Propaganda. Gleichzeitig können Algorithmen in den Händen böswilliger Akteure als Waffen eingesetzt werden, um politische Ereignisse zu gestalten und zu beeinflussen. Eine wichtige Implikation davon ist, dass ethische Anleitung und Kontrolle erforderlich sind.

Zu den Herausforderungen zählen technologische, politische und soziale Dimensionen. Technologen dürfen die Entwicklung und Einführung von Algorithmen im Hinblick auf ethische Implikationen nicht vernachlässigen. Tatsächlich umfasst dies die Entwicklung von Möglichkeiten, um Verzerrungen zu erkennen und zu beseitigen, Transparenz und Erklärbarkeit zu gewährleisten und den Datenschutz umfassend und vertrauensvoll durchzuführen.

Ethische Designpraktiken müssen in den gesamten Lebenszyklus der Algorithmen integriert werden – von der Konzeption über die Bereitstellung bis hin zur Wartung.

Eine weitere wichtige Rolle kommt den politischen Entscheidungsträgern bei der Schaffung von Regulierungsgesetzen und -mechanismen zu, die den ethischen Einsatz von Algorithmen sicherstellen. Obwohl diese Regulierungen auf einigen der folgenden Prinzipien der Gerechtigkeit, Rechenschaftspflicht und Transparenz basieren würden, sollte die Regierung Regulierungen für die Auswirkungen von Algorithmen, unabhängige Prüfungen und eine Regelung einführen, in der Menschen im Schadensfall entschädigt werden. Außerdem darf nicht vergessen werden, dass digitale Technologien und Datenströme globaler Natur sind, was konzertierte Anstrengungen erfordert, um die Zusammenarbeit zwischen verschiedenen Ländern zu fördern.

Es lässt sich nicht leugnen, dass die Kombination aus öffentlichem Wissen und Bildung der wichtigste Faktor für eine besser informierte und partizipatorische Gesellschaft ist. Indem wir uns darüber bewusst werden, wie Algorithmen unser tägliches Leben beeinflussen und gestalten, und Fähigkeiten entwickeln, die es uns ermöglichen, solche algorithmischen Entscheidungen kritisch zu bewerten, können die Menschen Leserechte als Initiativen nutzen, um die Lese- und Schreibrate im Internet zu verbessern und sie zu verstehen. Mithilfe von Programmen zur digitalen Lese- und Schreibkompetenz können sich die Menschen mit den Mechanismen hinter den Algorithmen vertraut machen, mögliche Verzerrungen erkennen und ihre eigenen Rechte geltend machen. Indem wir die Öffentlichkeit in die Diskussionen über den ethischen Einsatz von Algorithmen einbeziehen, streben wir danach, allgemeine Prinzipien und Werte zu erreichen, die jeder akzeptiert.

Genauer gesagt werden Algorithmen, die in der heutigen Gesellschaft präsent sind, als mächtiger, aber gleichzeitig auch komplexer Mechanismus charakterisiert. Während sie den Geschäftsablauf beschleunigen, gute Leistung und Innovation ermöglichen, führen sie auch zu schwierigen Situationen, in denen Menschen ethisch und sozial vor Herausforderungen gestellt werden. Die Bewältigung dieser doppelten Dimensionen erfordert einen mehrgleisigen Ansatz, bei dem Algorithmen verantwortungsvoll erstellt und genutzt werden sollten. Das heißt, indem wir offen sind, zur Rechenschaft gezogen werden und praktisch unparteiisch bleiben, können wir endlich das Potenzial von Algorithmen als Mittel zur Förderung der Menschheit erkennen und dies bedeutet, dass unsere Werte und Rechte nicht auf der Strecke bleiben.

Die Zukunft der digitalen Autonomie

Ein informativer Inhaltsstil, der sich auf die Bereitstellung geprüfter Fakten konzentriert.

Die sich heutzutage rasant entwickelnde Technologie lässt den Impuls zur digitalen Autonomie stark spürbar werden. Da die digitale Technologie im menschlichen Leben immer komplexer wird, wird es notwendig, ein Gleichgewicht zwischen individueller Entwicklung und den Rechten des Einzelnen zu finden. Die Zukunft des digitalen Zeitalters könnte darin liegen, einen Konsens zwischen technischem Einfallsreichtum, moralischer Reflexion und gesetzesbasierten Regelungen zum Wohle der menschlichen Handlungsfähigkeit in einer digitalen Gesellschaft zu finden.

Eine der bemerkenswerten Errungenschaften, die zum Konzept der digitalen Autonomie geführt haben, ist der Aufstieg der künstlichen Intelligenz (KI). Immer mehr KI-Anwendungen werden in das tägliche Leben integriert, darunter virtuelle Assistenten, personalisierte Empfehlungen, selbstfahrende Autos und Smart-Home-Geräte. All diese Innovationen bieten mehr Auswahlmöglichkeiten bei der Nutzung. Sie steigern auch den Komfort, die Effizienz und die Personalisierung von Erfahrungen. Auf der anderen Seite stellen diese Innovationen neue Herausforderungen für den Datenschutz im Zusammenhang mit der digitalen Autonomie dar. Diese Herausforderungen müssen durch die Behandlung von Themen wie Datenschutz und algorithmischen Entscheidungen bewältigt werden.

Angesichts der ständig zunehmenden menschlichen Überwachung und Datenerfassung handelt es sich auch bei der Entwicklung von KI-Technologien um einen schleichenden Prozess. Wie bereits erwähnt, sammeln diese Technologien Daten aus zahlreichen Quellen und analysieren Browserverläufe, um personalisierte Erfahrungen zu schaffen. Das Unternehmen verteidigt seine Position zur Datenfreigabe, indem es darauf hinweist, dass den Kunden Dienste angeboten werden, die ihre Erwartungen übertreffen, da das Unternehmen ihre persönlichen Daten verwendet. Die Entwicklung von KI-Systemen, um privatere Daten zu gewährleisten, bringt jedoch riesige Datenmengen mit sich. Darüber hinaus kann die mangelnde Kenntnis der Personen in Bezug auf Datenschutzprobleme zum Missbrauch von Daten führen. Der Schutz des Einzelnen und der Rechte des Unternehmens sollte für Entwicklungsunternehmen das ethische Anliegen sein.

Die Blockchain-Technologie ist auf dem Vormarsch und verspricht eine glänzende Zukunft für die digitale Freiheit. Das gemeinsame Hauptbuch, bekannt als Blockchain, sorgt für sichere und transparente Transaktionen ohne Einbeziehung von Vermittlern. Diese Technologie könnte den Menschen neue Freiheiten verschaffen, da sie die Macht über die digitale Identität des Einzelnen und die Verwendung von Daten festlegt. Dezentrale Identitätssysteme ermöglichen es beispielsweise Einzelpersonen, ihre eigenen Anmeldeinformationen zu kontrollieren und zu entscheiden, mit wem sie ihre persönlichen Daten teilen, und sind nicht auf vertrauenswürdige Vermittler angewiesen. Durch die Dezentralisierung von Datenspeicherung, Sicherheit und Eigentum kann Blockchain einen besseren Schutz vor Datenlecks und Informationsmissbrauch gewährleisten.

Ein zentraler Aspekt des Konzepts der digitalen Autonomie ist die Verbesserung datenschutzfördernder Technologien (PETs), die eine gute Möglichkeit zum Teilen bieten, ohne die Privatsphäre der Masse zu vernachlässigen. Diese Tools, wie differenzielle Privatsphäre, homomorphe Verschlüsselung und sichere Mehrparteienberechnung, ermöglichen die Datenmanipulation, ohne die Privatsphäre des Einzelnen zu beeinträchtigen. Männer und Mädchen lieben es, zu sehen, was sie über ein anderes Paradies zu sagen haben. Lassen Sie mich die Telefonnummern sehen. Differenzielle Privatsphäre beispielsweise fügt Datensätzen Rauschen hinzu, sodass es unmöglich ist, eine bestimmte Person zu identifizieren. So kann man dennoch eine nützliche Datenanalyse durchführen und gleichzeitig seine Privatsphäre wahren. Darüber hinaus ermöglicht homomorphe Verschlüsselung die Durchführung von Berechnungen mit den verschlüsselten Daten und garantiert so, dass niemand weiß, welche Art von Daten in den Prozess einbezogen werden. In Kombination mit der Hinzufügung datenschutzfördernder Technologien in der digitalen Technologie können die Vorteile datengesteuerter Innovation mit dem Schutz der Privatsphäre verbunden werden.

Ein weiterer wichtiger Faktor, der die Zukunft der digitalen Autonomie bestimmt, ist das Konzept der digitalen Souveränität. Digitale Souveränität ist das Recht einer Person oder eines Landes, über seinen persönlichen oder nationalen digitalen Raum zu entscheiden. Angesichts der vorherrschenden Probleme der Datenlokalisierung und der nationalen Sicherheit suchen Länder nun nach Möglichkeiten, die Kontrolle über ihren digitalen Raum zu übernehmen. Dies wiederum schafft einen Bedarf an Richtlinien, die den effizienten und konformen Datenfluss über Grenzen hinweg, die internationale Zusammenarbeit und die digitale Weltwirtschaft weltweit berücksichtigen. Es ist entscheidend, die Grundsätze der Offenheit und Zusammenarbeit nicht zu opfern, um eine gemeinsame digitale Landschaft der Fairness und Gerechtigkeit zu fördern, die das Ergebnis der Erreichung des Gleichgewichts zwischen digitaler Souveränität und den Grundsätzen der Offenheit und Zusammenarbeit sein wird.

Regulierungsmaßnahmen werden weiterhin eine entscheidende Rolle bei der Gestaltung der digitalen Freiheit spielen. Ein gutes Beispiel ist die europäische DSGVO, die einige Standards für Datenschutz und Persönlichkeitsrechte gesetzt hat. Die künftige Gesetzgebung wird verschiedene Themen behandeln müssen: ethische Anwendungen von KI, die Fairness digitaler Identitäten und die Dezentralisierung von Technologien. Der Weg dorthin führt über die internationale Zusammenarbeit bei der Schaffung von Standards und der Gewährleistung digitaler Autonomie über Grenzen hinweg.

Die ethische Gestaltung digitaler Technologien ist ein weiterer Eckpfeiler dieser zukünftigen digitalen Welt. Designer und Entwickler sollten Wert auf eine gute Benutzererfahrung legen und sicherstellen, dass die Benutzer informiert sind, gerecht behandelt werden und bei der Nutzung der Systeme ihre freie Entscheidungsfreiheit haben. Teil ihrer Verantwortung ist es, sicherzustellen, dass die Ideen, auf denen die digitalen Systeme basieren, freier, integrativer und menschlicher sind.

Digitale Kompetenz scheint ein wichtigeres Puzzleteil zu sein, wenn es darum geht, Menschen dabei zu helfen, mit dem Phänomen der digitalen Welt zurechtzukommen. Es ist grundlegend zu verstehen, dass sich Technologie und Fähigkeiten immer gleichzeitig weiterentwickeln werden. Lehrprogramme, die digitale Kompetenz, kritisches Denken und ein Verständnis digitaler Rechte betonen, dienen als Grundlage, um Einzelpersonen zu unterweisen, damit sie überlegte Entscheidungen über ihre Interaktion mit digitalen Medien treffen können. Durch digitale Kompetenz kann in einer Gesellschaft das Gefühl persönlicher Autonomie und Widerstandsfähigkeit gegenüber technologischen Veränderungen gedeihen.

Bei der Zukunft der digitalen Autonomie geht es nicht nur um Technologie oder Regulierung. Sie muss auch eine wichtige Rolle im Bereich des öffentlichen Engagements und der Interessenvertretung spielen, und das wird entscheidende Auswirkungen haben. Die Einbindung von Menschen mit unterschiedlichem sozialen, wirtschaftlichen und beruflichen Hintergrund und die Schaffung konstruktiver Dialoge über die ethischen und sozialen Auswirkungen digitaler Technologien sind einige der vielversprechendsten Methoden, um einige der möglichen Probleme zu identifizieren und eine gemeinsame, umfassende Lösung zu finden. Sich für digitale Rechte, Datenschutz und ethische Technologie einzusetzen, wird zu einer positiveren Veränderung führen und sicherstellen, dass die Gewinne digitaler Innovationen gerecht verteilt werden.

Die Zukunft sieht aus wie eine Ära, in der die Grenze zwischen technologischer Innovation, ethischem Interesse und rechtlichen Anforderungen im Wesentlichen auf die Ergebnisse der Wahrung der digitalen Autonomie hinweisen wird. Neben Cybersicherheitsregeln, Dezentralisierung und ethischem Design können Datenschutzverbesserungen genutzt werden, um bahnbrechende Technologien zu nutzen, die Privatsphäre bieten und die individuelle Freiheit der Menschen respektieren. Die kontinuierliche Diskussion über digitale Autonomie sollte ein Leitfaden im Digitalisierungsprozess durch die Probleme des digitalen Zeitalters sein, in dem die digitalen Werkzeuge nur Diener und keine Meister sind.

Die digitale Kluft: Zugang und Gerechtigkeit

„Das Internet ist kein Luxus, es ist eine Notwendigkeit." – Präsident
Barack Obama

Digitale Technologien und das Internet haben unser digitales
Zeitalter* reformiert und das Internet und digitale Technologien zu
einem unvermeidlichen Teil unseres Alltags gemacht. Sie haben
Revolutionen in verschiedenen Bereichen wie Arbeit, Bildung,
Gesundheit und Sozialisation herbeigeführt. Virtuelle Realität ist zur
neuen Realität geworden, in der unsere junge Generation Online-
Spiele spielt und E-Learning über Tafeln und Smartboards betreibt.
Die digitale Kluft stellt ein erhebliches Problem in der Gesellschaft
dar, und Ungleichheiten beim digitalen Zugang verdeutlichen das
entscheidende Problem der Gleichberechtigung, da diejenigen, die
keinen Zugang zu digitalen Ressourcen haben, immer stärker an den
Rand gedrängt werden, während die Welt den ganzen Tag über
immer mehr Wert auf die Digitalisierung legt.

Die digitale Kluft umfasst mehrere Aspekte, beispielsweise die
Zugänglichkeit von Hardware und Internetdiensten, die Fähigkeit,
über die digitale Plattform zu lesen, zu schreiben, zu verstehen und
zu kommunizieren und digitale Elektronik zu nutzen. Auf der
grundlegendsten Ebene zeigt sich diese Kluft in der großen
Ungleichheit zwischen denen, die mit dem Internet verbunden sind
und über digitale Geräte verfügen, und denen, die nicht verbunden
sind. Dieser Zugang wird von verschiedenen Faktoren beeinflusst,
darunter sozioökonomischer Status, geografischer Standort, Alter
und Bildungshintergrund. So sind ländliche und abgelegene Gebiete
vor allem mit dem Problem mangelnder Infrastruktur konfrontiert,
da dort eingeschränkter oder gar kein Internetzugang eine alltägliche
Situation ist. Ebenso können sich Menschen mit niedrigerem
sozioökonomischen Status möglicherweise die erforderlichen
digitalen Geräte und Internetdienste nicht leisten.

Die digitale Kluft darf nicht als kleines Problem betrachtet werden, da sie sich auf verschiedene Lebensbereiche auswirkt. Im Bildungsbereich sind Schüler, die keinen Zugang zu digitalen Technologien haben, in einer zunehmend „High-Tech"-Bildungsumgebung vom Aussterben bedroht. Sie können keine Online-Ressourcen nutzen, nicht an Online-Kursen teilnehmen und können auch keine digitalen Tools für den Fernunterricht verwenden. Dies wurde während der COVID-19-Pandemie deutlich, als Schulen auf der ganzen Welt auf Online-Lernen umstellten. Die Schüler, die keinen angemessenen digitalen Zugang hatten, blieben zurück, da sie kumulativen Bildungsungleichheiten ausgesetzt waren. Diese Kinder, die keinen digitalen Zugang haben, können langfristige Auswirkungen haben, die nicht nur die akademischen Leistungen der Schüler, sondern auch ihre Lebenschancen einschränken können.

**Hinweis: Es wäre leserfreundlicher, wenn wir „Ära" im Originaltext als „Das" am Satzanfang verwenden würden, da das Thema zuvor nicht erwähnt wurde. So können wir Zirkelschlüsse vermeiden und „das" anstelle von „das" verwenden. Dann haben wir je nach Thema „Das Internet und die digitalen Technologien haben das digitale Zeitalter Wirklichkeit werden lassen …" umformuliert und so einige logischere Sequenzen erstellt. **

Die Nutzung digitaler Medien ist unglaublich wichtig geworden, insbesondere im Zusammenhang mit der Beschäftigung. Wir wissen, dass viele Bewerbungen, die meisten Vorstellungsgespräche und alle erforderlichen Schulungen routinemäßig online durchgeführt werden. Dies erfordert einen erheblichen zuverlässigen Internetzugang und digitale Fähigkeiten. Arbeitnehmer in Bereichen, in denen die digitale Nutzung im Rückstand ist, oder solche, die digital nicht bewandert sind, stoßen auf enorme Hindernisse bei der Arbeits- und Karrieresuche. Darüber hinaus wird der Trend zur Fernarbeit und zur Gig Economy weiterhin viele Arbeitsplätze beanspruchen, bei denen sich der digitale Zugang als wichtiger Faktor für den Prozess der wirtschaftlichen Teilhabe erwiesen hat. Menschen, die nicht digital verbunden sind, sind von dem, woran sie in vollem Umfang teilnehmen könnten, ausgeschlossen.

Auch im Gesundheitswesen führt die digitale Kluft zu Stigmatisierung. Die digitalen Gesundheitstechnologien, darunter Telemedizin und andere Telegesundheitsdienste, bieten großes

Potenzial für die Verbesserung des Zugangs zur Gesundheitsversorgung, insbesondere in benachteiligten Gebieten. Aber es geht immer noch nur um den digitalen Zugang. Jemand ohne Computer und Smartphone hat keinen Anspruch auf eine virtuelle Konsultation, und das führt zu gesundheitlichen Ungleichheiten. Die digitale Gesundheitskompetenz von Patienten ist nicht nur eine grundlegende Fähigkeit, die für den Zugriff auf Online-Gesundheitsressourcen erforderlich ist, sondern auch, damit diese Personen ihre eigenen elektronischen Gesundheitsakten verwalten und an digitalen Gesundheitsprojekten teilnehmen können.

Die digitale Kluft wirkt sich auch auf soziale Beziehungen und bürgerschaftliches Engagement aus. Social-Media-Plattformen sind oft die Orte, an denen Menschen zusammenkommen, Teil von Gemeinschaften werden und über das Internet kommunizieren. Und die Menschen, die keinen digitalen Weg haben, können nicht überhaupt Teil dieser Mitglieder sein. Infolgedessen können sie sich nicht an gemeinschaftlichen Veranstaltungen beteiligen, Informationen erhalten oder an öffentlichen Debatten teilnehmen. Folglich wirkt sich die digitale Kluft auf die politische Beteiligung aus, da sie als Ort für wichtige politische Interaktionen, Proteste und Referenden dient. Ohne digitalen Zugang werden Einzelpersonen nicht dabei unterstützt, vollwertige Teilnehmer am demokratischen Prozess zu sein.

Um die digitale Kluft zu überbrücken, müssen verschiedene Ansätze wie Infrastrukturentwicklung, digitale Kompetenz und inklusives Design genutzt werden. Der Schlüssel zur Überwindung der digitalen Kluft liegt in der Schaffung einer technischen Infrastruktur. Dies bedeutet, das Netzwerk auszuweiten und sicherzustellen, dass moderne Technologien insbesondere in abgelegenen und ländlichen Gebieten auf das Hochgeschwindigkeitsinternet zugreifen können. Um dieses Ziel zu erreichen, sollten politische Entscheidungsträger über staatliche und bundesstaatliche Unterstützung für öffentliche und private Organisationen nachdenken, die an der Initiative beteiligt sind. Sie würden beispielsweise die Ressourcen bereitstellen und beim Auf- und Ausbau der digitalen Infrastruktur helfen. Darüber hinaus können Regeln und Aktivitäten, die auf die Senkung der Kosten für Internet und digitale Geräte abzielen, die

Erschwinglichkeit erhöhen und so die Internetnutzung für Menschen mit geringem Einkommen einfacher machen.

Digitale Kompetenz ist der andere zentrale Baustein zur Überwindung der digitalen Kluft. Die Vermittlung der Fähigkeiten und Informationen, die für die Nutzung digitaler Technologien erforderlich sind, ist für die tatsächliche Einbindung der Menschen in digitale Prozesse unerlässlich. Die Nutzung digitaler Umgebungen und Kommunikationskanäle zum Lernen und für praktische Lösungen kann durch Schulprogramme, Seminare und Verbände gefördert werden, die sich auf digitale Kompetenz konzentrieren. Dazu gehört das Unterrichten grundlegender Computerbedienung, Internetsurfen, Online-Sicherheit sowie die Teilnahme an digitaler und gedruckter Kommunikation, die beim Unterrichten, Kommunizieren und bei der Arbeitssuche eingesetzt wird.

Technologie muss unter besonderer Berücksichtigung von Designprinzipien entwickelt werden, um digitale Technologien und Plattformen zu schaffen, die für alle Menschen zugänglich sind und die von ihnen unabhängig von ihren individuellen Fähigkeiten oder den besonderen Bedingungen, unter denen sie leben, gleichermaßen genutzt werden können. Dazu gehört die Entwicklung leicht erlernbarer und benutzerfreundlicher Schnittstellen, die Bereitstellung von Zugang für Behinderte und die Berücksichtigung der spezifischen Bedürfnisse der Benutzer. Indem die Entwickler von Technologie die Inklusivität ihrer Plattform fördern, können sie erreichen, dass sehr viele Menschen ihre Programme nutzen, sodass sie in der digitalen Welt sichtbar werden und so für Gleichberechtigung sorgen .

Die Berücksichtigung der öffentlichen Politik und des Lobbyings ist sehr wichtig, da sie die Herausforderung der digitalen Kluft und die Förderung digitaler Gerechtigkeit bestmöglich bewältigen. Digitale Gerechtigkeit ist für politische Entscheidungsträger von höchster Bedeutung, die die Herausforderung der Inklusion in ihre Agenden aufnehmen und erkennen müssen, wie der digitale Zugang das soziale und wirtschaftliche Engagement fördert. Dies erfordert Programme, in denen alle Fragen der Infrastruktur, Erschwinglichkeit, Alphabetisierung und Inklusivität behandelt werden. In armen Gemeinden können Lobbyaktivitäten das allgemeine Bewusstsein schärfen, indem sie es mit digitaler

Gleichheit verknüpfen und Unterstützung für alle Maßnahmen zur Überwindung der Kluft mobilisieren.

Internationale Zusammenarbeit ist auch wichtig, um die globalen Dimensionen der digitalen Kluft zu überwinden. Der geringste Zugang zu digitalen Mitteln ist nicht nur das Problem einzelner Länder, sondern ein globales Problem, das die Länder je nach Entwicklungsstand in unterschiedlichem Ausmaß stark beeinflusst. Bemühungen wie gemeinsame Projekte, Konferenzen und Technologieausstellungen beispielsweise zwischen Ländern, internationalen Organisationen und den weltweit führenden IT-Unternehmen würden die Verbreitung von Informationen und Ressourcen fördern, während die vorherrschenden Best Practices allgemein befolgt würden, um die Probleme der Unterlegenheit im digitalen Bereich zu lösen. Große internationale Projekte, die darauf abzielen, die digitale Infrastruktur zu entwickeln, digitale Kompetenz zu vermitteln und erschwinglichen Zugang zu gewährleisten, werden dazu beitragen, die digitale Kluft auf globaler Ebene zu überwinden.

Der Privatsektor spielt eine wichtige Rolle bei der Überbrückung der digitalen Kluft. Darüber hinaus müssen Technologieunternehmen mit günstigeren Technologien, Konnektivität zur digitalen Infrastruktur und Programmen zur digitalen Kompetenz aufwarten, die sie zu einem Teil der Lösung machen. Digitale Inklusion und andere Projekte zur sozialen Verantwortung von Unternehmen, die im öffentlichen Sektor verankert und auf die lokalen Gemeinschaften zugeschnitten sind, hinterlassen nachhaltige Auswirkungen. Unternehmen des Privatsektors sollten einbezogen werden und ihre Erfahrungen und Ressourcen sollten genutzt werden, um die digitale Ungleichheit zu überwinden.

Unsere Fähigkeit, die digitale Kluft in ihrer Komplexität und unter Berücksichtigung der Inklusion zu bewältigen, ist das zentrale Problem, das über die Zukunft der digitalen Gleichheit entscheiden wird – werden wir sie überwinden können? Peacock, 6); es geht nicht nur um soziale Gerechtigkeit, sondern auch um wirtschaftlichen Fortschritt. Neufaltung Für diejenigen, die einen geknackten Code haben, geht es nicht nur um Gerechtigkeit, sondern auch um sozialen und wirtschaftlichen Fortschritt. Wir dürfen das Hauptziel nicht aus den Augen verlieren, nämlich „die digitale Konnektivität voranzutreiben" – auf diese Weise werden wir in der Lage sein,

Technologie in einem beispiellosen Ausmaß freizusetzen und ein Umfeld zu schaffen, in dem sowohl Innovation als auch Kreativität gedeihen werden. Als eine der Folgen der Förderung von Arbeitsoffenheit und partizipativer Innovation fördern digitale Technologien die Inklusion und Ermächtigung aller Mitglieder der Gesellschaft. Unser Alltag im digitalen Raum wird für alle zugänglicher. Aus welchem Grund auch immer, es ist ein fortlaufender Prozess, wenn wir diese Probleme überwinden und eine bessere digitale Zukunft für alle sichern wollen.

Die digitale Kluft verstehen

Allgemein ausgedrückt ist die digitale Kluft tatsächlich ein vielschichtiges und dynamisches Problem, das häufig mit dem ungleichen Zugang zu den zugrunde liegenden Technologien zusammenhängt. Um die Probleme zusammenzufassen, mit denen Menschen konfrontiert sind, die Technologie benötigen, muss man sagen, dass es sich um ein technisches Problem handelt, das gleichzeitig die Dimensionen einer Gesellschaft betrifft – sozioökonomische, geografische und kulturelle, die letztendlich das digitale Zeitalter beeinflussen. In den verschiedenen Bereichen der Technologie, der Bildung, des Arbeitsmarkts , der Gesundheit und des sozialen Lebens ist das Verständnis der digitalen Kluft von entscheidender Bedeutung für einen ausgewogenen Ansatz zur Entwicklung der sozialen Ordnung und für gleiche Chancen für alle.

Im Grunde ist die digitale Kluft an den drei Zugangsformen, der Qualität dieses Zugangs und den Fähigkeiten zur effektiven Nutzung digitaler Tools erkennbar. Umgekehrt zeigen der Internetzugang und die Verfügbarkeit digitaler Geräte das erste und auffälligste Merkmal. In Gegenden, die mit ländlichen und abgelegenen Gebieten zu kämpfen haben, leiden die Menschen oft unter einem Mangel an grundlegender Konnektivität. Die geringe Internetdurchdringung in diesen Gebieten ist auf ein materielles Denkmuster zurückzuführen, das als Ursache die wirtschaftliche Härte, die Entfernung und die schlechte Telekommunikationsinfrastruktur angibt. Außerdem können sich Haushalte mit niedrigem Einkommen, die in städtischen und halbstädtischen Gebieten mit ausreichender Infrastrukturentwicklung häufig vorkommen, möglicherweise keinen superschnellen Breitbandanschluss sichern oder moderne digitale Geräte kaufen, was die Kluft noch weiter vergrößert.

Der zweite und ziemlich kritische Aspekt der digitalen Kluft betrifft die Qualität des Zugangs. Es ist nicht nur ausreichend, sondern tatsächlich wichtig zu verstehen, dass der bloße Zugang zum Internet nichts bedeutet, wenn dieser langsam ist, beide Enden unzuverlässig oder eingeschränkt sind. Darüber hinaus dient die Infrastruktur als Rückgrat für fortschrittliche digitale Anwendungstypen wie Video, Telekonferenzen, Cloud-Dienste und Streaming und beeinflusst alles von Online-Lernen bis hin zu Telemedizin und digitaler Unterhaltung. Es gibt zahlreiche Fälle, in denen die digitale Kluft aufgrund der schlechten Verbindung einiger Regionen und ihrer technologischen Unterentwicklung im Vergleich zu den städtischen und reichen Regionen Realität ist.

Eine der wesentlichen, aber oft übersehenen Komponenten der digitalen Kluft ist die digitale Kompetenz. Der Besitz digitaler Geräte und Internetzugang bedeutet nicht unbedingt, dass diese auch effizient genutzt werden. Digitale Kompetenz umfasst die Fähigkeiten und das Wissen, die erforderlich sind, um mithilfe digitaler Technologien Informationen zu erkennen, zu bewerten und zu erstellen. Sie umfasst die grundlegendsten Fähigkeiten wie die Bedienung eines Computers und die Internetsuche, aber auch fortgeschrittenere Fähigkeiten wie Programmierung, Datenanalyse sowie Kenntnisse im Bereich Cybersicherheit. Ohne digitale Kompetenz können Menschen nicht in vollem Umfang an der digitalen Wirtschaft und Gesellschaft teilnehmen, unabhängig davon, wie gut ihr Zugang zur Technologie ist.

Die sozioökonomischen Dimensionen der digitalen Kluft sind jedoch eng mit den Themen Einkommen, Bildung und sozialer Status verknüpft. Menschen mit niedrigem Einkommen und geringerer Bildung haben weniger Zugang zu digitalen Technologien und nutzen diese nicht in zufriedenstellender Weise. Infolgedessen führt dieser digitale Unterschied unweigerlich zur Entstehung armer Menschen und von Menschen, denen die gleiche Effizienz und damit die sozial fördernde Kraft der Technologie vorenthalten bleibt. Es sind schülerorientierte Umgebungen von der Grundschule bis zur Universität, die von grundlegender Bedeutung sind, um Brücken zwischen verschiedenen Klassen zu bauen, indem sie Schülern aus unterversorgten Bevölkerungsgruppen Bildungsstrategien anbieten.

Geografische Unterschiede verstärken die digitale Kluft noch mehr. Demografische Daten zeigen, dass städtische Gebiete in vielen Ländern oft mit einer lobenswerten digitalen Infrastruktur und Online-Diensten gesegnet sind, während in ländlichen und abgelegenen Gegenden das genaue Gegenteil der Fall ist. Dies ist nicht nur der trennende Faktor zwischen städtischen und ländlichen Gebieten in den Ländern, sondern auch ein allgemeines Problem in der Region der entwickelten Welt und in anderen Ländern. In diesen ländlichen Gegenden muss die digitale Kompetenz ein gemeinsamer Nenner für alle sein, wenn sie den gleichen Zugang zu einer sehr nützlichen und günstigen Informations- und Wissensquelle haben möchten. Diese Art der Positionierung abgelegener Regionen macht nur Sinn, wenn andere wirtschaftliche Elemente berücksichtigt werden, die die Überwindung der digitalen Kluft erschweren.

Die digitale Kluft entsteht durch technologische und kulturelle Unterschiede. Die meisten Internetinhalte sind auf Englisch, was beispielsweise Nicht-Englischsprachige marginalisiert und ihnen den Zugang zu den benötigten Informationen und die Nutzung von Möglichkeiten verwehrt. Auch die Wahrnehmung von Technologie und Bildung durch Gemeinschaften und ihre kulturellen Einstellungen haben direkte Auswirkungen darauf, wie stark sich die Menschen dieser Gemeinschaften mit digitalen Tools beschäftigen. Im Kontext der digitalen Kluft bedeutet der Umgang mit kulturellen und sprachlichen Barrieren, dass digitale Inhalte harmonischer und vielfältiger gestaltet werden müssen, damit diese ein größeres Publikum erreichen können.

Die digitale Kluft ist das Ergebnis technologischer und kultureller Unterschiede, die sich in mehreren Lebensbereichen lähmend auswirken. Im Bildungsbereich beispielsweise erschweren das Fehlen zuverlässiger Internetverbindungen und der Besitz digitaler Geräte es Schülern, mit ihren Klassenkameraden Schritt zu halten, wenn es darum geht, ihre Schulaufgaben zu erledigen oder ihre Lernressourcen über das Internet zu nutzen. Während der globalen Bewegungseinschränkungen ist „Online-Lernen“ eine Lernmethode, bei der Schüler und Lehrer zu Lernzwecken online gehen müssen. Trotz kritischer Situationen wie der COVID-19-Pandemie gerieten Schüler aus digital marginalisierten Bildungsbereichen jedoch weiter ins Hintertreffen, was die bestehende Bildungsungleichheit verschärfte.

Was arbeitsbezogene Probleme betrifft, erschwert die digitale Kluft den Zugang zu Arbeitsplätzen und den beruflichen Aufstieg. Heutzutage werden verschiedene Arten von Bewerbungen und Gespräche untereinander, um Menschen zu finden, die Sie auf Ihrem Karriereweg begleiten können, online durchgeführt. Folglich sind digitale Kompetenz und Internetverbindung grundlegende Voraussetzungen. Heutzutage ist die Existenz von Fernarbeit üblicher geworden, insbesondere seit der Verbreitung von COVID-19, und dies hängt größtenteils von einem zuverlässigen Internetzugang und grundlegenden Softwarekenntnissen ab. Arbeitnehmer, die in geografisch isolierten Gebieten leben oder über keine digitalen Fähigkeiten verfügen, sind auf dem hart umkämpften Arbeitsmarkt von heute am anfälligsten.

Auch das Gesundheitswesen ist stark von der digitalen Kluft betroffen. Insbesondere Telegesundheitsdienste sind digitale Technologien, die Fernkonsultationen und medizinische Online-Beratung ermöglichen und so erstklassigen Zugang zur Gesundheitsversorgung überall auf der Welt bieten. Dies hat jedoch viele Unterkontexte, und einer davon ist der digitale Zugang, der für das Funktionieren dieser Dienste grundlegend ist. Menschen ohne Online-Zugang oder digitales Gerät können nicht auf Telegesundheitsdienste zugreifen. So sind beispielsweise Bewohner ländlicher Gebiete, die nicht das Privileg guter Telegesundheitsdienste haben, einer schlechteren Gesundheitsversorgung ausgesetzt, was verschiedene gesundheitliche Probleme verursachen kann.

Ein weiterer Lebensbereich, der von der digitalen Kluft beeinflusst wird, ist die soziale Teilhabe und das bürgerschaftliche Engagement. Soziale Medienplattformen und andere computergestützte Kommunikationsmittel fördern Beziehungen und die Einbindung in die Gesellschaft.

Ebenso werden jene Menschen in der Gemeinschaft, die keinen elektronischen Zugang haben, von diesen sozialen Netzwerken ausgeschlossen und daher in ihren Gemeinschaftsaktivitäten und beim Informationsabruf behindert. Darüber hinaus fördern digitale Plattformen noch mehr politische Beteiligung, die Aktivismus, Diskussionen und Abstimmungen umfasst. Das rationale Argument ist, dass die vorherrschende digitale Kluft die Menschen daran hindern könnte, ihre Rechte im demokratischen Prozess wahrzunehmen.

Um die digitale Kluft zu überwinden, bedarf es einer ganzheitlichen und vielschichtigen Strategie. Es bedarf einer Zusammenarbeit zwischen Regierungen, privaten Unternehmen und zivilgesellschaftlichen Organisationen, um deprimierende Trends in verschiedenen Bereichen wie digitalem Zugang, Verbesserung der Konnektivität sowie digitaler Kompetenz anzugehen und die digitale Kluft zu überwinden. Die Verfügbarkeit von Hochgeschwindigkeitsinternet, insbesondere in ländlichen und benachteiligten Gebieten, kann nur durch Investitionen in die digitale Infrastruktur erreicht werden. Programme und Implementierungen, die darauf abzielen, die Internetkosten für Haushalte zu senken, können die digitale Durchdringungskluft verringern. Das Problem der digitalen Zugänglichkeit von Unterhaltungsangeboten wird nicht nur dadurch verschärft, dass der Zugriff auf die Software verweigert wird, sondern auch durch die hohen Preise dieser Art von Geräten abgeschreckt wird.

Wenn wir der digitalen Kompetenz Priorität einräumen, ist die Einbeziehung digitaler Fähigkeiten in die Lehrpläne von Schulen und Universitäten ein entscheidender Weg, um Schülern die Beherrschung digitaler Tools zu ermöglichen, die für ihr Berufsleben und ihr Privatleben von entscheidender Bedeutung sind. In der Schule sollten wir das Konzept der digitalen Kompetenz einführen und die Schüler in seiner Anwendung unterrichten, da digitale Kompetenz eine große Rolle in der Entwicklung des Lebens eines Menschen spielt.

Gemeindeorganisationen können Kurse und Unterstützung im Bereich digitaler Kompetenzen für Erwachsene anbieten, insbesondere für diejenigen, die in benachteiligten Regionen leben.

Der private Sektor spielt eine wichtige Rolle bei der Überwindung der digitalen Kluft, indem er Informationstechnologieunternehmen in naher Zukunft dazu bringt, kostengünstige digitale Lösungen zu produzieren und herzustellen. Zudem sollten sie in die digitale Infrastruktur investieren. Unternehmen müssen sich auch an der Entwicklung der digitalen Kompetenz und der digitalen Infrastruktur verschiedener Regionen beteiligen. Genauer gesagt spielen die soziale Verantwortung von Unternehmen und sogar der Zugang zu digitalen Ressourcen eine wichtige Rolle.

Es ist absolut notwendig, den digitalen Riss zu beschreiben und zu erkennen. Anders gesagt: Wir müssen sicherstellen, dass die Menschen Teil der digitalen Welle sind. Indem wir den Riss umfassender definieren und nicht nur erwähnen, können wir Richtlinien einführen, die einem digitalen Konsortium gerecht werden, in dem Informationen für alle gerecht verteilt werden.

Die ethischen Implikationen des Zugangs

Neue technologische Fortschritte und das Internet haben einen langen Weg zurückgelegt und die ganze Welt in zwei Lager gespalten. Dies hat in der Folge Systeme geschaffen, die einerseits die Kommunikation und Mobilität der Menschen erleichtern, andererseits aber einen ebenso bedauerlichen, abstoßenden Effekt haben, bei dem die Benachteiligung sogar unbestreitbare Ausmaße annimmt. Mehrere Objekte sowie die Bereitstellung von Dienstleistungen und deren Unmittelbarkeit tragen zur Beseitigung der Distanz zwischen zwei Parteien in der ersten Kategorie der Vorteile bei, die das Internet und andere digitale Technologien mit sich bringen. Die Symptome dieser Gaben sind jedoch nicht immer identisch, daher könnte das Problem der Ungleichheit gleichermaßen als Folge des Zugangs zu den digitalen Ressourcen auftreten. In diesem Sinne beweisen die Dilemmata, die sich hinsichtlich des ethischen Einsatzes von Technologie und der Qualität des Zugangs ergeben, dass eine öffentliche Politik erforderlich ist. Dabei haben ethische Überlegungen im Zusammenhang mit dem Zugang, durch die das Fehlen oder Fehlen einer digitalen Ausbildung festgestellt wird, Themen wie Fairness, Gerechtigkeit, Privatsphäre und die Verantwortung der verschiedenen Akteure in den Sektoren einbezogen, um sicherzustellen, dass der technologische Fortschritt für alle geeignet ist, auch wenn es zu mehr Ausgrenzung kommt.

Die Vernetzung mit digitalen Technologien und dem Internet hat dazu geführt, dass sich die Prioritätenliste der wesentlichen Dinge von intelligent zugewiesenen Luft- oder Informationspunkten zu teilweise erkämpften Rechten wie beispielsweise Elektrizität und drahtloser Wasserversorgung verschoben hat. Es besteht eine so wesentliche Beziehung zwischen dieser digitalen Verbindung und dem Zugang, dass dies ein unverzichtbarer Schlüssel ist, um E-Government-Dienste zu nutzen, die eigene Gemeinschaft im öffentlichen Raum zu vertreten und durch Vernetzung auch Wissen und Fähigkeiten zu erweitern. Im Gegensatz dazu sind viele Menschen von dieser Plattform ausgeschlossen, weil sie sich keine IKT-Kenntnisse aneignen (Finger, 2014). Breitband-Internetverbindungen sind aufgrund ihrer hohen Datenübertragungsrate und Stabilität zu einem beliebten Kommunikations- und Geschäftsmittel geworden. Es scheint jedoch eine Kluft zu geben, die junge und wohlhabendere Kunden bevorzugt. Es ist wahr, dass das Internet der Dinge zu den wichtigsten Lebensadern gehört, die das Wohlergehen der Menschen verbessern können, wenn es leicht zugänglich ist.

Einer der am häufigsten aufkommenden Zweifel ist, ob es ethisch vertretbar ist, diesen Zugang als so wichtig wie Gerechtigkeit zu betrachten. Experten sind sich einig, dass Fairness beim digitalen Zugang bedeutet, dass jeder, unabhängig von seiner finanziellen Lage, seinem Wohnort, seinem Alter oder seinen besonderen Bedürfnissen, die Vorteile der Computertechnologien nutzen kann. Damit wird die Internetverbindung für alle Menschen keine Option, sondern Realität, da sie ihnen auch grundlegende Dienste garantiert, von denen sie sich so sehr angesprochen fühlen, oder eine Kommunikation im Rahmen ihrer Rechte stattfindet. Fairerweise ist es oft eine Frage der Ressourcenverteilung, die die Unzufriedenheit der großen Liberalen mit digitalen Systemen ausmacht, je nachdem, wie stark die Meinung der Bürger bei der Gestaltung und Umsetzung der E-Governance berücksichtigt wird. Wenn dies nicht gelingt, ist es unmöglich, nach sozialer Gerechtigkeit zu streben, da eine ungleiche Verteilung der Güter verhindert wird.

Ein Bereich, in dem die ethischen Aspekte des Zugangs zum Tragen kommen, ist der Bildungsbereich. Auch wenn Online-Lernen, die Nutzung einer Datenbank mit breiter Konnektivität und digitale Zusammenarbeitsmöglichkeiten Beispiele sind, die den Wandel der Bildungsstrategien dank digitaler Technologie zeigen, gibt es immer noch Schüler, die keine stabile Internetverbindung oder keine digitalen Geräte haben und daher benachteiligt sind, was zu einer mangelnden Beteiligung am digitalen Lernen führt. Diese digitale Kluft behindert das Bildungssystem und verringert die Chancen von Personen aus den unteren Schichten auf akademische Fortschritte und garantiert ihnen keine besseren wirtschaftlichen oder beruflichen Aussichten in der Zukunft. In der Welt der Bildung ist die Frage, sicherzustellen, dass alle Schüler Zugang zu digitalen Lernwerkzeugen erhalten, von entscheidender Bedeutung, da sie Klarheit über Bildungsungleichheiten und die Notwendigkeit schafft, Einzelpersonen bei der Selbstverwirklichung zu unterstützen.

Auch im Gesundheitswesen gibt es tiefgreifende ethische Überlegungen hinsichtlich des Patientenzugangs über digitale Dienste. Eine Möglichkeit, wie die Nutzung digitaler Tools die Gesundheitsversorgung verbessern kann, ist die Telemedizin und digitale Gesundheitsdienste. Sie sind besonders nützlich für Patienten, die in abgelegenen und unterversorgten Gebieten leben, in denen es keinen einfachen und systematischen Zugang zu Krankenhäusern und Ärzten gibt. Dies beschleunigt auch die Inanspruchnahme von Gesundheitsdiensten, da die Notwendigkeit von Entfernung und Reisen nicht mehr besteht, auch wenn die Entscheidungsträger sich mit den Herausforderungsfaktoren auseinandersetzen müssen, die die Bereitstellung von Gesundheitsdiensten sicherstellen, zu denen dieser Aspekt gehört. Dennoch beruht die Nachfrage nach digitaler Gesundheit im Gesundheitswesen auf der Frage der Inklusivität. Wenn jemand keinen Internetzugang oder keine digitalen Kenntnisse hat, kann er nicht auf diese Dienste zugreifen, was dann zu gesundheitlicher Ungleichheit in Bezug auf Zugang und Ergebnisse führt. Die ethische Behandlung aller Mitglieder der Gesellschaft erfordert die Beseitigung der Hindernisse, die ihrem Zugang zu digitalen Gesundheitsdiensten im Wege stehen.

Datenschutz ist ein weiterer wichtiger ethischer Aspekt, der den digitalen Zugang regelt. Die Erhebung, Speicherung und Verwendung personenbezogener Daten durch Anbieter digitaler Plattformen wirft berechtigte Bedenken im Zusammenhang mit der digitalen Gerechtigkeit auf. Auch wenn die uneingeschränkte digitale Teilhabe der Menschen an der digitalen Umgebung und Wirtschaft zu einer breiteren sozialen Inklusion beiträgt, macht sie diese Personen auch anfällig für potenzielle Datenschutzrisiken. Einerseits erfordert die Gewährleistung der Privatsphäre digitaler Benutzer den Einsatz strenger Datenschutz- und Datenregulierungsmaßnahmen, die auf transparente Weise organisiert sind. Andererseits sollten

Benutzer Informationen darüber erhalten, wie ihre Daten erhoben und verwendet werden, und vor der Verwendung um ihre Zustimmung gebeten werden.

Verschiedene Akteure, darunter Staaten, Unternehmen und Bürgerorganisationen, tragen die Verantwortung, für Chancengleichheit beim Zugang zu sorgen, was eine der strategischen ethischen Fragen darstellt. Regierungen haben eine exklusive Rolle bei dem Versuch, geeignete Strategien zur Förderung der digitalen Inklusion auszuarbeiten. Neben Investitionen in die digitale Infrastruktur sollte besonderes Augenmerk auf die Bereitstellung kostengünstiger Internetdienste gelegt werden; dazu gehören auch Computer und andere notwendige Geräte für Familien mit geringem Einkommen. Die Förderung der digitalen Kompetenz durch Bildung und Ausbildung ist eine weitere Möglichkeit, diese Art von Bemühungen in Bildung und Ausbildung zu integrieren und sie so in ihre Büros zu integrieren.

Die Unternehmen des privaten Sektors, insbesondere solche, die Websites entwickeln, tragen eine weitere Verantwortung im Zusammenhang mit ethischem Zugang. Sie können beispielsweise erschwingliche Geräte entwickeln. Sie können auch in den Ausbau der digitalen Infrastruktur und die Unterstützung digitaler Inklusionsprogramme investieren. Unternehmen sollten auch versuchen, eine Kultur der Verantwortung für soziale Aufgaben zu entwickeln, wie etwa die Überbrückung der digitalen Kluft, die meist gemeinsam mit dem öffentlichen Sektor durchgeführt wird. Der technologische Fortschritt zeigt sich auch in der Verfügbarkeit von Datenschutz und der ordnungsgemäßen Anwendung von Datenschutzpraktiken.

Nichtregierungsorganisationen sind auch wichtige Akteure im Kampf für ein digitales Umfeld, in dem faire Regeln gelten und die Möglichkeiten am breitesten sind. Aktivismus und Beteiligung sollten als wichtige Instrumente angesehen werden, die diese Organisationen nutzen, um sich für digitale Gerechtigkeit einzusetzen und den Zugang zu fördern. Sie können das Wissen über die Kluft zwischen den modernen Technologien verbreiten und auch eine Grundausbildung in digitalen Fähigkeiten anbieten. Eine weitere mögliche Lösung sind organisierte, gemeinschaftsbasierte Bemühungen, die die Menschen in den Gemeinden selbst unternehmen. Indem sie sich mit der Regierung und den

Unternehmen zusammenschließen, können gemeinnützige Organisationen dazu beitragen, relevante Strategien zur Förderung der digitalen Inklusion zu entwickeln und umzusetzen.

Die ethischen Dimensionen des Zugangs gehen über den persönlichen und gesellschaftlichen Bereich hinaus und erstrecken sich auf globale Belange. Die digitale Kluft ist ein universelles Dilemma, das zu enormen Ungleichheiten in IT-Angelegenheiten und digitaler Infrastruktur zwischen den Ländern geführt hat. Deshalb ist es so wichtig, für globale digitale Gerechtigkeit zu sorgen: enge Zusammenarbeit auf der ganzen Welt, gemeinsame Nutzung von Ressourcen und beispielhafte Best Practices. Sachleistungen und technische Partnerschaften gehören zu den Methoden, mit denen wohlhabende Länder und internationale Gremien ihren ärmeren Partnern unter die Arme greifen können. Die Gerechtigkeit der digitalen Welt spiegelt sich in ihrem globalen Charakter wider, und dementsprechend sollten wir uns um globale digitale Gerechtigkeit für alle bemühen, damit sie gedeihen kann.

Auch wenn wir für globale digitale Gleichheit sorgen, dürfen wir nicht die Tatsache ignorieren, dass wir uns im Voraus auf die ethischen Probleme vorbereiten müssen, die auftreten könnten. Mit dem Aufkommen neuer Technologien wie künstlicher Intelligenz und dem Internet der Dinge wird die ethische Frage der Gewährleistung eines gleichberechtigten Zugangs zu diesen Technologien noch wichtiger. Jetzt, da die digitale Infrastruktur die ganze Welt beherrscht, ist es wichtig zu verstehen, dass die digitale Kluft nicht nur eine Frage der Verbindung ist, sondern auch der Beziehung benachteiligter Benutzer zur Technologie. Und es liegt ganz in der Hand digitaler Kompetenz und des Rechts sowie des Schutzes ethischer und integrativer Prinzipien, die in dieser Hinsicht wirksam sein werden. Neben der Vorhersage der möglichen Auswirkungen dieser Technologien und der proaktiven Auseinandersetzung mit ethischen Bedenken muss es an erster Stelle darum gehen, das Zugangsrecht aller Bürger durch die Gewährleistung globaler digitaler Gleichheit zu schützen.

Die Bedeutung der Ethik für den erfolgreichen Einsatz digitaler Technologien in der Gesellschaft ist enorm, da sie die Bereiche umreißt, die zuerst angegangen werden müssen. Indem wir digitale Freiheitsrechte durch Verschlüsselung, Zustimmung und Rechenschaftsmechanismen schützen, blicken wir optimistisch in

die Welt, da technologische Möglichkeiten für jeden da sind, der sie
erkunden kann. Daher ist es von größter Bedeutung, dass wir
unseren ethischen Aufgaben treu bleiben, die Unabhängigkeit zu
schützen und die Barrieren zu beseitigen, die der digitale Zugang mit
sich bringt. Dies erfordert nicht nur ein echtes Engagement für
ethisches Handeln, sondern auch die Beseitigung der Hindernisse,
die den Zugang zur digitalen Welt verhindern.

Chancengleichheit in der digitalen Bildung

Die digitale Technologie bietet viele Möglichkeiten zum Lernen,
Zusammenarbeiten und Zugang zu Informationen für diejenigen,
die sich das sonst nicht leisten könnten oder könnten, was in der
Vergangenheit nicht möglich war. Es gibt zahlreiche Tools, die unter
die digitale Bildung fallen, wie verschiedene Apps, Online-Kurse,
virtuelle Klassen usw. Aber die digitale Kluft erfordert Diskussionen
über die Verteilung der Ressourcen unter den verschiedenen
Gruppen, wobei der Punkt der Gleichheit verfehlt wird. Es ist von
entscheidender Bedeutung, dass jeder Schüler die gleichen Chancen
und Ressourcen hat, die das digitale Lernen bietet, das die Grundlage
für Gerechtigkeit und inklusive Bildungssysteme bildet.

Gleichheit im digitalen Bildungssystem steht für die Vorstellung,
dass den Schülern unabhängig von ihrem sozialen Status, ihrer
geografischen Herkunft oder ihrem persönlichen Hintergrund alle
digitalen Lernwerkzeuge und -ressourcen zur Verfügung stehen. Die
Korrektur dieser Unterschiede in Bezug auf Internetmängel,
Verfügbarkeit von Computergeräten und digitale Kompetenz ist
zwingend erforderlich. Das Fehlen dieser Elemente steht einer
Fairness in der Bildung im Weg.

Damit kommen wir zum größten Problem der Chancengleichheit in
der digitalen Bildung, nämlich dem ungleichen Zugang zu digitalen
Geräten und Internetdiensten. Ärmere Schüler können sich
technische Geräte aufgrund der unerschwinglichen Kosten
höchstwahrscheinlich nicht leisten, und dies ist der einzige Teil ihres
unzureichenden Budgets, der ihnen tatsächlich einen Internetzugang
ermöglicht. Dies ist ein Hindernis für die effektive Nutzung des
Internets zum Lernen und den Zugang zu digitalen
Bildungsressourcen. Schulen und Regierungen müssen ihre
Bemühungen koordinieren, um die Entwicklung und den Betrieb

einer Infrastruktur sicherzustellen, die es allen Bedürftigen ermöglicht, Technologie zu nutzen.

Die digitale Kluft wird in hohem Maße durch geografische Ungleichgewichte verschärft. Schüler in ländlichen und abgelegenen Gebieten haben in der Regel das Problem, dass ihnen eine angemessene Internet-Infrastruktur fehlt und die Verbindung oft nur begrenzt oder unzuverlässig ist. Dies hat im Wesentlichen zur Folge, dass ihre Teilnahme am Online- und Präsenzunterricht abnimmt und sie nicht die gleichen Bildungschancen haben wie ihre Mitschüler in den Städten. Die einzige Möglichkeit, diese Kluft zu schließen, besteht darin, spezielle Mittel in den Ausbau der Breitband-Infrastruktur zu stecken, die auch abgelegene Gebiete abdeckt.

Chancengleichheit in der digitalen Bildung hängt auch von der digitalen Kompetenz ab. Wenn Sie nicht über die Fähigkeiten und Kenntnisse verfügen, diese zu nutzen, sollten Sie über eigene digitale Geräte mit Internetzugang zum Lernen verfügen. Digitale Kompetenz umfasst ein breites Spektrum an Wissen – eine Person sollte über Computerkenntnisse verfügen, im Internet navigieren und in der Lage sein, zu bestimmen, welche Online-Inhalte zuverlässig sind und welche nicht. Dazu gehören oft Kenntnisse über Online-Sicherheit, die Glaubwürdigkeit digitaler Inhalte und grundlegende Computerkenntnisse. Das Fehlen dieser Fähigkeiten ist ein Zeichen dafür, dass es Schüler oder Einzelpersonen gibt, die nicht in der Lage sind, alle Informationen und Ressourcen bei ihrer Nutzung optimal zu nutzen. Als wichtigstes Mittel zur Förderung der digitalen Kompetenz sollten Schulen ihre Integration zu einem wichtigen Bestandteil des Lehrplans machen und Lehrmittel und Inhalte bereitstellen, die auch für die sichere und effektive Nutzung der digitalen Geräte der Schüler nützlich sind.

Während der COVID-19-Pandemie wurde die digitale Gleichberechtigung im Bildungswesen zu einem zentralen Thema, da COVID-19 weltweit starke Auswirkungen auf das Bildungswesen hatte. Als Schulen weltweit auf Fernunterricht umstellten, blieben jene Schüler ohne digitale Chance auf der Strecke, was zu einer Vergrößerung der akademischen Ungleichheit im System führte . Die Pandemie brachte die Realität ans Licht, dass umfassendere Maßnahmen ergriffen werden müssen, um alle Schüler mit digitalen Ressourcen auszustatten, wie z. B. einer starken digitalen

Infrastruktur, erschwinglichem Internetzugang und umfassenden Programmen zur digitalen Kompetenz. Diese Themen müssen parallel in Schulen angegangen werden, die das Herzstück und die Nerven für den Aufbau widerstandsfähiger und exklusiver Bildungssysteme im Falle eines fortschreitenden digitalen Zeitalters sind.

Lehrer und Pädagogen sind maßgeblich daran beteiligt, die digitale Bildung gerechter zu gestalten. Es sollte ein gut ausgebildetes Fachpersonal geschaffen werden, und die Lehrer sollten auch darin geschult werden, wie sie digitale Tools im Bildungsprozess einsetzen können. Dies ist wichtig, da Lehrer zu den entscheidenden Personen gehören, die eine hochwertige Ausbildung benötigen, um sicherzustellen, dass sie digitale Tools für Lehr- und Lernzwecke im Klassenzimmer effektiv einsetzen und die Schüler effizient über die digitale Welt informieren können. Sie sollten auch Lehrkräfte und Mitarbeiter darin schulen, diese digitalen Ressourcen sowohl innerhalb als auch außerhalb der Schule sicher einzusetzen. Die Interaktion mit den Predigern ermöglicht ihnen auch, frei mit den Schülern zu interagieren. Lehrer können beispielsweise neue Technologien in ihren Klassenzimmern einführen, um den Kindern Wissen zu vermitteln. Jeder Schüler hat seinen eigenen Lernstil und nutzt je nach Bedarf unterschiedliche Ebenen des Technologielernens. Dies ist eine Vertiefung kultureller Parameter und bildet daher einen wesentlichen Teil davon, da jeder Schüler davon profitieren kann. Neben der Bereitschaft der Lehrer ist die Verfügbarkeit von Vorkehrungen für die Schüler zum Erwerb der Fähigkeiten ebenso wichtig, d. h. die Verwendung einer breiten Palette technologischer Geräte in der Schule für alle Bildungsprogramme. Dies gilt auch für die soziale Dimension im Hinblick auf die Fähigkeit, innerhalb einer Gemeinschaft Netzwerke aufzubauen, die den Mitgliedern die Möglichkeit geben, zu arbeiten, zu denken und zusammenzuarbeiten.

Über die oben genannten Punkte hinaus werden die universellen oder, sagen wir, an jedem Ort gültigen Grundsätze der Inklusivität angewendet, um Gleichheit in der digitalen Bildung zu erreichen. Assistierende Technologien und digitale Unterrichtsmaterialien, die in der Schule verwendet werden, können den sozialen Aspekt nicht unterstützen, obwohl sie nur im Unterrichts- und Unterhaltungsprozess hilfreich sind. Daher musste nach

Alternativen zu den von den Schülern verwendeten Geräten gesucht werden. Für Schüler mit Bedarf ist die Anpassung der Inhaltsbeschreibung in Audio- oder Videoformat sowie die Bereitstellung von Tools, die unterschiedliche Lernstile und -ansätze ermöglichen, obligatorisch. Indem man sich auf die Hände von Kindern konzentriert, die sowohl reguläre als auch angepasste Schulen besuchen, können Schulungen abgehalten werden. Es liegt dann an den Eltern, den ersten Schritt zu machen, indem sie ihren Kindern ermöglichen, verschiedene Übungen selbst durchzuführen, sowohl unabhängig als auch in Zusammenarbeit mit anderen. Es ist auch ein Exkurs zu sagen, dass das Sozialverhalten der Familie von Bedeutung ist. Sie haben mehrere Punkte gefunden, die weiter untersucht werden müssen, und Sie haben auch einige Studien zitiert, um mögliche Verbindungen oder Ähnlichkeiten aufzuzeigen. Es dient auch dazu, zu erwähnen, welche zusätzlichen Untersuchungen neben dieser Studie zu diesem Thema durchgeführt werden müssen.

Bei der Weiterentwicklung der digitalen Bildung müssen nicht in erster Linie die Lehrer, sondern vor allem die Eltern und die Gemeinschaft die Führung übernehmen. In einer postmodernen Welt müssen auch die Lehrer ihre Fähigkeiten auf den neuesten Stand bringen und sich mit den sozialen und materiellen Veränderungen weiterentwickeln, um den gleichen Respekt und das gleiche Vertrauen zu erhalten wie sie. Zunächst einmal ist die Verpflichtung der Eltern, ihren Kindern in allen Aspekten des Lernens nahe zu sein, von entscheidender Bedeutung . Besonders für Eltern, die weit weg sind, um ihre Kinder zu sehen, können sie diese Chance nutzen, um den Unterricht und das, was sie in der Schule tun, von überall aus über eine Webcam zu verfolgen. Ebenso ist die Teilnahme an Aktivitäten von Gemeinschaftsorganisationen und Stadtbehörden von entscheidender Bedeutung, um diese Ziele zu erreichen. Das Projekt wird erfolgreich sein, indem die Hardware, Internetdienste für die ländlichen Gebiete, digitale Schulungen und die Entwicklung einer unterstützenden Umgebung bereitgestellt werden. Diese Organisationen können einen wichtigen Beitrag zur Wissensvermittlung leisten.

Die politischen Entscheidungsträger und die Leitung der akademischen Institutionen müssen es zu einer Priorität machen, diese Lücke im globalen Internetsystem und der digitalen

Kompetenz dort zu schließen. Dies begrenzt die Entwicklung der Kurse sowohl im öffentlichen als auch im privaten Sektor. Die Politik wird der Hauptschwerpunkt für Bildungsadministratoren sein, und es müssen verschiedene Strategien entwickelt werden, um digitale Gerechtigkeit zu erreichen. Die politischen Entscheidungsträger sind also die Leser der digitalen Gerechtigkeit in ihren Bezirken. Die Gewährleistung der Gerechtigkeit in der digitalen Bildung kann durch Investitionen in die digitale Infrastruktur, die Gewährung von Subventionen für Internetzugang und -geräte und die Organisation der beruflichen Weiterbildung für Pädagogen erreicht werden, wodurch der Lehrplan für die digitale Bildung verbessert wird. Darüber hinaus muss die Entwicklung solcher Richtlinien evidenzbasiert sein, um bestimmte Herausforderungen nicht zu übersehen, mit denen unterschiedliche Bevölkerungsgruppen in ihren Bildungssystemen konfrontiert sein können.

Ebenso ist internationale Zusammenarbeit der Schlüssel zur digitalen Gerechtigkeit. Die digitale Kluft beschränkt sich nicht auf einzelne Staaten, sondern ist ein weltweites Problem, das viel digitale Ungleichheit schafft. Die Zusammenarbeit zwischen Ländern, internationalen Organisationen und globalen Technologieunternehmen könnte zu Verbesserungen, Kapazitätsteilung und modernen Methoden zur Beseitigung digitaler Ungleichheiten führen. Zusammenfassend lässt sich sagen, dass die Gewährleistung des Zugangs zu digitalen Ressourcen auf der ganzen Welt eine grundlegende Voraussetzung für eine inklusive und nachhaltige menschliche Entwicklung ist.

Die Zukunft der Bildung wird immer digitaler, und es ist sehr wichtig, dass die Schüler digital gleichberechtigt sind, damit sie zu zukünftigen digitalen Bürgern werden. Zum Beispiel, indem immer mehr Technologien/eBooks bereitgestellt werden, die für fast jeden zugänglich sind. Der erste Schritt zur Umsetzung all dessen besteht darin, den Zugang zu diesen Technologien zu verbessern , indem die digitale Kluft überwunden wird. Das heißt, die Schulen sollten über ihre Lehrer die Initiative ergreifen, indem sie eine Lernumgebung schaffen, die alle Schüler integriert. Aus diesen Gründen müssen alle Verantwortlichen – Lehrer, Beauftragte, gemeindenahe Organisationen und der private Sektor – zusammenarbeiten, um Programme zur digitalen Gleichberechtigung zu entwickeln und umzusetzen. Mit diesen Instrumenten der Zusammenarbeit können alle unsere Schüler ihre Erwartungen in Bezug auf ihr digitales Leben übertreffen.

Wirtschaftliche Auswirkungen der digitalen Kluft

Das Problem der digitalen Kluft betrifft den ungleichen Zugang zum Internet und zu digitalen Technologien, was ein erhebliches wirtschaftliches Problem darstellt. In der heutigen Weltwirtschaft, in der digitale Infrastruktur und Konnektivität die Haupttreiber dieser Entwicklung sind, wächst die Kluft zwischen denen, die über digitale Ressourcen verfügen, und denen, die sie nicht haben, immer weiter an. Dies führt zu erheblichen sozioökonomischen Ungleichheiten. Die ungleiche Verteilung digitaler Ressourcen verschärft die Kluft zwischen Arm und Reich und schafft Hindernisse für Wirtschaftswachstum und Entwicklung. Für eine effiziente und nachhaltige wirtschaftliche Entwicklung ist es von größter Bedeutung, das Problem der wirtschaftlichen Auswirkungen der digitalen Kluft anzugehen.

Die sichtbarsten und unmittelbarsten wirtschaftlichen Auswirkungen der digitalen Kluft sind im Beschäftigungssektor zu beobachten. Heutzutage sind für fast alle Arten von Arbeitsplätzen der Zugang zum Internet und digitale Kompetenz Grundvoraussetzungen. Für diejenigen Personen, insbesondere aus einkommensschwachen Haushalten und abgelegenen Gebieten, die weder auf das Internet zugreifen noch ein digitales Gerät besitzen, schränkt die digitale Kluft tendenziell ihre Beschäftigungsfähigkeit ein und behindert sie. Die digitale Kluft, die Arbeitslosigkeit und Unterbeschäftigung verstärkt, vertieft die allgemeinen wirtschaftlichen Ungleichheiten noch weiter.

Der Aufstieg des E-Commerce und der Gig Economy unterstreicht nicht nur die wirtschaftlichen Störungen durch die digitale Kluft. Die COVID-19-Pandemie hat nicht nur die digitale Transformation beschleunigt, sondern auch die Dringlichkeit digitaler Fähigkeiten und einer zuverlässigen Internetverbindung für Unternehmen in den Mittelpunkt gerückt. Arbeitnehmer, die nicht digital vernetzt sind, befinden sich in einer Situation, in der solche Arbeitsplätze für sie möglicherweise weit entfernt sind, da sie nicht an Remote-Arbeitsplätzen teilnehmen können. Darüber hinaus ist die Gig Economy mit einer größeren Abhängigkeit von digitalen Details nichts für diejenigen ohne digitalen Zugang, da sie nicht davon profitieren und nicht in die Wirtschaft einsteigen können.

Kleine und mittlere Unternehmen (KMU) sind stark von der digitalen Kluft betroffen. Diese Unternehmen machen etwa 90 % aller Unternehmen aus und sind die Hauptbeschäftigungsquelle, aber viele von ihnen haben Schwierigkeiten, digital wettbewerbsfähig zu bleiben, da ihnen eine digitale Identität fehlt. Darüber hinaus wird dies durch das Fehlen digitaler Technologien bestätigt, die der Grund dafür sind, dass die meisten Unternehmen zu Beginn des Handels über das Internet oder andere Bildschirmkanäle scheitern. Unternehmen, die nicht über Hochgeschwindigkeitsinternet oder digitale Hilfstechnologien verfügen, werden keine größeren Märkte erschließen. Sie werden auch nicht in der Lage sein, elektronische Geschäfte zu tätigen. Sie haben auch keine Möglichkeit, kreativer und innovativer zu sein, was die Haupthindernisse für die digitale Einbindung von KMU sind.

Bildung und Kompetenzentwicklung, grundlegende Elemente für wirtschaftliches Wachstum, werden durch die digitale Kluft ebenfalls erheblich behindert. Durch digitales Lernen sind Google Classroom und andere virtuelle Lernplattformen sehr zugänglich geworden. Diese Tools sind für Pädagogen von Vorteil, da sie den Unterricht erleichtern und Schülern helfen, ihre Aufgaben zu verbessern. Schüler, die nicht zur Schule gehen können, werden jedoch über sie unterrichtet, was sie zurückhält und ihnen die Möglichkeit nimmt, Technologie in ihre Bildungserfahrung zu integrieren. Diese Bildungsdiskrepanz führt zu einem Defizit an Kompetenzen am Arbeitsplatz und einem Mangel an Arbeitnehmern mit den für den Beruf erforderlichen Qualifikationen und kann auch die wirtschaftliche Entwicklung bremsen. Die Finanzierung digitaler Tools im Bildungsbereich und die Vermittlung von Computerkenntnissen sind großartige Möglichkeiten, eine professionelle Belegschaft zu visualisieren und aufzubauen.

Die digitale Kluft ist auch bei der Bereitstellung von Finanzdienstleistungen von Bedeutung, die heute größtenteils über digitale Plattformen abgewickelt werden. Die digitale finanzielle Inklusion ist eine der effektivsten Möglichkeiten, den Armen und Menschen ohne Bankkonto Zugang zu Zahlungs- und Kreditsystemen, Versicherungen und Investitionen zu verschaffen. Die Unfähigkeit, digitale Transaktionstools zu nutzen, kann eine

Einzelperson oder ein Unternehmen in verschiedene ungünstige Situationen bringen, z. B. die Unfähigkeit, Sparkonten zu eröffnen, den fehlenden Zugang zu Krediten oder die Unfähigkeit, Wirtschaftsgüter ohne die direkte rechtliche Unterstützung eines Vermittlers zu erwerben oder zu verkaufen. All diese finanzielle Ausgrenzung führt zu einer Anhäufung von Ungleichheit und schränkt den Kreis der wirtschaftlichen Mobilität ein, insbesondere in Regionen von Entwicklungsländern, die nicht vollständig mit traditionellen Bankdienstleistungen ausgestattet sind.

Ein solcher Bereich ist das Gesundheitswesen, ein Geschäftsbereich, dessen Entwicklung und Stabilität direkte Auswirkungen auf die Wirtschaft des Staates hat. Ein Konzept, das auf der digitalen Kluft basiert und darauf entwickelt wurde, ist das Gesundheitssystem. Alle Gesundheitseinrichtungen sind an diese neuen Konzepte gebunden, die wirtschaftlich und funktional vom Internet abhängen. Telemedizin und digitale Gesundheitsdienste sind wichtige kostengünstige Lösungen für diese Art der Medizin, insbesondere in abgelegenen und ländlichen Gebieten. Das Versprechen und Potenzial der digitalen Gesundheit kann nur dann realisiert werden, wenn die digitale Kluft beseitigt wird. Wer digital nicht erreichbar ist, kann Telemedizindienste nicht nutzen. Selbst das Callcenter kann dieses Problem nicht lösen, und Sie erhalten Ihre Akte möglicherweise per Post.

Ein weiterer wirtschaftlicher Aspekt der digitalen Kluft betrifft die ländliche Entwicklung und Urbanisierung. Ländliche Gebiete, denen es oft an digitaler Infrastruktur mangelt, sind aus zahlreichen Gründen rückständiger. Darüber hinaus kommt es zu Verdrängung, da das Fehlen digitaler Verbindungen die wirtschaftlichen Möglichkeiten in diesen Gebieten einschränkt. METHODIK: Das für diese Studie verwendete Forschungsdesign ist eine beschreibende Umfrage. Diese Art von Design erfordert die Beschreibung des Verhaltens des Befragten und der Korrespondenten. Da Faktoren, die die soziale und wirtschaftliche Entwicklung des ländlichen Raums beeinflussen, nicht dominieren, sind die Städte gewachsen, anstatt zu schrumpfen. Dies führt wiederum zur Entvölkerung des ländlichen Raums, was aufgrund der Unterentwicklung ländlicher Gebiete und der Überbevölkerung städtischer Gebiete zu weiteren regionalen wirtschaftlichen Ungleichgewichten führt. Investitionen in die Entwicklung der digitalen Infrastruktur im ländlichen Raum können diese Gebiete jedoch überraschend wirtschaftlich aktiv machen.

Andererseits sind die Effizienz des öffentlichen Sektors und die Bereitstellung öffentlicher Dienste von der digitalen Ungleichheit beeinflusst, die auf der Partnerschaft zwischen Regierung und Staat beruht und nicht nur auf dem Grad der digitalen Bereitschaft und dem Zugang zu den Kanälen. Das digitale Zeitalter wächst so schnell und die Regierung nutzt digitale Plattformen, um Dienste bereitzustellen, Menschen zu disziplinieren und auch Rechenschaft in der Regierungsführung zu zeigen. Trotzdem sind Menschen ohne Internetanschluss von staatlichen Diensten ausgeschlossen, was sie daran hindert, an der Regierungsführung teilzunehmen und öffentliche Dienste in Anspruch zu nehmen. Dieser Abkoppelungsfaktor kann mit einem Mangel an Vertrauen in die Regierung verbunden sein, der sich in der geringen Beteiligung der Bürger am bürgerschaftlichen Engagement widerspiegelt. Diese Maßnahmen sind schädlich für die Stabilität einer Gesellschaft und behindern das Wirtschaftswachstum. Daher ist die vorherrschende Digitalisierung staatlicher Dienste durch die Gewährleistung von Objektivität, Transparenz und Integrität ein Ausgangspunkt für den Prozess der inklusiven Regierungsführung und legt den Grundstein für eine nachhaltige wirtschaftliche Entwicklung.

Der Prozess zur Abmilderung der wirtschaftlichen Auswirkungen der digitalen Kluft umfasst verschiedene Komponenten. Die Rentabilität digitaler Infrastruktur und Investitionen in ländlichen und anderen unterversorgten Regionen sind aufgrund der gestiegenen Nachfrage nach zugänglichem Internetdatenverkehr wichtig. Öffentlich-private Partnerschaften bringen Ressourcen und Fähigkeiten ein und können die Herstellung dieser Produkte und die Instandhaltung der Infrastruktur ermöglichen. Darüber hinaus gibt es einschlägige Methoden, an denen politische Entscheidungsträger arbeiten können. So wird beispielsweise das Eingreifen des Staates durch die Senkung der Kosten für Internetdienste und digitale Geräte durch Richtlinien erleichtert, die die Erschwinglichkeit fördern. Darüber hinaus können digitale Geräte beim digitalen Lernprozess helfen, um den Schülern einen Vorgeschmack auf die digitale Welt zu geben.

Maßnahmen zur Schulung digitaler Kompetenz und zur Ausbildung von Lehrlingen sind ein weiterer wichtiger Bestandteil zur

Verringerung der digitalen Kluft. Schulbehörden und kommunale Organisationen arbeiten gemeinsam mit Politikern an Schulungen und Ressourcen, die den Menschen helfen, die für die moderne Wirtschaft erforderlichen digitalen Fähigkeiten zu erwerben. Dies umfasst nicht nur den Aspekt des Erlernens der Verwendung digitaler Geräte, sondern auch den Versuch, die letzten, schnelleren Fähigkeiten wie Codierung, Datenanalyse und sogar Cybersicherheit zu verbessern.

Der IKT-Sektor sollte der Entwicklung von Systemen und Diensten Priorität einräumen, die für alle zugänglich und nutzbar sind, unabhängig von ihren Fähigkeiten oder der Umgebung, in der sie leben. Dies impliziert benutzerfreundliche Designs, den Einsatz unterstützender Technologien für Menschen mit Behinderungen und auch die Erstellung von Inhalten in verschiedenen Sprachen. Neben der Gestaltung einer digitalen Umgebung wird die Einbeziehung aller Menschen dazu beitragen, die Zahl der Benutzer in der digitalen Branche zu erhöhen.

Um die imposanten globalen Herausforderungen anzugehen, spielt auch die internationale Zusammenarbeit eine entscheidende Rolle. Die Diskrepanz beim digitalen Zugang ist kein länderspezifisches, sondern ein globales Problem. Eine ungleiche Entwicklung trägt in verschiedenen Ländern unterschiedlich zur digitalen Ungleichheit bei. Die globalen Unterschiede beim Internetzugang haben sowohl für Industrie- als auch für Entwicklungsländer Nachteile, aber die Entwicklungsländer haben ein größeres Risiko, negative Auswirkungen zu spüren. Dies ist besonders wichtig, da einige der internationalen Organisationen Technologie nutzen werden. Dies ist wichtig, da Institutionen verschiedener Kategorien Technologie nutzen werden. Nur wenn Organisationen Wissen geben und nehmen, Informationen verteilen und ein Umfeld schaffen, in dem die Technologie optimal optimiert wird, haben unterprivilegierte Gemeinschaften und soziale Gruppen die Möglichkeit, diese Lücken zu schließen. Eine der anderen wichtigsten Voraussetzungen ist die Schaffung dieses Zugangs zur Technologie auf globaler Basis, da dies die soziale Entwicklung fördern und armen Menschen mehr Möglichkeiten bieten kann.

Um eine praktikablere, umfassendere und effektivere digitale Wirtschaft zu schaffen, ist es wichtig, sich vor allem auf die wirtschaftlichen Folgen der digitalen Kluft zu konzentrieren. Die

Einführung neuer Technologien ist nicht der einzige Ausweg für die Entwicklung von Ländern, in denen Menschen mit Krankheiten, Armut und Analphabetismus zu kämpfen haben. Das einzige Mittel zur Lösung dieses Problems ist die umfassende Hilfe der Industrieländer. Eine weitere Möglichkeit, Menschen zur Nutzung der digitalen Wirtschaft zu ermutigen, ist der Einsatz von Technologien, die es diesen Menschen ermöglichen, die Annehmlichkeiten von Cyber-Finanzgeschäften zu nutzen. Diese Regelung wäre ohne den Einsatz digitaler Technologien nicht möglich. Folglich würde dies die Gleichheit in den Arbeitsbeziehungen für alle sozialen Gruppen aus beruflicher Sicht verbessern.

Lösungen zur Überbrückung der Kluft

Die digitale Kluft, die Kluft zwischen denen, die Zugang zu digitalen Technologien haben und denen, die keinen haben, stellt erhebliche Hindernisse für die Verwirklichung sozialer und wirtschaftlicher Gerechtigkeit in der modernen Welt dar. Da digitale Technologien zunehmend Teil verschiedener Lebensbereiche in Bildung, Medizin, Arbeit und gesellschaftlicher Teilhabe werden, wird die Notwendigkeit digitaler Inklusion immer dringlicher. Das Problem kann durch die Bildung öffentlicher und privater Partnerschaften auf verschiedenen Ebenen sowie durch die Gewährleistung eines transparenten Wachstums gelöst werden. Die Überwindung dieses Problems erfordert einen umfassenderen Ansatz, der die Verbesserung der Infrastruktur, der Erschwinglichkeit, die Erhöhung der digitalen Kompetenz sowie die Einführung von Richtlinien zur Förderung der Inklusion umfasst.

Die Entwicklung der digitalen Infrastruktur ist eine der wichtigsten Lösungen zur Überbrückung der digitalen Kluft. Eine qualitativ hochwertige Breitbandverbindung ist das Herzstück der digitalen Integration, und dennoch haben viele ländliche und unterversorgte Gebiete noch immer keinen Zugang zu Breitband mit hoher Geschwindigkeit. Durch gemeinsame Anstrengungen können Länder oder Regionen effektiv in das Datenübertragungssystem investieren, das erforderlich ist, damit alle Regionen über ein zuverlässiges, schnelles Internet verfügen. Eine Methode der öffentlich-privaten Partnerschaft kann eine der besten Möglichkeiten sein, die finanziellen und personellen Ressourcen zu bündeln, was wiederum zu einer schnellen und kostengünstigen

Bereitstellung des erforderlichen Netzwerks in Gebieten führt, deren Versorgung normalerweise nicht rentabel ist. Darüber hinaus bieten Programme wie die Bereitstellung von Internet über Satellitentechnologie und die Nutzung von Community-Netzwerken Benutzern an abgelegenen Orten die erforderliche Interaktivität.

Erschwinglichkeit scheint ein weiterer wesentlicher Bestandteil zu sein. Damit ist die Erschwinglichkeit von Internet und digitalen Geräten gemeint. Die Kosten für Internet und digitale Geräte sind sehr hoch. Ohne Erschwinglichkeit werden auch die anderen Lösungen nicht erfolgreich sein. Erschwinglichkeit ist wichtig, und in der Realität sind viele Familien mit niedrigem Einkommen nicht in der Lage, die vollen Kosten für Internetdienste oder digitale Instrumente zu bezahlen. Um dieses Problem anzugehen, ist die Existenz von Richtlinien, die maximale Erschwinglichkeit befürworten und die Preise senken, von entscheidender Bedeutung. In den Augen vieler Familien ist dies der Grund, warum sie diese Technologien meiden. Daher ist es nur möglich, den Wettbewerb zwischen Internetdienstanbietern zu fördern, um die Preise zu senken und qualitativ hochwertige Dienste bereitzustellen. Ebenso ist die Gewährung von Steueranreizen oder Zuschüssen an Unternehmen, die solche Telekommunikationsdienste zu einem niedrigeren Preis anbieten können, eine weitere Möglichkeit, die Technologie zugänglicher zu machen.

Um es zu differenzieren: Digitale Kompetenz ist ein wesentlicher Bestandteil digitaler Inklusion. Technologie zu besitzen, ohne sie nutzen zu können, ist dasselbe, als ob man sie nicht hätte. Angefangen bei grundlegenden Computerkenntnissen bis hin zur Fähigkeit, digitale Inhalte zu bewerten, umfasst digitale Kompetenz eine Reihe von Kompetenzen. Daher ist es für Schulen und andere Bildungseinrichtungen unerlässlich, digitale Kompetenz in ihre festgelegten Kurse aufzunehmen und diesen Lehrplan bereits in den frühen Bildungsphasen einzuführen. Gleichzeitig können gemeinnützige Organisationen Workshops zur digitalen Kompetenz für Erwachsene anbieten, insbesondere für diejenigen aus den ärmsten Regionen. Diese Maßnahmen stellen sicher, dass sie zu legitimen Mitgliedern digitaler Gesellschaften werden. Diese Programme sollten sowohl Unterricht als auch Unterstützung umfassen und dem Einzelnen so helfen, die volle Kontrolle über die digitale Welt in Bezug auf normale Praktiken wie Kommunikation, Recherche und soziale Netzwerke zu übernehmen.

Dasselbe gilt für die Prinzipien des inklusiven Designs, die ein Muss sind, um sicherzustellen, dass die digitalen Technologien für alle verfügbar, zugänglich und nutzbar sind. Digitale Plattformen und Dienste sollten daher so gestaltet werden, dass sie den unterschiedlichen Bedürfnissen der verschiedenen Benutzer gerecht werden, einschließlich Menschen mit Behinderungen. Um dieses Problem zu lösen, können Designer einfache Benutzeroberflächen einbauen, Inhalte auf viele verschiedene Arten bereitstellen und dabei unterstützende Technologien einbeziehen. Indem sie bei der Entwicklung Dienstprogramme und Drag-and-Drop-Funktionen berücksichtigen, können Technologieentwickler eine stabile und praktische Umgebung aufrechterhalten, die für alle Benutzer einfach zu bedienen ist.

Die öffentliche Politik ist ein weiteres Element, das bei der Schließung der Lücke bei der digitalen Inklusion eine Rolle spielen muss. Die politischen Entscheidungsträger sollten die digitale Inklusion als Hauptziel ihrer Agenda anerkennen, da die Anerkennung des digitalen Zugangs für die Teilnahme an verschiedenen Bereichen des sozialen und wirtschaftlichen Lebens von grundlegender Bedeutung ist. Auf zentraler Ebene ist die Einführung allgemeiner Richtlinien mit einem umfassenden Aktionsprogramm, das Infrastruktur, Erschwinglichkeit, Alphabetisierung und Inklusivität betrifft, relevanter. Sie sollten auch auf statistischen Informationen und eingehender Forschung basieren, die es ihnen ermöglichen, auf die spezifischen Interessen verschiedener Gemeinschaften einzugehen. Darüber hinaus sollten die Pläne zur Vermittlung digitaler Kompetenz flexibel sein, um auf den rasanten Fortschritt bei Innovationen reagieren zu können.

Die internationale Zusammenarbeit zur Eroberung der internationalen Bühne des digitalen Wissens und der digitalen Informationen muss definiert werden. Dieses Problem ist nicht auf die Grenzen einzelner Länder beschränkt; es sind weltweite Probleme, die verschiedene Nationen je nach ihrem Entwicklungsstand auf unterschiedliche Weise betreffen. Die Zusammenarbeit zwischen den Ländern, internationalen Organisationen und globalen Technologieunternehmen würde das Wissen bringen, die Anwendung spezifischer Best Practices auf dem

Markt des jeweiligen Landes finanzieren und vor allem die Ressourcen bereitstellen, um die Kluft zwischen den Besitzenden und den Besitzlosen im digitalen Bereich zu schließen. Projekte wie die nachhaltigen Entwicklungsziele (SDGs) der Vereinten Nationen, die Bereiche wie digitale Inklusion abdecken, können als Plattform für internationale Partnerschaften und gemeinsame Maßnahmen genutzt werden.

Auch die Wahrnehmung von Verantwortung seitens des privaten Sektors trägt zur Vergrößerung der Lücke im digitalen Bereich bei. Der Technologiesektor sollte erschwingliche Hightech-Produkte anbieten, in digitale Infrastrukturen investieren und Schulungsprogramme zu digitalen Technologien anbieten. Soziale Investitionen zur Förderung des Zugangs zu digitalen Tools sind unverzichtbar, insbesondere in Verbindung mit den Bemühungen des öffentlichen Sektors. Durch die Bündelung ihrer Ressourcen und ihres Know-hows kann die Unternehmenswelt dazu beitragen, die digitalen Spielregeln anzugleichen.

Um die digitale Kluft zu überwinden, sind gemeindenahe Programme von größter Bedeutung. Die Bürger vor Ort sind in hohem Maße über die lokalen Anforderungen und Belange ihres Ortes informiert. Die Einbeziehung der Gemeinde in die Gestaltung und Durchführung von Inklusionsprogrammen ist eine weitere Möglichkeit, um sicherzustellen, dass die durchgeführten Maßnahmen wirklich hilfreich sind und ihren Zweck erfüllen. Auch lokale Gemeindeinitiativen wie selbstorganisierte Programme zur digitalen Kompetenz oder die Einrichtung eines Breitbandanschlusses für die Gemeinde sind Teil der Lösung bei der ganzheitlichen Entwicklung digitaler Technologien.

Für jedes Land ist der Einsatz von Technologie der beste Weg, die digitale Kluft zu überwinden und ein inklusives Wachstum zu gewährleisten. Eine fortlaufende Forschung zur digitalen Ausgrenzung kann für Analysten eine große Hilfe sein, um die Wurzeln der digitalen Ausgrenzung besser zu verstehen und dann eine Lösung zu entwickeln, die der finanziellen Situation der Menschen entspricht. Technologische Innovationen können dazu beitragen, die Situation zu verbessern. Indem Sie also günstige Geräte, alternative Verbindungsoptionen und brauchbare Anwendungen anbieten, können Sie dem Benutzer viel Zeit geben, sich mit moderner Technologie vertraut zu machen. Sie können

Forschung und Innovationen auch einfach fördern, indem Sie Finanzmittel bereitstellen, Geschäftsleuten beim Aufbau von Partnerschaften helfen und sich an Kooperationen mit Innovatoren und Projektteams beteiligen.

Man muss verstehen, dass die Überbrückung dieser Kluft eine sehr schwierige und kontinuierliche Aufgabe vieler Akteure ist, die ohne die Beteiligung der Regierung, des privaten Sektors, der Bildungseinrichtungen, der lokalen Gemeinschaften und der internationalen Gemeinschaften nicht bewältigt werden kann. Um eine Gesellschaft zu unterstützen, die sich der digitalen Kluft bewusst ist, sollten diese Akteure ihre Kräfte bündeln, um wirksame und realistische Strategien zu entwickeln. Soziale Inklusion sollte durch die Überbrückung der digitalen Kluft erreicht werden, insbesondere in den vier Bereichen Endgeräteverfügbarkeit, Internetkosten, Alphabetisierung und schließlich Inklusivität. Dieser ausgewogene Ansatz wird das Medium sein, durch das globale Ungleichheiten verringert und ein Gefühl der Einheit geschaffen werden kann.

Ethisches Design und Regulierung

„Design ist nicht nur, wie es aussieht und sich anfühlt. Design ist, wie es funktioniert." – Steve Jobs

Digitale Technologien dringen in unsere persönlichen und sozialen Bereiche vor, und die Forderung nach ethischer Gestaltung und Regulierung ist durchaus verständlich. Die Entwicklung digitaler Technologien und der Rahmen von Regeln und Richtlinien, die ihr Verhalten regeln , führen oft zu wichtigen gesellschaftlichen Veränderungen; von der Verletzung der persönlichen Sicherheit und Privatsphäre bis hin zu Fragen der Gleichheit und Gerechtigkeit. Dieser Abschnitt befasst sich mit den Grundsätzen ethischer Gestaltung und der Rolle der Regulierungsarbeit bei der Festlegung wirksamer Leitplanken, um sicherzustellen, dass Technologie eine wichtige Rolle als Gemeingut spielt und gleichzeitig die Grundrechte schützt.

Ein klares Merkmal ethischen Designs ist die Verwendung fundierter Grundlagen, die auf Entitäten und Benutzer digitaler Artefakte und Systeme abzielen. Dies wiederholt sich in der Formulierung der Eignung der Technologie für einen Benutzer und die gesamte Gesellschaft, gefolgt von den Designphasen. Ethisches Design geht über morphologisch ästhetische und funktionale Aspekte hinaus; es zeichnet sich durch die solide philosophische und ethische Grundlage der technologischen Entwicklung aus. Dazu gehören Transparenz, Datenschutz, Inklusivität und Verantwortlichkeit. Durch die Einbeziehung dieser Werte im Designprozess, wie oben dargestellt, kann die Technologie die Rechte der Benutzer schützen und so die Grundlage für Vertrauen und die Förderung einer verantwortungsvollen Nutzung bilden.

Durch Regulierung erhält die digitale Umgebung ihre Form und Gerechtigkeit setzt sich durch. Gute Praktiken und prinzipienbasierte Regulierung stellen sicher, dass technologische Fortschritte nicht unter Missbrauch ethischer Erwägungen erzielt werden. Es bedarf rechtlicher Rahmenbedingungen, um Missbrauch zu verhindern, Verbraucherrechte zu schützen und einen fairen

Wettbewerb auf dem digitalen Markt aufrechtzuerhalten. Auf regulatorischer Ebene können mehrere Aspekte gleichzeitig behandelt werden, wie Datenschutz, Cybersicherheit und ethisches Verhalten bei der Nutzung von KI. Die Regulierung sollte jedoch gleichermaßen wechselseitig informiert sein, d. h. Innovationen annehmen, ohne die gesellschaftlichen Interessen, die sie schützen soll, außer Acht zu lassen.

Ethisches Design und regulatorische Ethik schränken das Tempo, mit dem sich die Technologie rasant weiterentwickelt, erheblich ein. Die Digitalisierung von Industrien durch KI, maschinelles Lernen und Datenanalyse ebnet den Weg für die Schaffung neuer Möglichkeiten und die Transformation bestehender Industrien, wirft jedoch auch neue ethische Probleme auf. Ein gutes Beispiel hierfür wäre die geschlechtsspezifische oder rassistische Voreingenommenheit, die KI-Systeme durch verschiedene Arten der Voreingenommenheit in Trainingsdaten aufrechterhalten, was zu einem teilweisen Risiko diskriminierender Entscheidungen führt. Ethisches Design und die Funktionalität ethischer Technologien hängen stark von der fairen, vertrauenswürdigen und verantwortungsvollen Natur dieses Ansatzes und dem Transparenzimpuls ab, der die regulatorische Aufsicht vorantreibt.

Ein weiteres entscheidendes Merkmal ethischen Designs ist Inklusivität. Digitale Technologien sollten für alle Menschen verfügbar und erschwinglich sein, unabhängig von ihren Fähigkeiten, ihrem sozioökonomischen Status oder ihrem geografischen Standort. Inklusivität manifestiert sich in Produkten oder Systemen, die robust und für jeden potenziellen Benutzer nutzbar sind, die Inklusivitätsanforderungen erfüllen und so die Möglichkeit bieten, die digitale Gleichheit zu erweitern. Einige Beispiele, die ein breites Spektrum an Benutzern einbeziehen, sind die Entwicklung benutzerfreundlicher Schnittstellen oder die Bereitstellung der technologisch fortschrittlichsten Technologien für diese beeinträchtigten Benutzer sowie die Untersuchung der individuellen Probleme, mit denen die überrepräsentierten Sektoren zu kämpfen haben.

Es gibt gesetzliche Bestimmungen, die den Datenschutz im Cyberspace gewährleisten, und insbesondere die Privatsphäre ist eine der ältesten und unantastbarsten Formen von Rechten. Erfolgreiche ethische Designpraktiken sollten natürlich das Recht auf Privatsphäre der Benutzer fördern, indem sie sicherstellen, dass die Entscheidungen unter der Kontrolle des Einzelnen liegen. Dies kann durch Methoden wie die Verschlüsselung der Daten, das Anbieten klarer und einfacher Datenschutzeinstellungen sowie Transparenz in Bezug auf die Praktiken zur Datenerfassung und -verwendung gewährleistet werden. Da diese Bemühungen eine Form der Standardisierung und eingehenden Prüfung darstellen, um die richtige Vorgehensweise für das Datenschutzproblem zu finden, sind Datenschutzbestimmungen die ergänzenden Elemente, die wie die Bausteine die Grundlage dafür bilden und die Tatsache verdeutlichen, dass Organisationen immer für etwaige Datenschutzverletzungen verantwortlich sein sollten.

Durch absolute Transparenz und Verantwortlichkeit kann ein digitales System das Vertrauen sichtbar fördern. Diese Tools sollten mit Prozessen arbeiten, mit denen wir alle vertraut sind, und die wahre Natur dessen, wofür Ihre Daten verwendet werden, sollte immer ans Licht kommen. Einfache Kommunikation und Benutzerschulung, die durch ethische Designpraktiken gesteuert werden, können zu einer informierten und genehmigten Zustimmung der Personen zu ihren digitalen Interaktionen führen. Darüber hinaus wird der regulatorische Rahmen von Vorteil sein, um diese Schlüsselkomponenten hinsichtlich der Umsetzung der Datenschutzgesetze und der Datensicherheitsvorschriften durchzusetzen, mit denen sich dieses bloße Konzept der Cybersicherheit befasst. Darüber hinaus wird es verpflichtend, dass verschiedene Institutionen die Datenschutzrisiken offenlegen und melden, die ihre Informationssysteme bergen können, Verpflichtungen zur Umsetzung von Sicherheitsmaßnahmen vorsehen, die eine datenschutzbewusstere Kultur umlenken, und Verfahren zur Überwachung und Kontrolle einführen, um Organisationen zu zwingen, bei der Umsetzung des Codes transparent zu sein und für die Folgen verantwortlich zu sein.

Dieses Thema basiert auf der Untersuchung der grundlegenden Prinzipien der Ethik im Design und der aktiven Rolle, die Regulierung bei der Entwicklung verantwortungsvoller Technologie spielt. Die Diskussion dreht sich nicht nur um die Beschreibung von Fällen gut umgesetzten ethischen Designs, sondern auch um die Frage, wie nützlich der Regulierungsrahmen sein könnte, wenn man sich die bestehenden Beispiele solcher Rahmen und einige weitere ansieht, die noch kommen werden. In der Zwischenzeit werden wir uns eine Reihe von Fallstudien erfolgreicher ethischer Designpraktiken ansehen, die anhand der Untersuchung verschiedener Technologien detailliert beschrieben werden, die verschiedenen Arten der Durchsetzung des Regulierungsrahmens überprüfen und eine Strategie entwickeln, wie wir mit besseren Designpraktiken aufkommende Probleme bewältigen können. Durch diese Untersuchungen versuchen wir zu zeigen, dass die Einbeziehung ethischer Überlegungen in die Entwicklung und Überwachung digitaler Technologien nicht verhandelbar ist . Sie sollten zu einer gleichmäßigen Verbreitung dieser Technologien in der Gesellschaft beitragen, wobei sie vollständig ökologisch bleiben und alle ihre Mitglieder respektieren und sicherstellen, dass sie den einzelnen Akteur in der Gesellschaft stärken.

Grundsätze des ethischen Designs

Die umfassende Entwicklung digitaler Technologien hat die Gestaltung menschlicher Interaktion, Kommunikation und Produktivität verändert. Da diese Technologien tief in das gesellschaftliche Gefüge verwoben sind, hat die Bedeutung ethischen Designs ihren Höhepunkt erreicht. Ethisches Design bezieht sich nicht nur auf die Aspekte Funktionalität und Ästhetik, sondern hat vielmehr mit der Schaffung von Technologien zu tun, die nicht nur respektvoll, sondern in gewisser Weise auch menschlicher sind. Technologie wird dann im Dienste der Menschen für die Menschen stehen. In diesem Artikel stellen wir die Prinzipien des ethischen Designs vor und zeigen auf, wie diese Prinzipien durch Technologieentwicklung, die das Wohlbefinden und die Rechte der Menschen in den Mittelpunkt stellt, in die Praxis umgesetzt werden können.

Der Kern des ethischen Designs ist das Prinzip des benutzerorientierten Designs. Für ethisches Design ist es wichtig, dass die Menschen im Mittelpunkt stehen. Benutzerzentriertes Design bedeutet, dass die Technologie in erster Linie den Interessen und Bedürfnissen der Menschen dient, die sie verwenden werden. Der Prozess dieses Designs beinhaltet das Verständnis, inwiefern unterschiedliche Menschen von bestimmten technischen Optionen profitieren können, und dass die Techniker die Führung übernehmen, um diese durch eine direkte Interaktion anzusprechen und so Benutzerfeedback zu erhalten. Eine gute Technologie, so das benutzerzentrierte Design, ist eine, die in den Schnittstellen lakonisch, aber in der Art und Weise spritzig ist, die dazu beiträgt, das Leben der Menschen zu verbessern. Eine Methode ist der iterative Designansatz, der mehrere Methoden umfasst, wie z. B. eine Reihe von Tests, Feedback und Verbesserungen, die alle auf Beobachtungen der tatsächlichen Benutzer basieren.

Transparenz ist ein weiterer Eckpfeiler für ethisches Design. Die Benutzer sollten klar darüber aufgeklärt werden, wie die Technologie funktioniert, wann die Daten erfasst werden und wie genau die Daten verwendet werden. Transparentes Vorgehen ist keine Zauberei, sondern eine direkte Umsetzung der Worte. Es umfasst den Schritt einer effektiven Kommunikation und Offenlegung , der bewusst auf listige oder trickreiche Ansätze verzichtet, die nur für neugierige Köpfe glasklare Dinge darstellen und die Technologie so verwenden, wie sie ist – auf völlig unethische Weise. Datenschutzrichtlinien und Nutzungsbedingungen in einfacher Sprache sollten für jeden Benutzer veröffentlicht und von ihm verstanden werden. Die offene Art der Informationen hilft den Benutzern, das Vertrauen der Technologieförderer zu gewinnen, was auf der Grundlage von Ehrlichkeit und Wahrhaftigkeit ein Restvertrauen fördert.

Heutzutage sind Datenschutz und Datensicherheit die wichtigsten Prinzipien jedes ethisch hergestellten Produkts. In einer Zeit, in der Daten zu einem wertvollen Gut geworden sind, ist es von entscheidender Bedeutung, sicherzustellen, dass Benutzerdaten vertraulich bleiben. Eines der Hauptelemente ethischen Designs ist der Schutz personenbezogener Daten. Es geht darum, sicherzustellen, dass der Inhalt für das Alter, die Kultur und den Standort der Benutzer geeignet ist, indem bestimmte Sicherheits- und Datenschutzmedien aktiviert werden. Sicherheit kann durch die Verwendung einer Verschlüsselung erreicht werden, die einen Schlüssel mit einem komplizierten Format verwendet und nur dem autorisierten Benutzer zur Verfügung gestellt wird. Darüber hinaus kann Benutzern gestattet werden, ihre persönlichen Daten zu bearbeiten, sodass sie Datenfehler beheben und falsche Daten entfernen können. Sie sollten auch die vollständige Kontolöschung zulassen und alle Daten aus dem Datenspeicher entfernen.

Inklusivität ist ein weiteres wichtiges Prinzip des ethischen Designs. Es ist sehr wichtig, dass jeder auf eine Technologie zugreifen kann, unabhängig von der sozialen, wirtschaftlichen oder geografischen Stellung. Diese Praxis ermöglicht es, dass Produkte und Dienstleistungen aufgrund persönlicher Exzellenz und insbesondere technologischer Innovation auf natürliche Weise jedem zur Verfügung stehen. Inklusives Design erleichtert die Anpassung der digitalen Produkte und Dienstleistungen an die Bedürfnisse verschiedener Benutzer. Der erhöhte Komfort dieses Ansatzes ermöglicht daher einen breiteren Zugang zu unterstützenden Technologieanwendungen. In diesem Fall ist die Anpassungsfähigkeit des Designs die einzige Möglichkeit, mehr Menschen in die Sphäre der Technologie zu bringen. Dies wird nicht nur durch die Einführung von Designmodulen erreicht, die eine einfache Verwendung der Produkte durch behinderte Benutzer ermöglichen, sondern auch durch die Gestaltung der Benutzeroberfläche, die den Anforderungen aller Arten potenzieller Benutzer gerecht wird.

Verantwortlichkeit steht für Zuverlässigkeit im ethischen Design. Das IT-Unternehmen und seine Entwickler können sich der Notwendigkeit nicht entziehen, für die Ergebnisse ihrer Arbeit verantwortlich zu sein. Aktivieren Sie in diesem Prozess die Option „Remote Wipe" auf Ihrem Gerät, damit auf die darauf gespeicherten Informationen auf keinen Fall zugegriffen werden kann. Zu den technischen Mitteln gehört auch die Option, die Informationen auf dem Datenträger zu löschen, was bei Verlust des Geräts geschehen sollte. Dies kann auch Informationen über die Zustimmung des vertrauenswürdigen Dritten an alle Dateneigentümer beinhalten. Dies ist auch eine gute Möglichkeit, die Verantwortung gegenüber Dritten zu übernehmen. Was erwähnt werden sollte und was dann zu beachten ist, ist, dass die aufgeworfenen Datenschutzprobleme nur durch Ethik und einen menschlichen Sinneswandel gelöst werden können. An erster Stelle sollte das Prinzip der Ehrlichkeit und die entschiedene Verurteilung der Mehrheit der Hacker stehen.

Das Fairnessprinzip ist das Herzstück des ethischen Designs. Technologien müssen so konzipiert sein, dass die Benutzer unabhängig von ihrer Herkunft gleich sind und beispielsweise Rasse, Geschlecht oder Alter keine Rolle spielen, um Vorurteile zu vermeiden, die zu unfairer Behandlung und in der Folge zu Diskriminierung oder Ausgrenzung führen können. Dies ist insbesondere bei beispielhaften Technologien wie KI und maschinellem Lernen wirksam. Darüber hinaus kann ein KI-Algorithmus, der darauf programmiert ist, Vorurteile in der Gesellschaft zu reduzieren, so verschlechtert werden, dass er diese Vorurteile aufrechterhält. So kann es beispielsweise durch Naivität passieren, wenn man vorgibt, dass die vor Ort gesammelten Daten völlig neutral wären. Der Aspekt des Erreichens eines ethischen Designs umfasst auch vorbeugende Maßnahmen zur Erkennung und Korrektur von PIDs sowie zum Missbrauch ordnungsgemäß funktionierender Automatisierungssysteme. In dieser Hinsicht überbrückt ethisches Design die Bruchlinien: die Regulierung technologischer Innovationen als soziale Gerechtigkeit und Wohlfahrt und die Schaffung eines neuen Modells einer benutzerzentrierten Gesellschaft , das wiederum die digitale Unterdrückung verringert.

Doch der neue Trend zur Nachhaltigkeit hat ethisches Design so wichtig gemacht. Wenn man bedenkt, wie sehr das alles unsere analytischen Prozesse und unser Leben beeinflusst, ist die Antwort einfach. Die digitale Kompetenz ist hoch. Im Grunde haben wir eine gute Chance, Technologien mit der neuen Kompetenz der Menschen zu verbinden. Sie könnten sogar so gut im Umgang mit Technologie werden, dass sie nicht einmal Apple-Ingenieure sein müssen.

Darüber hinaus ist es wichtig, dass die Technologie vom Prinzip der Ermächtigung angetrieben wird. Die Technologie sollte die Benutzer ermächtigen und den Benutzern die Werkzeuge, das Know-how und die Anleitung zur Verfügung stellen, die sie für einen gefragten digitalen Lebensstil benötigen. Dies kann durch die Entwicklung von Technologien erreicht werden, die den Benutzern Autonomie vermitteln und sie durch benutzergesteuerte ethische Entscheidungsfindung führen. Durch gezielte Ermächtigung können selbst begrenzte Ressourcen wie ein kurzer Filmausschnitt oder ein Handbuch für ein Gerät zur Stärkung der Eigenständigkeit eingesetzt werden. Durch die Ermächtigung der Benutzer ermöglicht der ethisch gestaltete Lebensstil ein Gefühl der Eigenverantwortung und des Selbstwertgefühls in der Online-Welt.

Zusammenarbeit und gemeinsames Schaffen bilden das Rückgrat ethischen Designs. Die vielfältige Beteiligung am Designprozess erfolgt über einen vielschichtigen Prozess, an dem Benutzer, Experten und Community-Mitglieder beteiligt sind und einen

Mehrwert für den kreativen Prozess schaffen, sodass eine breite Palette von Perspektiven und Bedürfnissen berücksichtigt wird. Designpraktiken, die kooperative Interaktionen auf der Grundlage partizipativer Methoden und Respekt für den Input aller Beteiligten beinhalten, sind weit verbreitet. Die Art und Weise, wie dieses Design umgesetzt wird, wird nicht nur die Qualität und Relevanz der technologischen Lösungen verbessern, sondern auch das Gefühl der eigenen und gemeinsamen Verantwortung fördern.

Ein ethisches Design ist kein einzelnes Konzept, sondern ein integrierter Ansatz, der aus den folgenden Merkmalen besteht: Benutzerzentriertheit, die offene und klare Idee von Design, Privatsphäre, Inklusivität, Verantwortlichkeit, Fairness, Nachhaltigkeit, Ermächtigung und Zusammenarbeit. Die Prinzipien, auf denen diese Werte aufbauen, dienen als Quellen, durch die Technologie geschaffen und digitale Produkte und Systeme entwickelt werden können, die die Menschenwürde und das Wohlbefinden wahren. Während wir uns weiterentwickeln, ist eine der vereinbarten Zukunftsaussichten für die Ethik die Verwendung von ethischem Design, das sich wiederum Hand in Hand mit neuen Technologien weiterentwickeln und durch die Qualität der Digitalisierung und ihrer Anwendungen einen positiven Beitrag zur Gesellschaft leisten und den Verantwortlichkeiten vieler Einzelpersonen gerecht werden wird.

Die Rolle von Designern und Ingenieuren

Die Rolle von Designern und Ingenieuren wird in der heutigen schnelllebigen digitalen Technologieumgebung, in der sie sich auf die Verbesserung ihrer Arbeitsprozesse konzentrieren, immer mehr geschätzt. Sie sind diejenigen, die der sich ständig weiterentwickelnden Technologie Leben einhauchen und sie effektiv machen. In ihrer oft heiklen Beziehung zu eben dieser Technologie sind sie jedoch auch die Hüter der ethischen Grenzen und die ethischen Hüter der Technologie, die der Gesellschaft dienen soll. Als diejenigen, die Grenzen verschieben, sind sie gemeinsam mit der Technologie die Mitschöpfer, wobei sie beide dazu beitragen, wie gut die Technologie die Menschen beeinflusst.

Diese Berufsgruppen sollten bei der Neugestaltung digitaler Plattformen und der Entwicklung anspruchsvoller Software und ihrer Funktionalität nicht auf der Bank sitzen bleiben. Es gibt keinen

Grund, warum sich die beiden Rollen unterscheiden könnten. Schließlich sind sie auch dafür verantwortlich, Normen und Standards festzulegen, die Technologie von Dingen unterscheiden, die als nicht menschen- und umweltschädlich gelten.

Ingenieure und Designer entwickeln gute, ausfallsichere Systeme und machen so dem Menschen das Leben leichter. Sie stehen am Anfang der Entwicklung neuer Technologien, indem sie die anfänglichen Ideen aufgreifen und daraus absolut richtige Produkte und Dienstleistungen machen. Ihr Engagement zielt darauf ab, Türen für einen größeren Benutzerraum zu öffnen. Ihre Arbeit beginnt mit der Aufdeckung der wahren Bedürfnisse und Wünsche der Käufer, wodurch ein einzigartiges Produkt entsteht, das sowohl vorhanden ist als auch angepasst werden kann. Das Mantra der Designer, den Benutzer in den Mittelpunkt zu stellen, ist die Architektur, die ihn von Anfang an einbezieht und zu hervorragenden Produkten führt.

Designer und Ingenieure verkörpern die Philosophie, Teil der Gleichung des sozialen Fortschritts zu sein. Sozial inklusive Technologie ist das einzig Wahre, was bedeutet, dass die Technologie ihre Schöpfer ohne Leben lässt und in das Leben der Gesellschaft integriert wird. Dies impliziert den Prozess des Einbeziehens verschiedener Elemente der Vielfalt, wie beispielsweise, aber nicht beschränkt auf, physische und kognitive Fähigkeiten, wirtschaftliche und kulturelle Umgebungen. Inklusives Design bedeutet nicht nur die Erweiterung der Benutzerfreundlichkeitsdatenbank, sondern vielmehr die Schaffung gleicher Wettbewerbsbedingungen, die jedem die Möglichkeit geben, dieselben Tools zu verwenden, und die Schaffung einer Identität, die auf unveräußerlichen Menschenrechten basiert. Im modernen digitalen Zeitalter hat jeder Mensch das Recht, Technologie zu verwenden, und darüber hinaus kann jeder an ihrer Entwicklung beteiligt sein.

Dies spiegelt die Tatsache wider, dass ethische Überlegungen einer der wichtigsten Aspekte der Arbeit von Designern und Ingenieuren sind. Die während des Entwurfs- und Entwicklungsprozesses getroffenen Entscheidungen können schwerwiegende Auswirkungen haben und die Privatsphäre, Sicherheit und Freiheit der Benutzer bedrohen. Wenn beispielsweise Software entwickelt wird, die persönliche Daten sammelt, müssen Ingenieure sicherstellen, dass sie robuste Sicherheitsfunktionen enthalten, um die Daten vor unbefugtem Zugriff und Missbrauch zu schützen. Von Designern wird auch erwartet, dass sie den Benutzern umfassende Informationen darüber geben, wie ihre Daten verwendet werden, um so Transparenz und Vertrauen zu fördern. Diese ethische Verantwortung gilt jedoch nicht nur für die Auseinandersetzung mit den potenziellen Voreingenommenheiten, die in Algorithmen lauern können, und für die Verhinderung, dass Technologie zu einem Werkzeug wird, mit dem bestehende Ungerechtigkeiten aufrechterhalten und verstärkt werden.

Ein weiterer wichtiger Aspekt der Arbeit von Designern und Ingenieuren ist die Nachhaltigkeit. Genau wie der Rest der Welt in seinem Bestreben, die Umwelt zu schützen, muss auch der Technologiesektor auf nachhaltige Praktiken zurückgreifen. Dazu gehört die Entwicklung von Produkten, die umweltverträglich sind, aus erneuerbaren Materialien hergestellt werden und energieeffizient sind. Ingenieuren stehen zahlreiche Techniken zur Verfügung, um Elektroschrott zu bekämpfen, beispielsweise die Entwicklung abnehmbarer Unterhaltungselektronik, die schnell repariert oder ersetzt werden kann. Es besteht das Bewusstsein, dass Unternehmen, die über ihre Designteams und Ingenieure arbeiten, aktiv grüne Technologiebewegungen anführen und zur ökologischen Nachhaltigkeit beitragen müssen.

Zusammenarbeit ist der Kern der Arbeit von Entwicklern und Ingenieuren. Die Fortschritte in der modernen Technologie haben die Anforderungen an multidisziplinäre Teamarbeit erhöht, bei der Talente aus verschiedenen Disziplinen rekrutiert werden, um die verschiedenen Herausforderungen zu bewältigen. Designer als Vermittler zwischen Ingenieuren und Künstlern müssen synchron arbeiten, damit sie ihre innovativen Ideen künstlerisch visuell festhalten können, die Projekte aber auch als Prototypen fungieren können. Ganz zu schweigen davon, dass die Zusammenarbeit mit der Community, beispielsweise mit Benutzern, Geschäftsleuten und politischen Entscheidungsträgern, im Prozess der Forschung und Entwicklung neuer Technologien wichtig ist, die sowohl sozial als auch wirtschaftlich relevant sind.

Die technologische Entwicklung erfordert ständiges Lernen und Anpassen.

Um mit allen Neuheiten in ihrer Branche Schritt zu halten, müssen Designer und Ingenieure ihr Wissen ständig auf den neuesten Stand bringen und sich neue Fähigkeiten aneignen. Mit anderen Worten: Es ist eine lebenslange Verpflichtung, für immer zu lernen und sich den Veränderungen im eigenen Beruf nicht zu beugen. Mit dem technologischen Fortschritt werden jedoch auch die Definition und Lösungen für die mit der Technologie verbundenen ethischen Probleme Realität. Von ihnen wird erwartet, dass sie Initiativen ergreifen, um neue ethische Probleme, die mit der Entwicklung und Nutzung dieser Technologien entstehen, methodisch anzugehen. Unternehmen für IE Robotics & NLP gibt es schon seit einigen Jahren und sie haben große Fortschritte bei der Umsetzung in der Praxis gemacht, aber der Prozess der Kommunikation mit Computern ist noch nicht perfekt oder kann zumindest verbessert werden.

Designer und Ingenieure sind nicht nur an der Entwicklung konkreter Produkte beteiligt, sondern gestalten darüber hinaus den gesamten technologischen Raum. Sie haben daher die Möglichkeit, Maßstäbe für andere Unternehmen zu setzen und die Regeln für die Herstellung und den Einsatz von Technologie weltweit zu bestimmen. Sie sehen diesen Prozess als ethische Verpflichtung an und setzen gleichzeitig Ziele, die sowohl in der Gegenwart als auch in der Zukunft erreicht werden sollten. Diese Ideen sollten mit dem übereinstimmen, was gut für die Menschheit ist. Ethisches Design in der Technologie sollte auch von Designern und Ingenieuren gesetzlich verankert werden.

Die Kontrolle der persönlichen Entwicklung gehört zur formalen Ausbildung von Designern und Ingenieuren. Bildungseinrichtungen sind verpflichtet, intellektuelle Ressourcen und den moralbezogenen Teil aller Wissensgebiete bereitzustellen. Ein kohärenter Bildungsansatz bringt nicht nur angesehene Bürger hervor, sondern unterstützt auch angehende Fachkräfte bei der Bewältigung der komplexen technologischen Umgebung. Lehrpläne, die die Ethik der moralischen Konstruktion, des Recyclings und der Vielfalt im Lernprozess kombinieren, führen die Lernenden durch die allgemeine Begründung für ökologisches Handeln und das Gefühl der Gerechtigkeit, das sie vermitteln.

Die neue Botschaft für den Verbleib im Unternehmen kommt von der Arbeit der Designer und Ingenieure, die sich für

benutzerzentrierte Designprinzipien und ethische Designprinzipien
einsetzen. Darüber hinaus beteiligen sie sich an der erfolgreichen
Umsetzung neuer Konzepte (22). Dabei wird der Kultur der sozialen
Verantwortung und des Gemeinwohls Priorität eingeräumt.

Designer und Ingenieure haben einen Einfluss, der sich über die
ganze Welt erstreckt und internationale Projekte beeinflusst, bei
denen ihre Leistungen zahlreiche Probleme der Menschheit lösen
können, darunter den Zugang zur Gesundheitsversorgung und die
Eindämmung des Klimawandels. Das Potenzial zur Lösung globaler
Gesundheits- und Klimawandelprobleme liegt auch in der
Möglichkeit, neue Projekte durch Crowdfunding und
Finanzierungen zu entwickeln.

Die Rolle von Designern und Ingenieuren ist vielseitig und
andauernd. Dazu gehört auch der Designaspekt, nicht nur im
Hinblick auf ihre Projektmanagementfähigkeiten, sondern auch im
Hinblick auf ihre tatsächliche ethische Verantwortung und die
Förderung nachhaltiger Technologien in der Welt. Sie müssen sich
dem heiklen Pfad der Kultur stellen und müssen daher die bösen
Buben der Organisation sein.

Regulierung in der Technologiebranche

Die Technologie hat die Welt des Lebens durch die Einführung
neuer Möglichkeiten und Prozessverbesserungen umgestaltet und
enorme Veränderungen mit sich gebracht. Die Kehrseite der
Medaille, die weitreichenden technologischen Fortschritte zu
schätzen, ist die Notwendigkeit, sich mit verschiedenen
Herausforderungen auseinanderzusetzen – was viele Änderungen
und Entscheidungen auf politischer Ebene erfordern würde. Denn
die Hauptaufgabe dieser Branche besteht darin, Regeln festzulegen,
die die Interaktion zwischen der Branche und ihren Kunden regeln,
ohne zu vergessen, den Akteuren der Branche eine produktive
Grundlage zu bieten. Um die Herausforderungen des
Internetzeitalters zu meistern, muss eine Politik entwickelt werden,
die die Probleme löst, aber auch das innovative Umfeld fördert, um
sich weiter zu verbessern und die Verantwortung für die Nutzung
der neuen technischen Fortschritte zu übernehmen.

Ein Hauptgrund für die Regulierung der Technologiebranche ist der
Schutz der Verbraucherrechte sowie der persönlichen Daten. Das
Wachstum der digitalen Technologie führte einerseits zur Erfassung

und Verarbeitung großer Mengen persönlicher Daten. Trotz der Innovation und der schnellen Akzeptanz der Vorteile dieser Dienste durch die Benutzer treten auch eine Reihe kommerzieller und datenschutzbezogener Probleme auf. Wenn Sicherheitsverletzungen und Fälle von Missbrauch persönlicher Daten zunehmen, zeigt dies deutlich, dass dringend Vorschriften erforderlich sind, die einen solchen Datenschutz bieten. Abgesehen davon garantiert die Datenschutz-Grundverordnung der Europäischen Union den Verbrauchern diese Rechte und legt die erforderlichen Bedingungen und Verantwortlichkeiten für Datenschutz und Informationsschutz fest und setzt damit einen weltweit hohen Standard für den Datenschutz.

Ein weiterer Aspekt der Regulierung ist, dass sie einen fairen Wettbewerb innerhalb der Branche garantiert. Die Sorge vor unlauterem Wettbewerb und Marktkonzentration, die durch große Technologieunternehmen wie die sogenannten „Big Tech" verursacht werden können, hat in vielerlei Hinsicht zu strengen Regulierungen geführt. Einige der am meisten kritisierten Organisationen sind Microsoft, Google und Facebook, und außerdem bleiben sie die meiste Zeit im Visier des Marineministers, insbesondere wenn es darum geht, die Dominanz der „Big Tech" über die gesamte Marktplattform zu befürworten. Diese Regulierungen verhindern, dass Unternehmen Monopole aufbauen, verschärfen den Wettbewerb und fördern die Entstehung neuer Unternehmen. Die kartellrechtlichen Untersuchungen und Gerichtsverfahren, die diese technologischen Giganten ausschließen, zeigen, dass nur ein gründlicher Regulierungsrahmen die Macht hat, eine Win-Win-Situation für den Markt aufrechtzuerhalten und die Rechte der Kunden zu schützen.

Auch die Regulierungsaufsicht ist ein wesentlicher Aspekt, da mit der zunehmenden KI zunehmend ethische Bedenken entstehen.

Die Anwendung von KI-Technologien erschwert Branchen im Gesundheitswesen, im Finanzwesen, in der Medizin und in anderen Bereichen; sie wirft jedoch schwerwiegende ethische Fragen auf. Aspekte wie rassistische Vorurteile, Transparenz und Rechenschaftspflicht sind entscheidende KI-Fragen. Unausgewogene Elemente können soziale Ungleichheiten verursachen und sogar verstärken, was sich direkt auf die Arbeits- und Managementprozesse und indirekt auf die Bereiche Einstellung,

Kreditvergabe und Recht auswirkt. Eine der Funktionen der Regulierung besteht darin, die Standards festzulegen, die Entwickler und die KI-Industrie einhalten müssen, um sichere, transparente und rechtlich nachvollziehbare KI-Praktiken zu gewährleisten.

Die Verhinderung von Cyberbetrug ist ein weiterer Bereich, in dem Regeln befolgt werden müssen. Da Online-Technologien immer stärker in kritische Infrastrukturen und tägliche Aktivitäten integriert sind, steigt das Risiko, Opfer eines Cyberangriffs zu werden. Cyber-Abstürze können direkt zu schwerwiegenden Störungen der Dienste lokaler Versorgungsunternehmen und wichtiger Dienste führen. Manchmal kann es zu einem Cybersicherheitsvorfall kommen, der zum Verlust von Informationen führen kann. Darüber hinaus kann eine solche Situation verändert werden, indem einmalige Ereignisse dazu führen, dass Gebäude für lange Zeit unbenutzbar sind. Vorschriften, die sich auf strenge Cybersicherheitsmaßnahmen, regelmäßige Audits und Vorfallberichte beziehen, sind Methoden, um die Widerstandsfähigkeit digitalisierter Systeme zu erhöhen. Sie stellen sicher, dass Organisationen eingeschränkte Cybersicherheitsrichtlinien anwenden und Sicherheitsverfahren gegen bestehende Cyberbedrohungen einführen.

Auch im Technologiebereich sind geistige Eigentumsrechte (IP) ein wichtiges Thema. Um die Einführung moderner Technologien und die finanzielle Unterstützung innovativer Ideen zu fördern, ist der Schutz des geistigen Eigentums ein Muss. Die beschleunigte Entwicklung von Technologien scheint jedoch die klassischen IP-Rahmenwerke zu verkomplizieren. Patente, Urheberrechte und Marken müssen weiterentwickelt werden, um neue Probleme wie geistige Patente, Open-Source-Entwicklung und die Verbreitung digitaler Inhalte anzugehen. Gleichzeitig müssen die Behörden eine Entscheidung über das Ausmaß des Schutzes der geistigen Eigentumsrechte und die Unterstützung von Zusammenarbeit und Innovation treffen.

Ein weiteres Thema, das geregelt werden muss, ist die Beziehung zwischen Arbeit und Technologie und ihre Auswirkungen auf Beschäftigung und Arbeitsmarkt . Die Belegschaft verändert sich und die Auswirkungen davon belasten die gesamte Gesellschaft. Arbeitsmarktregulierung kann dazu beitragen, ihr unmenschliches Gesicht zu mildern, indem sie der Belegschaft hilft, sich anzupassen und beispielsweise mit neuen Fähigkeiten auszustatten. Sie zeigt, dass es absolut notwendig ist, die Vorteile des technischen Fortschritts weithin unter den Menschen zu teilen, wenn wir sozialen Frieden und wirtschaftliche Entwicklung aufrechterhalten wollen.

Bereiche wie die Umwelt, die durch die Technologien verursacht werden, sind im Kommen und benötigen daher eine Strategie zur Regulierung. Elektroschrott und CO2-Emissionen entstehen durch die Herstellung, Verwendung und Entsorgung digitaler Geräte. In der vernetzten Gesellschaft lässt sich ökologische Nachhaltigkeit besser durch Richtlinien erkennen, die nachhaltiges Leben, umweltfreundliche Technologien und die Wiederverwendung von Ressourcen ermöglichen. Die Entwicklung der Umwelt kann von Regulierungsbehörden in die Hand genommen werden, die sich auf die Entwicklung einer nachhaltigeren digitalen Wirtschaft konzentrieren sollen.

Nur die Solidarität zwischen den Kulturen auf der ganzen Welt kann eine wirksame Regulierung der Technologiebranche ermöglichen. Digitale Technologien sind ein globales Problem, und deshalb arbeiten internationale Experten an einer Lösung für dieses Problem. Sie sind gemeinsam für globale Probleme wie Datenschutz, Cybersicherheit und Kartellrecht verantwortlich und müssen zusammenarbeiten, um Richtlinien zu entwickeln, die diese Herausforderungen angehen. Internationale Organisationen wie die Vereinten Nationen und die Welthandelsorganisation sollen die Länder gemeinsam dazu anregen, eine Zusammenarbeit zu initiieren, damit trotz des grenzüberschreitenden Charakters der Probleme Rahmenbedingungen geschaffen werden können, die weltweit für alle akzeptabel sind.

Die Bedeutung der Selbstregulierung der Technologiebranche muss anerkannt werden. Die gute Anwendung dieser Prinzipien und Praktiken ist für die Regulierung der Branche ebenso wichtig und kann auch dazu beitragen, Fairness und gutes Verhalten aufrechtzuerhalten . Die Integration von Technologieunternehmen könnte dies beispielsweise durch die Einhaltung von Verhaltensregeln, Transparenz und Einhaltung ethischer Grundsätze tun, um allen Stakeholdern zu signalisieren, dass die Unternehmen über eine solide Grundlage für digitale Innovationen verfügen. Eines der Ergebnisse dieser Zusammenarbeit wird die Entstehung eines flexiblen und effektiven Regulierungsumfelds sein, das seine Regeln an die schnelle Entwicklung der Technologie anpassen und gleichzeitig die Bedürfnisse der Gesellschaft berücksichtigen kann.

Eines der Schlüsselelemente einer guten Regulierung ist in der Tat Bildung und öffentliches Bewusstsein. Da digitale Technologien immer weiter verbreitet sind, ist es von entscheidender Bedeutung, dass Verbraucher ein klares Bild davon haben, wer der Eigentümer ihrer digitalen Daten ist und welche Auswirkungen diese auf automatisierte Technologien haben können. Sensibilisierungsmaßnahmen werden den Einzelnen helfen, intelligente, sensorische soziale Akteure zu werden, in ihren persönlichen Interaktionen vorsichtig zu sein und alle Kanäle zu prüfen. Die Regulierungsbehörden könnten auch die Öffentlichkeit einbeziehen, um Transparenz zu gewährleisten und Inklusivität und Vertrauen in die Menschen und Organisationen zu fördern, die direkt an der Anwendung der gesetzlichen Maßnahmen beteiligt sind.

Die Regulierung der Technologiebranche ist ein vielschichtiger Prozess mit verschiedenen Bereichen und Anwendungen, die sich mit der Entwicklung der Technologie selbst ständig ändern. Die Überprüfung der Rechte der Benutzer, die Gewährleistung eines fairen Wettbewerbsumfelds, die Behandlung ethischer und Cybersicherheitsfragen sowie die Unterstützung des ökologischen Gleichgewichts sind einige der wichtigsten Bausteine umfassender Regulierungssysteme, die darauf abzielen, den Bedarf an Innovation und das Prinzip der Rechenschaftspflicht durch regulatorische Unterstützung für die Technologiebranche in Einklang zu bringen, um zu zeigen, dass sie sowohl dynamisch als auch verantwortungsbewusst ist. Diese Sichtweise wird trotz aller Nachteile, die sie mit sich bringen kann, zu einem besseren Leben führen, da es Kräfte geben wird, die die Behörden in Schach halten und moralische Standards hoch halten.

Ethische Standards und Richtlinien

Die rasante Entwicklung digitaler Technologien und künstlicher Intelligenz (KI) hat eine Welle tiefgreifender Veränderungen in verschiedenen Branchen wie dem Gesundheitswesen und dem Finanzwesen sowie dem Bildungs- und Unterhaltungsbereich ausgelöst . Dieses explosive Wachstum muss jedoch ethisch angegangen werden, was die Notwendigkeit robuster ethischer

Standards und Richtlinien mit sich bringt. Diese sind entscheidende Instrumente, um sicherzustellen, dass der technologische Fortschritt nicht nur mit dem Ethos der Gesellschaft im Einklang steht, sondern auch dem Gemeinwohl dient. Beschreibungen ethischer Standards und Richtlinien als Grundlage verantwortungsvoller Innovation, die Entwickler, Unternehmen und politische Entscheidungsträger bei der Erstellung und Bereitstellung von Technologie leiten.

Ethische Standards in der Technologie sind ein umfassendes Regelwerk, das mit Ansprüchen zu Themen wie Datenschutz, Transparenz, Fairness und Verantwortlichkeit erstellt wurde. Datenschutz ist ein grundlegendes Menschenrecht, das im digitalen Zeitalter nicht eingeschränkt werden darf. Obwohl Technologie durch die kontinuierliche Erfassung und Erforschung enormer Benutzerdaten entsteht, hat der Datenschutz höchste Priorität. Ethische Richtlinien für den Datenschutz sollen sich mit der Frage befassen, wie die Einwilligung der Benutzer nach erfolgter Aufklärung eingeholt, die Datensicherheit gewährleistet und Einzelpersonen die Kontrolle über ihre persönlichen Daten gegeben werden kann. Dabei handelt es sich um Strategien, die den Datenschutz gewährleisten, indem sie Vertrauensbeziehungen zwischen Benutzern und Anbietern digitaler Dienste aufbauen und ein Gefühl von Sicherheit und Vertrauen innerhalb digitaler Plattformen schaffen.

Darüber hinaus ist Transparenz eines der entscheidenden ethischen Kriterien in der Technologie. Benutzer müssen darüber informiert werden, wie die Technologie funktioniert, welche Daten gesammelt werden und was damit gemacht wird. Transparente Designstrategien erfordern eine faire und transparente Kommunikation und sind frei von Manipulationen und anderem unehrlichen Verhalten . Beispielsweise müssen Datenschutzrichtlinien und Nutzungsbedingungen in einfacher Sprache formuliert sein, damit sie für alle Benutzer zugänglich und leicht verständlich sind. Transparente Prozesse führen zur Glaubwürdigkeit der Technologieanbieter und zum Vertrauen der Benutzer in die Unternehmen, was zu Zusammenarbeit und rechtlicher Verantwortung führt.

Es ist von entscheidender Bedeutung, bei der Entwicklung und Bereitstellung von KI-Systemen Fairness gemäß ethischer Standards sicherzustellen. KI bietet die Möglichkeit, verschiedene Aspekte der

Gesellschaft erheblich zu revolutionieren; gleichzeitig setzt sich die Technologie bei nicht nachhaltiger Nutzung erheblichen Risiken aus. Eines der kritischsten ethischen Probleme im Zusammenhang mit künstlicher Intelligenz ist die Dokumentation, wo voreingenommenes algorithmisches Training, ob absichtlich oder nicht, zu ungerechten oder diskriminierenden Ergebnissen führt. Die Richtlinien für die KI-Entwicklung und die ethischen Anforderungen sind aufgrund der Ungerechtigkeit der verwendeten Daten in den Vordergrund gerückt. Sie sind in Bezug auf Themen wie die Methode zur Bildung vielfältiger und repräsentativer Datensätze, die Implementierung von Strategien zur Erkennung und Minderung von Voreingenommenheit und die Regulierung von KI-Systemen durch regelmäßige Prüfungen und Bewertungen sehr streng. Fairness ist eine vorrangige Anforderung, da Fairness Gleichheit und Gerechtigkeit in den von ihnen entwickelten KI-Systemen fördert {aber nicht die Etymologie des Systems? Was ist KI}, während sie auf diese Weise die derzeitigen Ungleichheiten abmildern würden.

Verantwortlichkeit ist ein entscheidendes Element ethischer Standards im Technologiebereich. Alle Entwickler und Unternehmen, die Technologien entwickeln, sind für die Ergebnisse verantwortlich, die sie den Endnutzern und der Gesellschaft als Ganzes bringen. Die Ziele können nur erreicht werden, indem eine Folgenabschätzung durchgeführt wird, die einen umfassenden Überblick über die Schwachstellen und potenziellen Gefahren bietet, und dann vorbeugende Maßnahmen ergriffen werden, um diese abzuwenden. Darüber hinaus ist die Transparenz des Entscheidungsprozesses und die Bereitschaft, externen Einfluss zuzulassen, ein weiterer Aspekt. Wenn neue Probleme auftreten, sollten Unternehmen außerdem bereit sein, Verantwortung zu übernehmen und diese schnell und effektiv zu lösen, indem sie deutlich machen, dass die Einhaltung moralischer Ziele von entscheidender Bedeutung und das Vertrauen der Benutzer ein Muss ist.

Ethische Standards und Richtlinien sind nicht unveränderlich; sie müssen auf neue Herausforderungen und Entwicklungen in der Technologie reagieren. Angesichts des dynamischen Umfelds im Technologiesektor ist ein ausgewogener ethischer Ansatz erforderlich, der Kontinuität und Anpassung ermöglicht.

Entscheidend ist, alle Akteure – Benutzer, Experten und Mitglieder der Öffentlichkeit – in die Entwicklung geeigneter und bewährter ethischer Richtlinien einzubeziehen. Dabei müssen Interessenvertreter aus verschiedenen Lebensbereichen wie Benutzer, Spezialisten sowie Mitglieder der örtlichen Gemeinschaft einbezogen werden, um an der Konkretisierung und Wirksamkeit der ethischen Regeln mitzuwirken. Ethische Aktivitäten im kollektiven Ansatz zur Ethik sind eine Garantie dafür, dass unterschiedliche Perspektiven und ...

Die Asilomar AI Principles sind eines der augenfälligsten Beispiele für ethische KI und wurden 2017 vom Future of Life Institute ins Leben gerufen. Sie stellen eine umfassende Diskussion über die Ethik der KI-Technologie dar, die wesentliche Themen wie wissenschaftliche Forschung, gesellschaftliche Auswirkungen usw. umfasst. Sie konzentrieren sich speziell auf die KI, die transparent, rechenschaftspflichtig und vor allem hilfreich erscheint. So bieten beispielsweise die Ethikrichtlinien der Europäischen Union für vertrauenswürdige KI einen umfassenden Rahmen für die ethische Entwicklung und den Einsatz von KI. In den Richtlinien wurden sieben Hauptanforderungen für vertrauenswürdige KI dargelegt, wie menschliches Handeln und Aufsicht, technische Robustheit, Datenschutz und Datenverwaltung, Transparenz, Vielfalt und Fairness, gesellschaftliches Wohlergehen und Rechenschaftspflicht.

Berufsverbände und Industrieverbände spielen bei diesem Unterfangen eine entscheidende Rolle, indem sie hohe ethische Standards und Richtlinien festlegen. Organisationen wie IEEE und ACM haben sich dieses Konzepts ebenfalls angenommen, indem sie Ethikkodizes und Berufsrichtlinien als Rahmen für ihre Mitglieder verabschiedet haben. Diese „Kodizes" betonen auch die Rolle von Technologiefachleuten, die gute und ethische Nutzung der Technologie zu wahren und durch ihr Handeln das öffentliche Interesse zu verfolgen.

Die Bereitstellung von Bildung und Ausbildung ist für die Etablierung ethischer Standards in der Technologiebranche von entscheidender Bedeutung. In gleicher Weise müssen Hochschulen ein System schaffen, in dem die Schüler Moral in den Technologielehrplan integriert lernen und nicht nur das technische Know-how. Dies wird den Schülern helfen, sowohl die Praktiken als auch die Moral zu verstehen. Erwachsenenbildungs- oder CPD-

Programme werden auch dazu beitragen, aufkommende ethische Lücken in der Branche zu schließen und durch das Erlernen aktueller ethischer Praktiken Schritt zu halten.

Die ergänzende Durchsetzung ethischer Standards und Richtlinien entspricht der Rolle der Verordnung. Während die freiwillige Einhaltung ethischer Standards von entscheidender Bedeutung ist, sind regelbasierte Aufsicht und Durchsetzung entscheidend, um die Einhaltung sicherzustellen. Auf diese Weise könnten die Datenschutz-Grundverordnung (DSGVO) der Europäischen Union und andere Gesetze genutzt werden, um diese Standards für Datenschutz und Cybersicherheit rechtlich klar festzulegen, aber gleichzeitig klarzustellen, dass Unternehmen die Verantwortung für den Schutz der personenbezogenen Daten der Benutzer tragen sollten. Regulierungsbehörden sollten Rahmenbedingungen schaffen, um sicherzustellen, dass KI-Technologien ethisch entwickelt und implementiert werden, was zu einem verantwortungsvollen und transparenten Einsatz dieser Technologien beitragen kann.

Öffentliches Wissen und Beteiligung sind die beiden Eckpfeiler für die Entwicklung einer ethischen Technologieoption. Die Aufklärung der Öffentlichkeit über ihre Rechte und die ethischen Auswirkungen der Technologie gibt den Menschen die Freiheit, Entscheidungen zu treffen und die Technologieanbieter zu hinterfragen. Die öffentliche Diskussion ethischer Fragen in der Technologie ebnet der Gesellschaft den Weg, höhere Standards und mehr Transparenz zu fordern, und sie motiviert Unternehmen, sich an ethische Standards zu halten.

Die Anerkennung ethischer Normen und Standards erweist sich als entscheidender Faktor dafür, dass technologische Fortschritte der Gesellschaft dienen und nicht die individuelle Freiheit beeinträchtigen. Durch die Festlegung dieser Prinzipien wie klar definierter Datenschutz, Transparenz, Fairness und Verantwortlichkeit kann der Technologiesektor Vertrauen und Zuversicht in seine Innovationen gewinnen. Mit dem technologischen Fortschritt sind sie jedoch immer noch unsere Partner und Erzieher, und wir können es uns nicht leisten, keine Regulierungsbehörden zu haben, sondern müssen regulieren und uns neuen Herausforderungen stellen. Auf diese Weise gelingt es uns, die Technologie so zu steuern, dass sie zu einem positiven

Ergebnis führt und Einzelpersonen und Gemeinschaften auf globaler Ebene gesundheitliche und soziale Vorteile bringt.

Die Zukunft des ethischen Designs

Die Technologie verändert sich sehr schnell, da künstliche Intelligenz (KI), maschinelles Lernen und digitale Vernetzung auf den Plan treten, und wir hatten auch Vorhersagen über solche Fortschritte. Aufgrund dieses schnellen Tempos ist die Ethik eines Technologiebereichs wichtiger als je zuvor. Ethisches Design ermöglicht es, dass technische Innovationen gesellschaftlichen Werten wie Gerechtigkeit, Transparenz und Verantwortung folgen. Die Zukunft des ethischen Designs wird auf seiner Fähigkeit beruhen, sich an neue Anforderungen anzupassen und die Chancen zu nutzen und so eine Technologiewelt zu schaffen, die für alle von Nutzen ist.

Die Einbeziehung des Menschenprinzips in den ethischen Designprozess ist von grundlegender Bedeutung. Zukünftige technologische Entwicklungen müssen auf den Wünschen der Benutzer basieren und ihre Rechte respektieren, statt sie durch die Technologie dominieren zu lassen. Dabei geht es um Design aus der Perspektive des Benutzers. Dabei geht es darum, Technologien zu schaffen, die sowohl die funktionalen als auch die immateriellen Bedürfnisse der Menschen berücksichtigen. Auf diese Weise vermenschlichen sie den Technologieprozess und machen Sinn.

Transparenz ist eine weitere Säule ethischen Designs, die auch in Zukunft Einfluss haben wird. Da KI und andere komplizierte Technologien ins Blickfeld geraten, müssen ihre Funktionsweisen mehr denn je verstanden werden. Menschen sollten in der Lage sein, diese Entscheidungen anhand von Verfahrenserklärungen, Zahlen, die zeigen, welche Daten verwendet wurden, und erwarteten Auswirkungen, die eintreten könnten, wenn ihre Technologie implementiert würde, zu verstehen. Zukünftiges ethisches Design wird wahrscheinlich ausgefeiltere Ansätze beinhalten, wenn es um die Schaffung des Bereichs der künstlichen Intelligenz geht, indem es die größere Zugänglichkeit von Maschinen und das gewonnene Vertrauen in Innovationen berücksichtigt.

Angesichts der Tatsache, dass digitale Technologien scheinbar jeden Tag auftauchen, werden die Maßstäbe für die Privatsphäre ins Unermessliche gehoben. Im Diskurs der Zukunft wird die Moral des

Designs in Bezug auf digitale Technologien an ein Konzept erinnern, das den Schutz persönlicher Daten umfasst, darunter differenzielle Privatsphäre, homomorphe Verschlüsselung und föderiertes Lernen. Diese Technologien öffnen bekanntermaßen Türen, um als Mensch Erkenntnisse aus Daten zu gewinnen, ohne die Daten jedoch einem möglichen Missbrauch auszusetzen. Die Vermeidung verschiedener Risiken durch unethische Methoden wird aus vielen Gründen verfolgt, aber der wichtigste ist die Schaffung von Effizienz und Komfort, da diese Daten mithilfe dieser Technologien geschützt werden sollten, um die Sicherheit der privaten Daten des Einzelnen zu gewährleisten ...

Auch wenn die Technologie sich immer weiter entwickelt, wird Inklusivität genauso wichtig bleiben wie in den Anfangsjahren. Das Aufkommen der Technologie bedeutet, dass alle Menschen, egal ob behindert oder nicht technikbegabt, diese Technologien genießen und von ihnen profitieren können müssen. Das Paradigma des zukünftigen ethischen Designs muss überarbeitet werden. Dazu müssen immer mehr inklusive Schnittstellen geschaffen, die Zugänglichkeit durch Technologie gestärkt und die klassischen Bedürfnisse verschiedener, unterschiedlich marginalisierter Bevölkerungsgruppen erfüllt werden. Stattdessen werden Gleichheit und mehr Benutzerzufriedenheit nicht nur garantiert, sondern auch zahlenmäßig gesteigert, da sich die Technologie ständig weiterentwickelt.

Eine der wichtigsten ethischen Fragen und Möglichkeiten der KI-Technologie ist der ethische Einsatz von KI. Künstliche Intelligenz ist ein wachsender potenzieller Partner für den Menschen, stellt aber auch eine Gefahr für die Gesellschaft dar, wenn sie nicht sorgfältig entwickelt und implementiert wird. Zukünftige ethische Designs müssen sich mit Fragen wie algorithmischer Voreingenommenheit, Verantwortlichkeit und den ethischen Auswirkungen autonomer Systeme befassen. Dies geschieht durch die Umsetzung nicht nur technischer Empfehlungen, sondern auch ethischer Richtlinien, die berücksichtigen, wie KI-Geräte hergestellt und verwendet werden sollten.

Ein positiver Schritt zur Lösung des Problems sollte die Festlegung von KI-Grundsätzen sein. Das IEEE und die Europäische Union haben diese Arbeit vor nicht allzu langer Zeit bereits begonnen, aber künftige Projekte erfordern einen umfassenderen Ansatz und die

Möglichkeit, dies auf globaler Ebene durchzuführen. Sie müssen während der gesamten KI-Entwicklung Kontrollmechanismen einführen, von den Rohdaten über das Modelltraining bis hin zur Bereitstellung des Dienstes und der anschließenden Überwachung. Darüber hinaus können Technologiehersteller den Weg für eine grüne KI weisen, die die Menschenrechte berücksichtigt und das Gemeinwohl verfolgt, indem sie eindeutige technische Vorschriften festlegen.

Ein weiterer wichtiger Aspekt für ethisches Design der Zukunft ist die Berücksichtigung der Nachhaltigkeit. Da die Umweltauswirkungen der Technologie deutlich zunehmen, wird sich der Fokus von Designern und Ingenieuren auf nachhaltige Innovationen verlagern. Dies bedeutet die Verwendung energieeffizienter Werkzeuge, das Recycling ungenutzter Elektronik und die Entwicklung von Produkten mit längeren Lebenszyklen. Ein zusätzlicher, überarbeiteter Ansatz für ethisches Design wird wahrscheinlich eine Ausweitung des Kreislaufwirtschaftskonzepts umfassen, das bedeutet, dass Produkte speziell im Hinblick auf Wiederverwendung, Aufarbeitung und Recycling entwickelt werden.

Ethisches Design muss auch die breiteren sozialen Auswirkungen der Technologie berücksichtigen. Dies würde eine Untersuchung der Auswirkungen der Robotik auf Beschäftigung, Bildung und soziale Beziehungen beinhalten. Angesichts des Aufkommens automatisierter Arbeit und künstlicher Intelligenz müsste ethische Technologie moderne Technologien neben sozialen Fähigkeiten nutzen und so neue Beschäftigungsmöglichkeiten schaffen. Darüber hinaus kann ethisches Design im Bildungsbereich die Verfügbarkeit unterstützender digitaler Tools gewährleisten, die zum Lernen beitragen, unabhängig vom sozioökonomischen Status der Lernenden.

Die Zukunft des ethischen Designs wird durch Regulierung geprägt. Regierungen sowie nationale und internationale Organisationen müssen einen umfassenden Rahmen für angemessene ethische Kodizes schaffen, um sicherzustellen, dass Technologieunternehmen zu ethischem Handeln gezwungen werden. Gesetze werden zum Schutz der Privatsphäre, zur Sicherung von Daten und zur Verhinderung monopolistischer Praktiken eingesetzt. Neben der Umsetzung der Gesetze sollten die Vorschriften so gestaltet werden, dass sie mit den rasanten

Technologietrends Schritt halten. Die Rolle der Leitungsgremien wird dabei eine tragende Rolle spielen, da bei der Schaffung der Regulierungsrahmen eine gemeinsame Anstrengung der Aufsichtsbehörden und der Wissenschaft erforderlich ist.

Die Bedeutung des öffentlichen Bewusstseins und der Bildung wird auch in Zukunft für ethisches Design von Bedeutung sein. Es ist sehr wichtig, dass jeder lernt, wie es funktioniert, und sich seiner Auswirkungen auf die Gesellschaft bewusst ist, während sich die Technologie weiterentwickelt. Dies sollte nicht nur durch formale Bildung geschehen, sondern auch durch Aufklärungskampagnen und die Bereitstellung von Ressourcen, um ein tieferes Verständnis der Technologie aufzubauen. Die Kunden der Technologiebranche werden durch die Fähigkeit der Benutzer unterstützt, dieser Branche verantwortungsbewusst mit Informationen gegenüberzutreten. Sie müssen in der Lage sein, persönliche Entscheidungen zu treffen und zu wissen, wie sie als Gesellschaft mit Zugang zu alten und neuen Technologien auf Daten zugreifen können, wenn sie über die damit verbundenen Vorteile und Risiken gut informiert sind.

Interdisziplinäre Forschung ist für die Verbesserung des ethischen Designs von entscheidender Bedeutung. Die neue technologische Bedrohung ist nicht eindimensional und daher müssen die verschiedenen Wissenschaftsbereiche zusammengeführt werden, um sie zu bewältigen. Zu diesen Disziplinen gehören Informatik, Ethik, Recht, Soziologie und Psychologie, die eine breit angelegte und vielfältige kulturelle Perspektive auf die vorliegenden Probleme bieten. Ethisches Design wird sich stärker auf interdisziplinäre Teams konzentrieren. Die Bereitstellung vielfältiger Denkweisen und Synergien wird sich auf komplexe Probleme und innovative Lösungswege auswirken. Der integrative Ansatz ermöglicht es allen in allen Phasen der Technologieentwicklung, ethische Verpflichtungen als Grundlage zu betrachten.

Da die Verbesserung eine Notwendigkeit für ein effizientes Ergebnis ist, wird sie durch die Anwendung eines ethischen Designs einfacher, das sich weiterentwickelt und an Veränderungen anpasst, aber nie seinen Kernwert vernachlässigt. Die interdisziplinäre Zusammenarbeit, die Benutzerzentrierung, Datenschutz und Nachhaltigkeit reduziert, erweist sich manchmal auch als die beste Grundlage für das Mastermind eines digitalen Zeitalters. Die Technologie kann über die Datenkapazität hinaus gesteigert werden

. Die menschliche mentale, emotionale und spirituelle Erfahrung des täglichen Lebens bleibt jedoch im Wesentlichen unverändert. Während Datenschutz, Menschenrechte, Transparenz, KI-Ethik, tokenisierte Gesetzgebung und ethisches Design weiterhin diskutiert werden, könnten einige internationale Kooperationen bei den Vereinten Nationen dazu beitragen, das globale Internet zugänglich und offen zu halten.

Umweltethik und Technologie

„Die Erde gehört nicht uns: Wir gehören der Erde." – *Marlee Matlin*

In der gegenwärtigen Phase hat die Gesellschaft die immensen Probleme wie Klimawandel, Ressourcenverknappung und Umweltzerstörung nicht gelöst. In den letzten Jahrzehnten kam es zu einer großen Übereinstimmung zwischen Technologie und Umweltethik. Die Dynamik zwischen Technologie und Ethik findet ihren Niederschlag in Peter Singer, der argumentiert, dass die Schnittpunkte von Menschen, Tieren und Maschinen im heutigen Umfeld die Aufmerksamkeit auf moralische Verantwortung lenken.

In diesem Kapitel wollen wir beide Seiten der Medaille in Bezug auf den technologischen Fortschritt und die Auswirkungen der Menschheit auf die Umwelt betrachten. Während das Aufkommen grüner Technologien fortschrittlichere Anwendungen wie die Reduzierung der Menge schädlicher Gase mit sich bringt, beinhaltet es auch die Verwendung umweltfreundlicher Alternativen zu herkömmlichen Materialien. Um mit diesen neuen Technologien verantwortungsvoll umgehen zu können, müssen wir uns eingehender mit Ethik und sozialer Verantwortung befassen. Die Praktiken der Umweltethik, die für die Förderung nachhaltigerer Praktiken durch Technologie von wesentlicher Bedeutung sind, sind notwendig, um den Fortschritt im digitalen Zeitalter in einen Fortschritt zu verwandeln, der der Gesundheit und Nachhaltigkeit des Planeten zugutekommt.

Die Erfindung neuer Technologien kann sich positiv auf die Umwelt auswirken. Erneuerbare Energien wie Solar- und Windenergie bieten nachhaltige Alternativen zu heißem, brennendem Haferbrei und ermöglichen es, die Menge an Treibhausgasen zu reduzieren und gleichzeitig die globale Erwärmung zu kontrollieren. Revolutionen in der Energiespeichermethodik und Smart-Grid-Technologien können die Energie- und Ressourceneffizienz in erneuerbaren Energiesystemen verbessern; eine nachhaltigere Energieinfrastruktur ist daher eine Ermutigung. Darüber hinaus machen Präzisionslandwirtschaftstechnologien unsere

Nahrungsmittelsysteme effizienter, da sie Wasser, Düngemittel und Pestizide sparsamer einsetzen, was zur Umsetzung umweltschonender landwirtschaftlicher Praktiken und zur Erhaltung natürlicher Lebensräume führt.

Entgegen der landläufigen Meinung hat jede Technologie schädliche ökologische Folgen. Zwar bringt Technologie viele Vorteile für die Umwelt mit sich, doch paradoxerweise führt sie auch zu zahlreichen und vielfältigen Umweltkrankheiten und -gefahren. Bei der Herstellung elektronischer Geräte werden Rohstoffe abgebaut, was in vielen Fällen zur Zerstörung von Lebensräumen und zu großen Umweltkrisen führt. Darüber hinaus verschärft der für die Produktion dieser Geräte und ihre Funktion erzeugte Strom das Problem der C-Emissionen und der globalen Ökologie. Ebenso ist Elektroschrott, auch als elektronischer Abfall bezeichnet, ein weiteres gefährliches Problem, bei dem aus den entsorgten Geräten schädliche Stoffe in die Umwelt gelangen und so Boden und Wasser praktisch verunreinigt werden können.

Aspekte wie die Tatsache, dass Technologie eine Art zweischneidiges Schwert ist – das heißt, sie kann eine Heilung bieten und gleichzeitig auch ein Problem für die Umwelt sein – helfen uns zu verstehen, warum Umweltbildung und -information in der heutigen technologischen Welt so wichtig sind. Gemeinkosten entstehen dadurch, dass das Unternehmen regelmäßige Zahlungen für Sicherheit, Identität und Virenschutz an einen externen Lieferanten leistet, der das Produkt und seine Daten hostet. Rechenzentren können einen großen Einfluss auf den Energieverbrauch haben. Ein häufiges Problem internetbasierter Aktivitäten ist Studien zufolge der Verbrauch von bis zu 1850 Watt. Laut Forschung muss für die Herstellung eines typischen Computers etwa 240 Energieeinheiten benötigt werden, wobei eine große Bandbreite an elektrischen Systemen beteiligt ist. Und selbst wenn die Kohlenstoffemissionen der Wirtschaft geringer sind, trägt sie dennoch dazu bei, was interessant ist.

Was sind die Umweltkosten der Technologie?

Der Betrieb so vieler Rechenzentren kann Umweltverschmutzung verursachen. Und zwar vor allem bei Rechenzentren , die als Zahnräder im Getriebe der digitalen Wirtschaft fungieren und dabei am meisten Strom verbrauchen. Diese Art von Situation führt nicht nur zu Kohlenstoffemissionen, sondern auch zu Umweltschäden. Um dies zu verhindern, können Fortschritte bei energieeffizienten Computern wie Prozessoren und Kühlgeräten mit niedrigem Stromverbrauch die von Rechenzentren erzeugten Kohlenstoffemissionen reduzieren. Unternehmen können sich außerdem verpflichten, erneuerbare Energien zu verwenden, bis der Bedarf an diesen Energieressourcen sinkt. So treiben diese Unternehmen den Wandel hin zu einer energieeffizienten Infrastruktur voran.

Ein weiterer Bereich, in dem die Umwelt durch technologische Maßnahmen in Mitleidenschaft gezogen wird, ist die Überwachung des Elektroschrotts. Elektroschrott ist das Endprodukt der Produktion, des Vertriebs, der Nutzung und der Entsorgung von Elektro- und Elektronikgeräten. Im Abfall sind wertvolle Ressourcen vorhanden, die aufgewertet und wiederverwendet werden können, aber wenn er nicht ordnungsgemäß gehandhabt wird, kann er sehr riskant sein. Illegal dotierter Elektroschrott und gut funktionierende Produkte, aus denen Rohstoffe gewonnen werden können, müssen gezielt und sorgfältig behandelt werden. Sowohl die Verfolgung von Ressourcen und Produktionsaktivitäten des Industriesektors als auch die Umwandlung von Abfall in Ressourcen mit effizienten und ungefährlichen Recyclingsystemen können zur Bewältigung dieser Herausforderung eingesetzt werden. Durch die Herstellung von Produkten, die leicht auseinandergenommen und recycelt werden können, und auch durch die Infrastruktur, die sich mit Elektroschrott befasst, wird sichergestellt, dass die Umweltauswirkungen weggeworfener elektronischer Geräte minimiert werden.

Die Umweltethik berührt auch die gesellschaftlichen Auswirkungen der Technologie. Darüber hinaus bringen sie die positiven gesellschaftlichen Auswirkungen der technologisch getriebenen sozialen Reformen auf den Tisch. Indem sie beispielsweise dazu beiträgt, ein Gebäude oder ein Transportsystem effizienter zu nutzen, kann KI als Instrument zum Energiesparen hilfreich sein. Und nicht nur das, sie kann Abfall im Produktionsprozess vermeiden und dazu beitragen, ein System aufzubauen, das einige der Gefahren in der Natur kontrolliert. Wenn diese Liste nicht berücksichtigt wird, könnte dies zum Missbrauch von Technologie führen, beispielsweise zur Automatisierung von Häusern mit intelligenten Technologien, was zu einem höheren Energieverbrauch als zuvor führt. Der Nutzen davon ist jedoch marginal und das Risiko gleich Null.

In diesem Kapitel werden diese Themen eingehend behandelt. Anschließend lernen Sie die ethischen Rahmenbedingungen und praktischen Strategien zur Integration der Umweltethik in die Technologieentwicklung kennen. Darüber hinaus wird eine kurze Analyse früherer Initiativen und Forschungsarbeiten präsentiert und die Hindernisse und Chancen im grünen Bereich werden erläutert. Das Kapitel befasst sich auch mit Richtlinien und Vorschriften, da diese wichtige Instrumente sind, die umweltfreundliche Technologiepraktiken auf iterative Weise ermöglichen können. Dieses Kapitel führt Sie durch Themen wie Integration, Ethik sowie Computer und Technologie.

Die Umweltauswirkungen der Technologie

Enorme technologische Fortschritte haben das Leben um einiges einfacher gemacht, doch die Technologie bringt auch beunruhigende Bedenken mit sich, die in direktem Verhältnis zu Umweltproblemen stehen. Eines dieser Bedenken, die die Vor- und Nachteile der Technologie mit sich bringen, ist der Umweltfaktor der Technologie, der vielschichtig ist. Der gesamte Lebenszyklus digitaler Geräte und Systeme, angefangen von der Rohstoffgewinnung und -produktion bis hin zu Nutzung und Entsorgung, ist so gewaltig und vielfältig, dass die Umweltauswirkungen der Technologie beispiellos sind. Die Ausweitung dieser Themen ist sehr wichtig, um die Umwelt für unsere zukünftigen Generationen zu retten, damit die Technologie wachsen kann und die Umwelt nicht mit sich in den Untergang reißt. Die Menschen sollten sich dieser Auswirkungen bewusst sein und sich nicht nur mit ihnen auseinandersetzen. Der Erfolg eines solchen Prozesses wird eine Situation schaffen, in der Menschen in Harmonie mit der Technologie leben können, was nicht nur für die Menschen, sondern auch für die Umwelt von Vorteil ist.

Ein Aspekt, der aufgrund der Technologie als ernsthaftes Umweltproblem gilt, ist die Gewinnung von Rohstoffen. Für die Herstellung von Elektronik werden zahlreiche Rohstoffe benötigt. Die grundlegenden Rohstoffe sind hier Seltenerdmetalle, Edelmetalle und andere Mineralien. Erschwerend kommt hinzu, dass der Abbau und die Verarbeitung dieser Materialien oft zu ernsthaften Umweltproblemen wie Lebensraumverlust, Boden- und Wasserverschmutzung sowie einer drastischen Verringerung der Artenvielfalt führt. Dies kann weltweit passieren. So ist beispielsweise bekannt, dass der Abbau von Kobalt, einem primären Rohstoff für wiederaufladbare Lithium-Ionen-Batterien, an manchen Orten für Umweltzerstörung und Menschenrechtsverletzungen verantwortlich ist.

Die Produktion elektronischer Geräte wirft auch das Problem der Umweltverschmutzung auf. Bei der Herstellung von Smartphones, Laptops und Smartwatches sind die Fabriken für den größten Teil der Umweltverschmutzung verantwortlich, da sie erneuerbare Ressourcen und Wasser verbrauchen, Abfall produzieren und Schadstoffe in die Atmosphäre freisetzen. Neben anderen Umweltfaktoren sind auch gefährliche Chemikalien zu nennen, die im Herstellungsprozess verwendet werden. Sie stellen ein zusätzliches Gesundheitsrisiko dar und verursachen nicht nur Luft- und Bodenverschmutzung, sondern auch Gesundheitsprobleme für Arbeiter und Anwohner rund um die Fabrik. Da immer mehr elektronische Geräte ihren Weg in unser Leben finden, wird die Nachfrage nach solchen Geräten ihre Existenz beschleunigen, während der ökologische Fußabdruck sich vervielfachen wird, sofern nicht verschiedene umweltfreundliche Produktionsansätze umgesetzt werden.

Die Entwicklung einer hohen Energieeffizienz ist die zweite kritische Dimension des ökologischen Fußabdrucks der Technologie. Der hohe Stromverbrauch ist der andere entscheidende Teil der Umweltbelastung dieser Technologie . Rechenzentren , die Objekte zur Unterstützung von Cloud-Diensten, Online-Aktivitäten und digitalen Übertragungen sind, verursachen einen hohen Stromverbrauch, was zu erheblichen Kosten führt. Während des Betriebs werden Rechenzentren normalerweise mit fossilen Brennstoffen betrieben, was zu Luftverschmutzung und damit zum Klimawandel führt. Darüber hinaus hat das Wachstum der Gesamtmenge an erstellten und gespeicherten Daten die Situation wie folgt verschlimmert. Der Energieverbrauch von Rechenzentren wird Schätzungen zufolge 20 % des weltweiten Stromverbrauchs erreichen, wenn sich der aktuelle Trend bei der Datenspeicherung und -nutzung bis 2030 fortsetzt.

Die Nutzung von Digitalempfängern ist ein weiterer fester Abfall, der auch als Elektroschrott bekannt ist. Elektroschrott enthält wertvolle Materialien, die wiederverwendet werden können, aber er enthält auch giftige Elemente wie beispielsweise Blei, Quecksilber und Cadmium, die in die Umwelt gelangen und gefährliche Gesundheitsrisiken verursachen können. Die Missachtung und falsche Handhabung von Elektroschrott kann auch zur Verschmutzung von Boden und Wasser führen, was sowohl die Ökosysteme als auch die Bevölkerung beeinträchtigt. Trotz des Recyclingpotenzials von Elektroschrott landet ein großer Teil des Elektroschrotts ungenutzt auf Mülldeponien und wird immer noch von informellen Recyclingsektoren begleitet, in denen den Arbeitnehmern an ihren Arbeitsplätzen keine Sicherheitsmaßnahmen zur Verfügung gestellt werden.

Die Umweltauswirkungen der Technologie sind auch erheblich, wenn wir die gesamte Infrastruktur und die Systeme hinter jeder Maschine in der Kommunikation betrachten. Beispielsweise sind die Einrichtung von 5G und die Verbreitung des Internets der Dinge (IoT) weitgehend mit dem Einsatz dieser Geräte verbunden. Basisstationen, Sensoren und verbundene Geräte, die Bausteine solcher Netzwerke, hinterlassen ebenfalls Fußabdrücke in der Umwelt. Trotz der verbesserten Verbindungen und optimierten Prozesse, die diese Technologien mit sich bringen, muss die Frage ihrer ökologischen Auswirkungen sehr sorgfältig behandelt werden.

Der Umgang mit den Umweltauswirkungen der Technologie erfordert eine umfassende Strategie für den gesamten Lebenszyklus digitaler Geräte und Systeme. Eine der wichtigsten Komponenten umweltfreundlicher elektronischer Waren ist nachhaltiges Design und Produktion. Dazu gehören die Verwendung umweltfreundlicher Materialien, die Verbesserung der Energieeffizienz und die Entwicklung auf Langlebigkeit und Reparaturfähigkeit. Unternehmen können Programme im Zusammenhang mit dem Konzept der Kreislaufwirtschaft einführen, bei dem Produkte nicht zu Abfall werden, sondern wiederverwendbar und sogar reparierbar sein sollen. Stattdessen wird der gesamte Lebenszyklus von Materialien verwaltet und Materialien recycelt, um eine Wirtschaft zu schützen und aufrechtzuerhalten (The World Counts, 2019).

Energieeffizienz ist ein wesentlicher Vorteil bei der Reduzierung der mit der Technologie verbundenen Umweltkosten. Rechenzentren und digitale Infrastrukturen können den Weg in Richtung Nachhaltigkeit durch die Einführung energiesparender technischer Installationen und Betriebsmethoden beschreiten. Dazu gehören bestimmte Aktivitäten wie eine bessere Serverauslastung, verbesserte Kühlsysteme und Investitionen in erneuerbare Energiequellen wie Solarenergie. Darüber hinaus können die Organisationen ihre CO_2-Emissionen auch durch den Erwerb von Ökostromzertifikaten oder Investitionen in CO_2-Ausgleichsprojekte kompensieren.

Auch die Entsorgung von Elektroschrott gilt als wichtige Aufgabe bei der Bewältigung der Umweltauswirkungen der Technologie. Ein effizientes System zur Entsorgung von Elektroschrott zielt darauf ab, die wertvollen Teile und Materialien zurückzugewinnen und gleichzeitig die mit der Entsorgung von Elektroschrott verbundenen Schäden für die Umwelt und die öffentliche Gesundheit zu verringern. Regierung und Industrie müssen zusammenarbeiten, um eine starke Recycling-Infrastruktur aufzubauen und so die Umwelt zu schützen. Darüber hinaus möchten die betroffenen Parteien die Initiative ergreifen, um die Bevölkerung weltweit für das Recycling elektronischer Geräte zu sensibilisieren und sich gleichzeitig für den Umweltschutz durch ordnungsgemäße und sichere Entsorgungswege und entsprechende Lösungen einzusetzen.

Der Einsatz modernster Technologie kann Hand in Hand mit den Umweltproblemen arbeiten, mit denen die Welt konfrontiert ist. KI und maschinelles Lernen ermöglichen eine viel optimalere Nutzung von Energie in Bereichen wie Transport und Landwirtschaft, wodurch der CO_2-Fußabdruck in diesen Bereichen erheblich verringert wird. Um es weiter zu veranschaulichen: Auf KI basierende Algorithmen können Fehler in den Verteilungsplänen nahezu eliminieren und dazu beitragen, Materialien zu recyceln, Abfälle in den Herstellungsprozessen zu minimieren und die Verwaltung aller in der Landwirtschaft verwendeten Ressourcen genauer zu gestalten. Kurz gesagt: Diese Technologien können dazu beitragen, die Wirtschaft nachhaltiger und widerstandsfähiger zu machen.

Politik und Regulierung werden zu den Triebkräften des Wandels, um den Prozess der ökologischen Nachhaltigkeit in der Technologiebranche voranzutreiben. Was die Regierungen hier tun können, ist die Durchsetzung von Vorschriften, die die Technologien fördern, die auf grünen Energiequellen basieren , sowie das Verbot gefährlicher Stoffe und die Regulierung von Elektroschrott. Unternehmen, die nachhaltige Technologien und Praktiken einsetzen, können durch Steuererleichterungen oder Zuschüsse motiviert werden. Auch im Sinne der Umwelttechnologie steht die internationale Zusammenarbeit im Vordergrund, da es sich um ein unvermeidliches globales Problem handelt, das gemeinsame Anstrengungen zur Lösung der Angelegenheit erfordert.

Es ist auch wichtig, die Rolle der Verbraucher bei der Neutralisierung der negativen Auswirkungen der Technologie auf die Umwelt nicht aus den Augen zu verlieren. Der Wunsch der Kunden nach nachhaltigen Gütern kann für viele Unternehmen der Antrieb sein, grüne Lösungen und Umweltschutz in ihre Produktion und Produkte zu integrieren. Darüber hinaus können auch die Menschen zu den Nachhaltigkeitsprozessen beitragen, indem sie ihre Geräte mit Ökostrom betreiben, die Lebensdauer ihrer Geräte verlängern, indem sie sie reparieren, anstatt sie wegzuwerfen, und indem sie die Erde vor Umweltverschmutzung bewahren, indem sie den verbrauchten Elektroschrott recycelt zurückgeben. Darüber hinaus ist das Bewusstsein und die Stärkung der Verbraucher hinsichtlich der Umweltauswirkungen der Technologie und die Möglichkeit, vernünftige Entscheidungen zu treffen, für die Schaffung einer Nachhaltigkeitskultur von entscheidender Bedeutung.

Ein Umweltproblem im Zusammenhang mit den zu komplexen und unterschiedlichen Technologietrends ist ein komplexes und vielschichtiges Problem, das die vereinten Kräfte aller Beteiligten – Industrie, Regierung und Verbraucher – erfordert. Indem wir Leitprinzipien für eine nachhaltige Produktion befolgen, Energiesparprinzipien anwenden, die Umweltfreundlichkeit technologischer Geräte verbessern und eine nachhaltigere Zukunft schaffen. Um vielfältige technologische Fortschritte in der Umwelt zu realisieren, ist es wichtig, dies unter Einbeziehung hoher Umweltverantwortung und ethischer Grundsätze zu tun.

Elektroschrott und Ressourcenverbrauch

Da die Gesellschaft immer stärker auf digitale Technologie angewiesen ist, sind die negativen Auswirkungen der Entsorgung von Elektroschrott (E-Schrott) und der damit verbundenen Ressourcenverschwendung in den Vordergrund gerückt. Der rasante technologische Fortschritt und die Tatsache, dass die Menschen fast ausschließlich elektronische Geräte verwenden, haben folglich zu einem erheblichen Anstieg des Elektroschrotts geführt, der zu Umwelt- und Gesundheitsproblemen beiträgt. Um diese Herausforderungen zu lösen, ist ein umfassendes Verständnis des Lebenszyklus von Geräten erforderlich, von der Gewinnung von Ressourcen bis hin zur Abfallentsorgung, sowie die Einführung umweltfreundlicher Verfahren zur Verringerung des ökologischen Fußabdrucks.

Elektroschrott, ein Problem für die Umwelt, enthält weggeworfene elektronische Geräte und Peripheriegeräte wie PCs, Mobiltelefone, Fernseher und mehr und bietet weltweit eine größere Vernetzung und Verbreitung. Nach Angaben der Vereinten Nationen werden weltweit jedes Jahr mehr als 50 Millionen Tonnen Elektroschrott erzeugt, und die Zahl wird voraussichtlich mit dem technologischen Fortschritt steigen. Dieser prall gefüllte Elektroschrottkanal birgt jedoch viele nützliche Materialien wie Gold, Silber und Kupfer, aber auch giftige Substanzen wie Blei, Quecksilber und Cadmium. Hausbesitzer, die Elektroschrott unsachgemäß in der Natur entsorgen, können so viel Zerstörung anrichten, dass die Wahrscheinlichkeit gesundheitlicher Folgen für die Menschen in diesen Gebieten aufgrund der zunehmenden Umweltverschmutzung durch menschliche Aktivitäten hoch ist. Die unsachgemäße Entsorgung von Elektroschrott kann Umwelt- und Gesundheitsrisiken für die Gemeinschaft mit sich bringen.

Die Gewinnung von Rohstoffen für elektronische Geräte ist der Schlüssel zur Lösung des Problems des Elektroschrotts. Die Bergbauindustrie und der Metallgewinnungssektor tragen durch die Gewinnung von Metallen und Mineralien häufig erheblich zur ökologischen Verschlechterung bei. Die bei der Gewinnung verwendeten Verfahren können zu Abholzung, Lebensraumverlust, Boden- und Wasserverschmutzung führen. Insbesondere die Gewinnung von Seltenerdmetallen, die ein notwendiger Bestandteil einer Vielzahl von Hightech-Produkten sind, verursacht bekanntermaßen schwere Umweltschäden durch die Freisetzung giftiger Nebenprodukte und den stillen, aber großen Wasserverbrauch. Die Aktivitäten haben negative Auswirkungen auf die Wetterbedingungen und sogar auf globale Wetterprobleme wie den Klimawandel.

Die Entwicklung der Elektronikfertigung führt auch zu einem höheren Ressourcenverbrauch und einer höheren Umweltbelastung. Um Ihre bevorzugten intelligenten Geräte herzustellen – Smartphones, Laptops und andere technische Geräte – benötigen Sie eine erhebliche Menge an Strom und Wasser, wodurch auch Treibhausgase und giftige Industrieabfälle freigesetzt werden. Die im Herstellungsprozess verwendeten gefährlichen Chemikalien stellen eine ernsthafte Gefahr für Arbeiter und die umliegende Bevölkerung dar. Es wird erwartet, dass die Umweltbelastung des globalen Elektronikmarkts mit der steigenden Nachfrage zunimmt, weshalb neue, nachhaltigere Fertigungstechnologien erforderlich sind.

Wenn elektronische Geräte das Ende ihrer Nutzungsdauer erreichen, kommt der entscheidende Schritt ihrer Entsorgung. Der überwiegende Teil des Elektroschrotts wird auf Mülldeponien entsorgt oder verbrannt, wodurch Schadstoffe in die Umwelt freigesetzt werden. Das Wegwerfen von Elektroschrott auf Mülldeponien kann dazu führen, dass gefährliche Chemikalien in Boden und Wasser gelangen, während bei der Verbrennung giftige Verbindungen freigesetzt werden können. Diese Orte sind besonders in Entwicklungsländern beliebt, in denen informelle Elektroschrottrecyclingsektoren dominieren. Ihre Arbeiter verwenden ungeeignete Methoden wie offenes Verbrennen und Säurebäder, die schwere Gesundheitsrisiken für sie und die lokale Bevölkerung darstellen.

Recycling kann das Problem des Elektroschrotts erheblich lösen, wird jedoch nur unzureichend anerkannt. Durch gründliches Recycling können wertvolle Metalle zurückgewonnen, der Einsatz neuer Ressourcen verringert und so die Umweltauswirkungen von Elektroschrott reduziert werden. Die Recyclingquoten für Elektroschrott sind jedoch relativ niedrig, da nur 20 % des gesamten weltweiten Elektroschrottvolumens recycelt werden. Der Ausbau der Recyclinginfrastruktur und die Einführung umweltverträglicher Verfahren im Umgang mit Elektroschrott sind die wichtigsten Maßnahmen, um die Umweltauswirkungen von Elektrogeräten zu begrenzen.

Eine Möglichkeit, das Recycling von Elektroschrott zu verbessern, besteht in der Anwendung der Prinzipien der Kreislaufwirtschaft. In diesem Wirtschaftsmodell wird die Bedeutung von Produktdesign und -qualität hervorgehoben. Der Schwerpunkt liegt auf Haltbarkeit,

Reparaturfähigkeit und Recyclingfähigkeit. Der Artikel besagt, dass die Berücksichtigung der Crash-Lebensdauer der Geräte und der Tatsache, dass sie so gebaut sind, dass sie leicht auseinandergenommen und recycelt werden können, zu einer Verringerung des festen Abfalls und zur Schonung von Ressourcen führen wird. Letzterer Standpunkt beinhaltet eine drastische Veränderung wie den Wechsel vom linearen „Nehmen-Herstellen-Entsorgen"-Modell zum Kreislaufmodell, bei dem Produkte, die auf noch wertvollen Materialien und/oder Verpackungen basieren, ständig wiederaufbereitet und wiederverwendet werden.

Wenn es um den Umgang mit Elektroschrott und die Erreichung einer nachhaltigen Entwicklung geht, darf die Bedeutung staatlicher Richtlinien und Regelungen nicht unterschätzt werden. Die Richtlinie zur Herstellerverantwortung, ein Konzept, das in Europa zunehmend Anwendung findet, soll als Instrument zur Änderung des Designs technischer Produkte und zur Steigerung des Recyclings dienen. Das Verursacherprinzip ist beispielsweise ein Beispiel für eine Regelung, die umweltfreundliche Projekte der Industrie durch Gelder finanziert, die von bestraften Unternehmen eingenommen werden. Dies könnte auch bedeuten, dass Regierungen Richtlinien erlassen können, die Hersteller von Elektroschrott dazu zwingen, weniger gefährliche Chemikalien zu verwenden und zu versuchen, alte, aber saubere Materialien zu verwenden.

Die Akzeptanz der Verbraucher in Bezug auf Elektroschrott und Ressourcenmanagement sollte nicht auf die leichte Schulter genommen werden, da sie ein weiteres Hindernis bei der Überwindung des Problems darstellt. Dies kann erreicht werden, indem das Umweltbewusstsein durch Veranstaltungen oder Seminare rund um digitale Geräte, mit denen die Menschen spielen und die sie kaufen, wie Mobiltelefone oder Tablets, geschärft wird. Leider kümmern sich die Verbraucher in vielen Fällen nicht einmal um die Bemühungen der Hersteller, die Lebensdauer der elektronischen Geräte in ihren Haushalten zu verkürzen. Im Gegenteil, viele Menschen weigern sich immer noch, gebrauchte Waren, Kraftstoffe oder irgendetwas zu kaufen, das nicht aus brandneuem Material hergestellt ist. Außerdem könnten der öffentliche und der private Sektor Programme starten, die es den Menschen ermöglichen, sich durch das Sammeln alter und nicht mehr verwendeter elektronischer Geräte am Recycling von

Elektroschrott zu beteiligen. Die Tatsache zeigt, dass die Menschen durch die Aufklärung über das Problem durch Massenmedien und durch Bildungsprogramme dazu gebracht werden, selbst umweltfreundlichere Entscheidungen zu treffen.

Darüber hinaus versprechen technologische Fortschritte nicht nur eine Lösung des Problems des Elektroschrotts, sondern auch eine Reduzierung des Ressourcenverbrauchs. Durch den Einsatz neuer Materialien und Verfahren werden Metalle wie Gold, Silber und Kupfer entfernt, die in der Endphase des Recyclings noch wertvoll sind. Verbundmaterialien beispielsweise, die sowohl den physikalischen als auch den chemischen Recyclingprozess durchlaufen können, sind für eine schnellere Trennung ausgelegt. Forscher gehen davon aus, dass der gemeinsame Einsatz fortschrittlicher und nachhaltiger Techniken nicht nur den Elektroschrott reduzieren, sondern auch dessen Recycling steigern wird.

Die Zusammenarbeit zwischen Menschen aus unterschiedlichen Lebensbereichen ist sehr wichtig, da das Problem des Elektroschrotts eher sozialer Natur ist und gleichzeitig die ökologische Nachhaltigkeit berührt. Regierungen und Bürger, die Industrie und andere nichtstaatliche Einrichtungen müssen dies möglicherweise alle tun, wenn sie die Abfallprobleme lösen und die Zerstörung der Grünflächen verringern wollen. Insbesondere ist es sehr wahrscheinlich, dass die öffentlich-private Zusammenarbeit eine positive Rolle im Planungsprozess spielen wird, indem sie die vorhandene Wissensbasis und die insgesamt besten Praktiken im Umgang mit Elektroschrott nutzt.

Elektroschrott und Ressourcenverbrauch stellen ein komplexes und systemisches Problem dar, das mit einem systemweiten Ansatz angegangen werden muss. Neue Energie und Nachfrage nach bestimmten Produkten schaffen und gleichzeitig die Transformation der technologischen Basis sicherstellen, damit das Elektroschrottproblem identifiziert und durch den Einsatz neuer Richtlinien sowie technologischer Eingriffe behoben werden kann. Darüber hinaus könnte die Leistungsfähigkeit der heutigen Technologie genutzt werden, um die Situation positiv zu verändern, solange die Umweltprobleme richtig angegangen werden. Die Erkenntnis dessen ist ein Schritt in der Entwicklung der Technologie und auch einer der Teile, in denen wir den Fortschritt vorteilhaft mit unserem Planeten verbinden können.

Nachhaltige Technologiepraktiken

Das digitale Zeitalter brachte unglaubliche technologische Durchbrüche und hat unsere Lebens-, Arbeits- und Kommunikationsgewohnheiten grundlegend verändert. Allerdings haben technologische Fortschritte auch erhebliche Umweltkosten zur Folge. Um die Nase vorn zu behalten, müssen daher technologische Nachhaltigkeitslösungen umgesetzt werden. Um die Umweltbelastung zu verringern und die Ressourcen unseres Planeten dauerhaft zu nutzen, ist es unerlässlich, alles um uns herum nachhaltig zu digitalisieren.

Strategien zur Umweltverträglichkeit von Geräten und Systemen

Nachhaltige Technologiepraktiken umfassen eine breite Palette von Praktiken, die darauf abzielen, die Umweltauswirkungen elektronischer Geräte und Systeme zu minimieren. In der Regel drehen sich die Absichten dieser Praktiken um die Entwicklung und Produktion umweltfreundlicher Geräte. Zunächst tragen solche Geräte dazu bei, Umweltschäden zu minimieren, indem sie leicht entsorgbare Rohstoffe verwenden, beispielsweise recycelte Kunststoffe und Metalle. Neben der Senkung des IO verringern sie auch das Risiko einer Eindämmung. Dann können sie Produkte entwickeln, die langlebig und leicht zu reparieren sind, was eine weitere Möglichkeit ist, die Nutzungsdauer des Geräts zu verlängern und Elektroschrott auf nachhaltige Weise weiter zu vermeiden.

Effizienz durch Energieverbrauch

Auch die effiziente Nutzung von Energie ist bei der Einführung nachhaltiger Technologiepraktiken von entscheidender Bedeutung. Digitale Geräte und Rechenzentren gehören zu den größten Stromverbrauchern. Diese Aspekte führen zu höheren Treibhausgasemissionen und wirken sich auf den Klimawandel aus. Dies kann dazu führen, dass energiesparende Hardware entwickelt wird und sowohl bei der Herstellung als auch beim Betrieb weniger Ressourcen verbraucht werden. Dies könnte auch einen großen Beitrag dazu leisten, den Energieverbrauch verschiedener elektrischer Geräte noch weiter zu senken, insbesondere durch Innovationen wie stromsparende Prozessoren, solarbetriebene elektronische Geräte und Niederspannungssysteme. Darüber hinaus kann die Integration alternativer Energiequellen in Rechenzentren und anderen riesigen elektronischen Infrastrukturen erheblich dazu beitragen, den CO2-Fußabdruck der IT-Branche zu verringern.

Es handelt sich um eine klar definierte Methodik, die durch eine Kreislaufwirtschaft viel dazu beiträgt, den Technologiesektor nachhaltig zu machen. Im Gegensatz zur alten konventionellen Linearität des „Nehmens, Herstellens und Wegwerfens" besteht die Herausforderung des Kreislaufwirtschaftsmodells darin, den Einsatz der Technologien durch Reduzierung, Reparatur und Recycling zu verstärken. In der Technologie können Kreislaufwirtschaftsstrategien während der Produktherstellung angewendet werden, z. B. durch den Bau umweltfreundlicher Designs, die leicht zu zerlegen und zu recyceln sind und so wertvolle Elemente zurückgewinnen und die Abfallmenge reduzieren. Dieselben Unternehmen können auch Dienstleistungen anbieten, die die Aufarbeitung und den Wiederverkauf gebrauchter Geräte umfassen, und sich so für eine umweltfreundlichere Option entscheiden.

Auch die ordnungsgemäße Abfallbewirtschaftung ist ein wesentlicher Bestandteil der Nachhaltigkeit in der Technologie. Die ordnungsgemäße Entsorgung und das Recycling von Elektroschrott ist von entscheidender Bedeutung, um Umweltverschmutzung zu vermeiden und wertvolle Materialien zurückzugewinnen. Der Aufbau einer zuverlässigen Infrastruktur für das Recycling von Elektroschrott und die Ermutigung der Verbraucher, an Recyclingprogrammen teilzunehmen, sind zwei der wichtigsten Möglichkeiten, um die Umweltauswirkungen von weltweit entsorgten Elektrogeräten zu kontrollieren. Darüber hinaus könnten die Regierungen Richtlinien erlassen, die eine verantwortungsvolle Entsorgung von Elektroschrott gewährleisten und umweltfreundliche Praktiken fördern, das Problem des Elektroschrotts ausgleichen.

Im digitalen Umfeld werden Software und Dienste ebenfalls als Teil der Kategorie „saubere Technologie" angesehen. Darüber hinaus können Softwareentwickler einen Beitrag zum Umweltschutz leisten, indem sie energieeffiziente Anwendungen entwickeln, die CPUs in Spitzenzeiten mit weniger Strom versorgen und den Betrieb komplett abschalten, wenn er nicht benötigt wird. Die anderen

Aufgaben, die hier in diesen Code geschrieben werden, bestehen darin, den Code so leistungsfähig wie möglich zu machen, unnötige Hintergrundprozesse zu vermeiden und energiesparende Algorithmen zu verwenden. Darüber hinaus wird die Einführung von Cloud-Computing-Ökosystemen, die gemeinsam genutzte Ressourcen beinhalten, die Leistung von IT-Diensten verbessern und auch insgesamt weniger Auswirkungen auf die Umwelt haben.

zur sozialen Verantwortung von Unternehmen (CSR) spielen eine entscheidende Rolle, wenn es um technologische Nachhaltigkeit geht, da sie darauf abzielen, diesem Prüfstein einer umweltfreundlichen Technologieentwicklung Priorität einzuräumen . Sie zeigen ihr Engagement für die Umwelt, indem sie umweltfreundliche Überlegungen in ihr Geschäft, Management und ihren Betrieb integrieren. Dies beinhaltet die Festlegung von Verpflichtungen zum Klimawandel, die sehr geeignet sind, wie das Erreichen von Kohlenstoffneutralität oder die Nutzung von 100 % erneuerbarer Energie, und die öffentliche Berichterstattung über die Fortschritte bei der Erreichung dieser Ziele. Darüber hinaus können Unternehmen an einigen Partnerschaften mit Umweltorganisationen teilnehmen, beim Umweltschutz helfen und Gelder in wissenschaftliche und technologische Forschung und Entwicklung investieren, die sich mit Umweltfragen befassen.

Das Verbraucherverhalten hat einen enormen Einfluss auf nachhaltige Technologiepraktiken. Die Sensibilisierung und Aufklärung der Verbraucher über die Umweltauswirkungen ihrer digitalen Geräte und die Förderung nachhaltiger Konsummuster sind die neuen positiven Dimensionen. Durch die E-Learning-Nachrichten werden sich die Verbraucher der Umweltkosten ihrer Einkäufe bewusst, was die Wahrscheinlichkeit erhöht, dass sie gute Entscheidungen treffen. Dies bedeutet, dass die Benutzer beim Kauf eines neuen elektronischen Geräts bewusster vorgehen sollten. Anstatt diese Geräte zu kaufen, möchten sie möglicherweise zertifizierte „grüne" Produkte unter diesen Geräten kaufen und auch die grünen Unternehmen unterstützen, die sich für die Umwelt einsetzen. Das Verbraucherverhalten kann umweltfreundlicher sein, indem sie ihre Geräte aufbewahren und reparieren, was dazu beitragen würde, den Elektroschrott zu reduzieren und die Lebensdauer der Technologie zu verlängern.

Die Rolle von Politik und Regulierung ist bei der Umsetzung nachhaltiger Praktiken in der Technologie von entscheidender Bedeutung. Um nachhaltige Technologien im Ökotechnologiegeschäft effektiver voranzutreiben, ist die Regierung für die Einführung von Regulierungsmaßnahmen und finanzieller Unterstützung verantwortlich, wie etwa Anreize zur Förderung umweltfreundlicher Geräte, die Festlegung von Normen für den Energieverbrauch und die Kontrolle gefährlicher Stoffe in Elektronik. Darüber hinaus sollen die gesetzlichen Rahmenbedingungen das Prinzip der erweiterten Herstellerverantwortung (EPR) einführen, das den Herstellern den gesamten Lebenszyklus von der Produktionsphase bis zur letzten Phase des Produktlebenszyklus auferlegt, einschließlich Rücknahme, Recycling und sicherer Entsorgung ihrer Produkte.

Technologie ist ein Bereich, der nationale Grenzen überschreitet, da die Umweltprobleme unseres Planeten Erde eine Grenze erreichen, von der es kein Zurück mehr gibt, wenn die Länder nicht zusammenarbeiten. Die Beseitigung dieser Hindernisse hängt von der Partnerschaft der Länder ab, da sie auf dem Weg zu einer nachhaltigen Entwicklung bewährte Verfahren, Technologien und nützliche Ressourcen austauschen können. Internationale Abkommen wie das Pariser Abkommen können die Grundlage für die Etablierung einer koordinierten Aktionsplanung und einer globalen Standardisierung von Technologien im Technologiesektor für die Umwelt sein.

Ein wichtiger Bestandteil der technischen Ausbildung und des Ausbildungssektors ist die Einbeziehung nachhaltiger Themen in die technische Ausbildung, damit die Schüler die Umweltauswirkungen der Technologie verstehen und in der Lage sind, geeignete, nachhaltige Lösungen für diese Probleme zu entwickeln. Gleichzeitig können berufliche Weiterbildungsprogramme im Bildungssektor ein Mittel sein, um Fachleute auf dem Laufenden zu halten. Im Bereich Nachhaltigkeit können regelmäßig Aktualisierungen erfolgen.

Der Trend zur technologischen Nachhaltigkeit wird noch umweltfreundlichere Ansätze hervorbringen, die eine bessere Möglichkeit bieten, die Umweltbelastung zu reduzieren. Die neuesten Fortschritte in der Nische der Materialwissenschaft werden durch die Innovation von Elektrogeräten, das Recycling von

Abfällen und die Vermeidung gefährlicher Stoffe repräsentiert, die definitiv zu einer nachhaltigen Zukunft führen können. Außerdem wird in dem Artikel geschrieben, dass das oben genannte Problem durch den Einsatz einer neuen Technologie wie Blockchain gelöst wird, die eine erhöhte Transparenz und Rückverfolgbarkeit der Lieferkette ermöglicht und auch garantieren kann, dass in der Logistik von Anfang bis Ende kein Missbrauch stattfindet.

Die Entwicklung erneuerbarer Technologien ist eine Folge des modernen digitalen Zeitalters und ist für die weitere Reduzierung der enormen Umweltauswirkungen des digitalen Sektors von entscheidender Bedeutung. Durch umweltfreundliches Design und Produktion, eine höhere Konzentration auf Energieeffizienz, die Umsetzung der Prinzipien der Kreislaufwirtschaft und eine verantwortungsvolle Abfallbewirtschaftung ist es möglich, Treibhausgase zu reduzieren. Darüber hinaus sind gemeinsame Anstrengungen von Unternehmen, Verbrauchern und dem öffentlichen Sektor erforderlich, und auch die Beteiligung von NGOs am Entscheidungsprozess muss erfolgen, um nachhaltige Innovationen anzuregen und eine nachhaltige Welt zu schaffen. Mit dem weiteren Fortschritt von Wissenschaft und Technologie ist grüne Technologie gleichbedeutend mit nachhaltiger Entwicklung, aber sie ist nicht nur ein Muss, sondern auch eine Gelegenheit, ein Beispiel zu geben und zu den globalen Bemühungen zum Schutz der Umwelt beizutragen, da das globale Dorf durch Technologie verbunden ist.

Die Ethik der Tech-Produktion

Es gibt viele moralische Probleme, die sich aus der Produktion und dem Einsatz von Technologie ergeben, da diese in verschiedenen Bereichen wie zu Hause, in der Schule und im Büro eingesetzt wird. Ethik wird zum Diskussionspunkt, wenn man sich Fallstudien zur Produktion von Technologie ansieht. Betrachtet man die vielen Facetten der Technologie in Gesellschaft und Wirtschaft, so treten die ethischen Dilemmata vor allem im Produktionsprozess selbst zutage. Die ethischen Überlegungen werden von Anfang an durch den Prozess der Gewinnung von Rohstoffen wie Kobalt, Lithium und seltenen Erden in Frage gestellt. Insbesondere diese Rohstoffe werden durch Metallbergbau aus den gesamten Rohstoffquellen gewonnen, die in den meisten Fällen mit illegalen und umweltschädlichen Aktivitäten verbunden sind. Der

Bergbauprozess zerstört die Umwelt wirklich, da er saure Böden und sogar Metalle in Flussgewässer verursacht. Der negative Effekt liegt in der Vertreibung von Menschen aus ihrem Land aufgrund des Bergbaus. Darüber hinaus sind Bergbauaktivitäten in bestimmten Ländern eng mit verschiedenen Formen von Menschenrechtsverletzungen verbunden, wie dem Einsatz von Kinderarbeit , gefährlichen Arbeitsbedingungen und der Finanzierung ziviler Konflikte. Dies liegt daran, dass die Gemeinden in diesen Regionen vor allem mit den Folgen des Verlusts ihrer Anbauflächen zu kämpfen haben. Obwohl dies die Herausforderung angeht, sind dafür Arbeitskräfte erforderlich. Dies erfordert strenge Vorschriften für die Verwendung von Dingen wie Wasser und Luft, die für den Bergbau von entscheidender Bedeutung sind, und die Menschen vor Ort können davon profitieren, dass die Modellindustrie nicht für Menschenrechtsverletzungen verantwortlich ist und im Gegenzug Reinheit und Handwerkskunst bietet.

Es kann jedoch eine ethische Debatte über die Beschaffung von Ressourcen für die Produktion von Technologie entstehen. Ob es sich nun um die direkte Methode oder die Recyclingmethode handelt, die Beschaffung der Rohstoffe erfolgt durch die Bergbauindustrie. Sie hatten Lösegeld gefordert. Ich argumentierte, dass die Arbeit anders als in einer Goldmine durchgeführt werden sollte. Es gab Proteste auf den Straßen Tansanias, bevor die Regierung der Forderung der Arbeiter nach einer deutlichen Gehaltserhöhung nachkam. Aber dies sollte nur eine Möglichkeit sein, wie Menschen beschäftigt werden sollten. Wenn man berücksichtigt, dass alle Bergbauindustrien ihre eigenen ökologischen und sozialen Risiken haben, beispielsweise im Zusammenhang mit dem Klimawandel und sauberem Wasser, ist klar, dass die Regierungen ihre ökologischen und menschlichen Risiken überwachen und daher alle notwendigen Vorsichtsmaßnahmen ergreifen müssen, um die auftretenden Probleme zu mildern.

Der ultimative Zweck der Bewertung des gesamten Prozesses zum richtigen Zeitpunkt ist eine ethische Prüfung. Die Art und Weise, wie Technologie mit Elektronik, Informations- und Kommunikationstechnologien hergestellt wird, entwickelt sich in der Telekommunikationsbranche global. Während der Herstellung eines Geräts allein werden die Ergebnisse am Ende sowohl auf nationaler als auch auf internationaler Ebene sichtbar sein, sodass diese Praxis nicht ignoriert werden kann. In der modernen Technologiebranche wird die Produktionskette durch die unglaubliche Logistik der Montage und Lieferung der Rohstoffe an verschiedene Orte lang. Viele dieser Unternehmen sind in Regionen mit geringer Energie angesiedelt, in denen die Arbeitsrechte nicht sehr gut geachtet werden, was die Arbeitnehmer folglich zu verschiedenen Tätigkeiten oder anderen Umweltgefahren führt. In einigen Fällen war die Sortierung des Unternehmensbrandings sehr hilfreich, wenn es darum ging, die Bedürfnisse der Kunden zu erfüllen. Die Herausforderung, die Rechte der Arbeitnehmer zu schützen, indem man den Arbeitgeber seiner Wahl bestimmt, Solarkraftwerke errichtet, grüne Muster unter den Chips reguliert und die Schmelzhütte durch die Herstellung eigenen Batteriematerials renoviert, bleibt unbeantwortet.

Umweltverträglichkeit ist ein Thema, das unter Menschen, die in der Technologiebranche tätig sind, häufig diskutiert wird. Anstatt darauf hinzuweisen, dass diese Geräte so viel mehr als nur Energie und Wasser verbrauchen, setzen sie auch große Mengen an Industrieabfällen und Luftverschmutzung frei. Beispielsweise führt die Verwendung gefährlicher Chemikalien in Produktionsprozessen zu größerer Umweltverschmutzung und Gesundheitsgefahren für Arbeiter und Anwohner. Dies wiederum verursacht weitere Umweltschäden, einschließlich einer Zunahme der Umweltverschmutzung und der Risiken für Arbeiter und Gemeinden. Um verschiedene Umweltbedrohungen zu bekämpfen, müssen Computertechnologieunternehmen von traditionellen Praktiken zu nachhaltigeren übergehen, z. B. durch Reduzierung des Energie- und Wasserverbrauchs, Recycling von Abfällen und Verwendung ungiftiger Chemikalien. Darüber hinaus wird der integrierte Ansatz der Kreislaufwirtschaft, der ein Produktdesign im Einklang mit Recyclingfähigkeit und Haltbarkeit beinhaltet, dazu beitragen, dass die Technologiebranche die Umwelt weniger belastet.

Die Grundvoraussetzungen für die Erfüllung der Kriterien für hochwertige Naturprodukte sind Transparenz und Verantwortlichkeit. Unternehmen müssen eine klare Rückverfolgbarkeit ihrer Lieferketten haben und leicht verständliche

Angaben zu den Quellen ihrer Materialien und den Bedingungen machen, unter denen ihre Produkte hergestellt werden. Ein klares und transparentes System erleichtert es Verbrauchern, Investoren und der Gesellschaft, das Unternehmen auszuwählen, mit dem sie Geschäfte machen möchten. Mithilfe der Audits und Zertifizierungen durch Dritte der Fair Labor Association und der Responsible Social Minerals Initiative können Kunden außerdem überprüfen und sicherstellen, dass sie die Normen der Geschäftsethik einhalten.

Regulierung ist für die Entwicklung einer verantwortungsvollen Technologiebranche von entscheidender Bedeutung. Einerseits könnten Regierungen oder supranationale Institutionen ermächtigt werden, Gesetze zu erlassen und deren Einhaltung zu überwachen, die eine ordnungsgemäße Verwaltung der Arbeitnehmer gewährleisten, für das Wohlergehen der Umwelt sorgen und die Vorteile des fairen Handels in der Bevölkerung verbreiten. So verpflichtet die von der Europäischen Union initiierte Verordnung über Konfliktmineralien Unternehmen beispielsweise dazu, ihre Lieferketten zu überprüfen, um nachzuweisen, dass weder die Beschaffung noch die Produktion zu Konflikten und Menschenrechtsverletzungen führt. Ebenso nutzen Unternehmen, die eine soziale Unternehmensverantwortung vorschreiben, die Berichterstattung über ihre soziale Verantwortung als Mittel, um das soziale Verantwortungsprofil ihrer Branche zu überprüfen.

Verbraucherbewusstsein und Aktivismus treiben die Einführung einer fairen Technologieproduktion voran. Im Hinblick auf die ethischen Auswirkungen ihrer Einkäufe können Verbraucher dies nutzen, um Unternehmen, deren ethische Praktiken Priorität haben, gegenüber anderen Unternehmen den Vorzug zu geben. Großartige Aktionen und Bewegungen im Bereich fair gehandelter Elektronik und nachhaltiger Technologie, die das öffentliche Bewusstsein schärfen und Druck auf Unternehmen ausüben, die bessere nachhaltige Richtlinien fordern. Die Aufklärung der Verbraucher über die versteckten Kosten der Technologie und die Bedeutung einer ethischen Produktion kann einen Markt für verantwortungsvoll hergestellte Produkte fördern.

Eine weitere Möglichkeit, eine ethische Technologieproduktion sicherzustellen, ist die Förderung technologischer Innovationen. Entwicklungen in der Blockchain-Technologie können beispielsweise eine großartige Sache sein. Sie tragen beispielsweise dazu bei, die Transparenz und Rückverfolgbarkeit der Lieferkette zu erhöhen. Die Blockchain-Technologie erstellt eine sichere und unveränderliche Aufzeichnung von Transaktionen und erleichtert Unternehmen die Überprüfung der Herkunft ihrer Materialien und der Einhaltung ethischer Standards. Darüber hinaus können die Trends in der Recyclingtechnologie den Rückgewinnungsprozess wertvoller Materialien aus dem Recycling von Elektroschrott beschleunigen, wodurch die Nachfrage nach neu abgebauten Ressourcen verringert und die Umweltbelastung gemindert wird.

Eine wichtige Voraussetzung für eine ethische Technologieproduktion ist eine multilaterale Partnerschaft zwischen den Beteiligten. Industrie, Regierung, Zivilgesellschaft und Wissenschaft müssen zusammenarbeiten, um eine gemeinsame Basis für bewährte Verfahren, Standards und Richtlinien zu schaffen, die den Weg für eine ethische Produktion ebnen. Die Teilnahme an Multistakeholder-Programmen wie der Electronics Industry Citizenship Coalition ermöglicht die Förderung von Dialogen und Zusammenarbeit in gemeinsamen Bereichen und ermöglicht gemeinsame Maßnahmen zu ethischen Fragen.

Bildung und Ausbildung sind entscheidend, um ethische Überlegungen in die technische Produktion einzubetten. Unternehmen müssen in Disziplinschulungen für ihre Mitarbeiter und die ihrer Lieferanten investieren, in denen sie die ethischen Standards und Praktiken schulen, die sie selbst erlernen und im Produktionsprozess anwenden können. Diese Schulungen sind im Produktionsprozess sehr wichtig, da sie dazu dienen, die Ordnung aufrechtzuerhalten und alle auf den gleichen Weg mit diesen Systemen zu bringen. Bildungseinrichtungen können auch dafür verantwortlich sein, Ethik in ihre Lehrpläne für Ingenieurwesen und Wirtschaft zu integrieren, damit eine neue Generation von Technikfachleuten gut genug ausgebildet wird, um die aktuellen ethischen Dilemmata der Branche bewältigen zu können.

Der Weg in die Zukunft in Bezug auf eine ethische Technologieproduktion besteht darin, ethische Aspekte in jeden Schritt des Produktionsprozesses einzubeziehen. Bedenken wie eine verantwortungsvolle Beschaffung und eine angemessene Herstellung und Abläufe im Hinblick auf Rechtmäßigkeit und Rechenschaftspflicht der gesamten Lieferkette ergeben sich aus der

Pflicht der Unternehmen, beim Aufbau solcher Systeme sowohl die Menschenrechte als auch den Umweltschutz zu wahren und die soziale Gerechtigkeit zu fördern. Da die Technologie immer intelligenter und hochinnovativer wird, wird die Einhaltung einer ethischen Produktion sicherstellen, dass der Einzelne die Vorteile nutzt, während gleichzeitig auch ökologische und moralische Fragen im Mittelpunkt der Debatte bleiben. Indem sie ethisches Verhalten anwendet, kann die Technologiewelt als Modell dienen, das zeigt, dass Fortschritt und Verantwortung sich nicht gegenseitig ausschließen, sondern vielmehr wie ein Triebwerk wirken, das den Fortschritt vorantreibt.

Technologie und Klimawandel

Technologie und Klimawandel kommen zusammen und stellen in den letzten Jahren die größten einschüchternden Probleme dar. Daher sind der Aufstieg der Industriegesellschaft und die damit verbundenen Folgen wie der Klimawandel, dessen Vielfalt ein klarer Beweis für die Notwendigkeit und Dringlichkeit des digitalen Kampfes ist. Die Rolle der Technologie im Umweltbereich wandelt sich von einer abhängigen zu einer lebenswichtigen und transformativen. Es führt die technologischen Fortschritte ein, die zusammen mit ihren Beiträgen zum Klimawandel in den Mittelpunkt der Aufmerksamkeit gerückt sind. Diese Technologien werden isoliert von globalen Industriesystemen und der zunehmenden Komplexität sauberer Wachstumsprozesse betrachtet.

Der technologische Fortschritt ist ein notwendiges Instrument im Kampf gegen den Klimawandel. Die Technologien, auf die sie sich am meisten konzentriert haben, sind Solar-, Wasser- und Windkraft. Der Grund, warum sie Solarenergie untersucht haben, ist, dass sie als saubere Energietechnologie gut funktioniert, die Treibhausgasemissionen reduzieren und damit die Abhängigkeit von fossilen Brennstoffen verringern kann. Diese haben beeindruckende Fortschritte in den Bereichen Effizienz und Kosteneffizienz gezeigt, was sie im Vergleich zu herkömmlichen Energiequellen wirtschaftlich attraktiver macht. Unter den Technologien sind Solarmodule leistungsfähiger und kostengünstiger geworden, was zu ihrer massiven Verbreitung nicht nur in Industrieländern, sondern auch in Entwicklungsländern geführt hat. Genau wie die Windturbinen, die ebenfalls mit größeren und effizienteren Designs für eine bessere Stromerzeugung entwickelt werden.

Speichertechnologien als Ergänzung zu den Hauptenergiequellen werden der grundlegende Ansatz sein, um die Engpässe und die Abkehr von nicht erneuerbaren Brennstoffen auszugleichen. Batterien gelten als überlegen und sind die beliebtesten und günstigsten auf dem Markt. Ingrid Wright, eine Spezialistin und Expertin für Elektrofahrzeuge von der Nordinsel, sagt: „Das Ohio MEP hat eine bedeutende Rolle dabei gespielt, die Wettbewerbsfähigkeit seiner regionalen Hersteller sicherzustellen, indem es den Mechanismus der Lieferkettenänderung als einen der Entwicklungspfade übernommen hat." Diese und andere Batterien ermöglichen eine zuverlässige Gesamtspeicherkapazität, die eine stetige Energieversorgung gewährleistet, auch wenn die Sonne nicht scheint oder der Wind nicht weht. Diese Technologien werden kontinuierlich verbessert. Außerdem sind Festkörperbatterien in Sicht und mit ihnen werden mehr Speicherkapazität und längere Lebensdauer prognostiziert, was auf den Fortschritt der Batterien zurückzuführen ist, die die Energie speichern, die aus erneuerbaren Energiesystemen stammt, und selbst bei extremen Sonnen-/Windenergiebedingungen funktioniert dies nicht.

Der neu geschriebene Inhalt befolgt alle gegebenen Anweisungen und ist qualitativ hochwertig, ansprechend und leicht zu lesen.

Technologie erzeugt nicht nur Energie, sondern wird auch eingesetzt, um Energieproduktionsverluste durch die Schaffung intelligenter Netze zu minimieren. Erstens helfen solche Systeme, den Energieüberschuss zu optimieren, indem sie die Verschwendung reduzieren und den Grad der Integration erneuerbarer Energiequellen erhöhen. Neue Arten der Materialanwendung und Haushaltsgeräte mit intelligenter Technologie werden den Energieverbrauch in Haushalten und Unternehmen erheblich senken. Die Innovationen, darunter energieeffiziente Geräte, LED-Beleuchtung und intelligente Klimasteuerung, tragen dazu bei, die Menge an Kohlendioxid zu reduzieren, die durch unsere alltäglichen Aktivitäten in die Atmosphäre freigesetzt wird.

Das Potenzial der Technologie für erneuerbare Energien lässt darauf schließen, dass sie auch in verschiedenen Sektoren wie Transport, Landwirtschaft und Industrie besser anwendbar ist. Die Transportbranche ist mit dem Aufkommen neuer Technologien zum Synonym für Elektrofahrzeuge (EVs) geworden. Sie bieten nicht nur einen Ausweg aus dem Transportdilemma, das Umweltverschmutzung und Luftverschmutzung hinterlassen würde, was das Hauptproblem darstellt, sondern sie werden auch immer mehr. Die Verbesserung der Batterieleistung und der Ausbau der Ladeinfrastruktur haben Elektroautos beliebter und benutzerfreundlicher gemacht. Technologische Fortschritte, die die Landwirtschaft in Präzisionslandwirtschaft verwandeln, umfassen mehrere praktikable Techniken wie Analytik, Sensoren und Automatisierung, um die Ressourcennutzung zu optimieren und den Ertrag der angebauten Pflanzen zu steigern und gleichzeitig die schädlichen Auswirkungen auf die Umwelt zu verringern. Darüber hinaus nutzen andere Sektoren unserer Wirtschaft technologische Fortschritte, um ressourceneffizient zu sein und den Klimawandel durch Emissionsreduzierung zu bekämpfen, wie etwa Technologien zur Kohlenstoffabscheidung und -speicherung (CCS) und andere Automatisierungstools.

Auch wenn die Technologie hoffnungsvolle Lösungen bietet, ist es dennoch von größter Bedeutung, die Umweltauswirkungen dieser Fortschritte zu berücksichtigen. In diesem Zusammenhang ist es jedoch auch wichtig, die Umweltauswirkungen des technologischen Fortschritts zu berücksichtigen. Die Herstellung und Entsorgung von elektronischen Materialien und Infrastrukturkomponenten ist in der Regel mit der Gewinnung von Ressourcen verbunden, wobei große Mengen davon verbraucht werden und erhebliche CO2-Emissionen entstehen. Umweltschäden wie Lebensraumverlust, Wasserverschmutzung oder Menschenrechtsverletzungen können die Folge von Bergbauaktivitäten für Materialien wie Lithium, Kobalt und einige seltene Erden sein, die für die Herstellung von Batterien und anderen Technologien von entscheidender Bedeutung sind. Darüber hinaus entstehen bei der Herstellung elektronischer Geräte auch Treibhausgase und Industrieabfälle.

Einer der Schlüsselfaktoren, die berücksichtigt werden müssen, ist der Energieverbrauch der Technologien selbst. Während die Macht des Internets und des Cloud-Computings die Herausforderung des Energieverbrauchs der Rechenzentren darstellt , verbrauchen diese Zentren enorme Mengen an Strom, der hauptsächlich aus fossilen Brennstoffen erzeugt wird. Das exponentielle Wachstum der Datengenerierung und der Cloud-Speicherung mit hohen Raten ist ein Problem, das im Interesse der ökologischen Nachhaltigkeit angegangen werden muss. Daher sollten eine Reihe von Energiesparlösungen und Technologien zur Erzeugung erneuerbarer Energien entwickelt werden, die die Effizienz der Rechenzentren gewährleisten . Dazu gehören die folgenden: Entwicklung neuer Innovationen wie Kühltechnologien, Servereffizienz und Integration erneuerbarer Energiequellen. Sie sind wesentlich, um die schädlichen Auswirkungen auf die Umwelt zu reduzieren.

Nachhaltige Technologie ist die einzige Lösung, die zu einer vollständigen Reduzierung der Kohlenstoffemissionen und der globalen Erwärmung führen kann. Der Prozess beginnt mit der Betonung und Einhaltung von Nachhaltigkeitsprinzipien im Laufe der Technologieentwicklung und -einführung. Konkret besteht eine der möglichen Möglichkeiten darin, den Markt in Richtung Nachhaltigkeitsdesign zu lenken, das zu umweltfreundlichen Produkten aus umweltfreundlichen Materialien führen könnte, die aber auch langlebig und recycelbar sind und weniger Energie verbrauchen. Im Mittelpunkt steht dabei die Idee eines nachhaltigen Materialkreislaufs, der darauf abzielt, einen großen Teil der Materialien, die sonst weggeworfen würden, wiederzuverwenden und wiederzuverwenden.

Richtig umgesetzte Richtlinien und Regelungen haben positive Auswirkungen auf Technologie und Umwelt. Nationale Regierungen sollten grundlegende Maßnahmen ergreifen, um die Produktion und Anwendung nachhaltigerer Technologien zu fördern. Zu diesen Maßnahmen gehören Subventionen für Projekte im Bereich erneuerbare Energien, Steuerbefreiungen für energieeffiziente Geräte und Regelungen für nachhaltige Industriepraktiken. Auch die internationale Zusammenarbeit zwischen den Nationen und ihren Regierungen sollte umgesetzt werden, da das globale Problem des Klimawandels nur angegangen werden kann, wenn die Maßnahmen koordiniert und die Lösungen geteilt werden.

Die Information der Öffentlichkeit und die Wahlmöglichkeiten der Kunden sind die wichtigsten Folgen der technologischen Revolution. Die Aufklärung der Verbraucher über die Umweltauswirkungen ihrer Einkäufe und die Förderung nachhaltiger Konsummuster haben das Potenzial, die Marktnachfrage innerhalb des gesamten Sektors zu beeinflussen und Unternehmen zu ermutigen, dem Umweltschutz Priorität einzuräumen. Kleine Maßnahmen wie der Kauf energieeffizienter Geräte, die Finanzierung erneuerbarer Energieoptionen und die Entsorgung von Elektroschrott durch Recycling haben eine kollektive Wirkung, die erheblich groß ist.

Es versteht sich von selbst, dass die Bereitstellung von Informationen und Forschung die Motoren nachhaltiger Technologien sind. Universitäten und andere Forschungseinrichtungen stehen im Mittelpunkt der Entwicklung innovativer Klimalösungen. Um dies zu erreichen, müssen wir lediglich Partnerschaften zwischen verschiedenen Studienbereichen bilden und Geld für moderne Forschung bereitstellen, damit wir bald an Techniken arbeiten können, die sich direkt mit den Umweltproblemen befassen, die uns im Weg stehen.

Der Zusammenhang zwischen Technologie und Klimawandel war schon immer die Ursache für Fortschritt und Probleme. Obwohl technologische Fortschritte eine große Hilfe bei der Bewältigung des Paradigmas der Natur sind, sind technologische Lösungen nicht der einzige Schlüssel zur Lösung von Klimaproblemen. Soziales Verhalten , politische Unterstützung und nachhaltige Technologieausbildung sind für die Verbesserung der Technologie von entscheidender Bedeutung, damit eine nachhaltige Zukunft geschaffen werden kann. Der Weg in die Zukunft erfordert eine gemeinsame Anstrengung bei Erfindungen, die ethischen Überlegungen entsprechen, damit die Technologie zum Wohle der Umwelt eingesetzt werden kann.

Die Zukunft der Ethik in der Technologie

„Die große Herausforderung des 21. Jahrhunderts besteht darin, sicherzustellen, dass die Technologie der Menschheit dient und unser kollektives Wohlbefinden steigert." – Shoshana Zuboff

Da die Menschheit sich am Rande einer revolutionären technologischen Entwicklung bewegt, wird es immer dringender, die ethische Seite der Technologie zu berücksichtigen. Die Zeit der rasanten Entwicklung von künstlicher Intelligenz, Biotechnologie, Quantencomputern und anderen hochmodernen Bereichen geht mit einigen besonderen Chancen und moralischen Dilemmata einher. Dieser Artikel ist eine Reflexion über die Zukunft der Technologieethik und erklärt, wie wir uns im Licht verschiedener Prinzipien wie Gerechtigkeit, Fairness und Menschenwürde durch dieses Labyrinth der Innovation bewegen können.

Wie schnell sich die Technologie weiterentwickelt, lässt sich an den Randzonen und geplanten Aktivitäten ablesen. Die meisten klassischen Moralkodizes und Governance-Paradigmen geraten bekanntermaßen durch die häufige und oft abrupte Einführung neuer Technologien sofort in Schwierigkeiten. Bei allen einflussreichen Technologien der Zukunft sollten wir mit ethischen Problemen rechnen und moralische Rahmenbedingungen entwickeln, um diese Probleme anzugehen. Das bedeutet, dass wir die Neugestaltung, Einführung und Regulierung der Technologieproduktion in Betracht ziehen müssen, damit sie mit der Kraft des Volkes entwickelt wird, unsere Grundwerte unterstützt und soziale Ziele erreicht.

Die Entwicklung von KI ist einer der wichtigsten ethischen Meilensteine des technologischen Fortschritts. KI-Systeme werden immer komplexer und verfügen über das Wissen, Krankheiten zu diagnostizieren und zu behandeln, Kreditentscheidungen zu treffen und Prüfungen abzulegen, Kriminelle zu verhaften und Schüler zu unterrichten. Dazu gehört aber auch die Berücksichtigung spezifischer ethischer und soziologischer Bedenken wie voreingenommener Algorithmen, Transparenz und

Rechenschaftspflicht. Die ethische Entwicklung und Bereitstellung von KI wird durch umfassende Normen und Standards gewährleistet, die darauf abzielen, diese ethischen Probleme von Anfang an zu lösen. Eine Lösung für diese Probleme institutionalisiert die Zusammenarbeit verschiedener Gemeinschaften, die in unterschiedlichen wissenschaftlichen Bereichen arbeiten, wie Technologen, Ethiker, politische Entscheidungsträger und andere Teilnehmer, um KI-Systeme zu schaffen, die Merkmale von Fairness, Transparenz und Respekt für menschliche Werte aufweisen.

Genauso wichtig für die Vorhersehbarkeit der Technologieethik in der Zukunft ist die Frage des Datenschutzes und der Datensicherheit. Die Entwicklung digitaler Geräte und die zunehmende Datenerfassung sind Chancen, die jedoch auch enorme Risiken für den Datenschutz mit sich bringen. Angesichts der zunehmenden Verbreitung des Internets der Dinge (IoT) und verschiedener biometrischer Systeme wird der Schutz persönlicher Daten und die Einholung der Zustimmung des Benutzers sowohl für Unternehmen als auch für staatliche Organisationen eine gewaltige Aufgabe bleiben. Damit ethische Technologie ihr Potenzial entfalten kann, ist Folgendes erforderlich: die Einführung strenger Datenschutzrichtlinien, umfassenderer Datenpraktiken und die Schaffung eines Gefühls der Ermächtigung der Menschen, ihre eigenen Informationen zu verwalten und zu kontrollieren.

Gleichzeitig müssen auch die moralischen Nachteile der Biotechnologie und der genetischen Modifikation betrachtet werden. Anwendungen wie die Genom-Editierung, synthetische Biologie und personalisierte Medizin zielen darauf ab, die öffentliche Gesundheit zu verbessern und die menschlichen Fähigkeiten deutlich zu erweitern. Dennoch sind mit diesen Innovationen auch moralische Dilemmata verbunden, nämlich wie viel Verbesserung des menschlichen Lebens biologisch möglich ist, welche unbeabsichtigten Folgen es gibt und wie die Vorteile genutzt werden können. Die Schaffung ethischer Richtlinien für die Biotechnologie, um sicherzustellen, dass man sich in moralischen Landschaften zurechtfindet und dass diese noch vorhandenen Werkzeuge nachhaltig und fair eingesetzt werden, wird sehr wichtig sein.

Quantencomputing ist ein weiteres interessantes Beispiel für eine Technologie, die einzigartige ethische Herausforderungen mit sich bringt, aber auch neue, ungenutzte Möglichkeiten bietet. Quantencomputing kann nicht nur beispielsweise in der Kryptographie und Materialwissenschaft enormen Einfluss haben, sondern ist auch für die Arzneimittelforschung unverzichtbar. Die Funktionalität von Quantencomputing im großen Maßstab ist jedoch ziemlich ungewiss, auch wenn es einige Vorteile mit sich bringt. Dazu gehören unter anderem Cybersicherheitsprobleme, Verletzungen der individuellen Rechte und die Gefahr des Missbrauchs. Es gibt zahlreiche ethische Bereiche, die berücksichtigt werden müssen, während sich Quantentechnologien weiterentwickeln und immer häufiger werden. Dazu gehört auch die Tatsache, dass wir sicherstellen müssen, dass sie nachhaltig und nützlich sind.

Es ist wichtig, die Rolle ethischer Bildung und des öffentlichen Engagements bei der Gestaltung der Richtung der Technologie zu verstehen. Technologische Kompetenz wird zu einer unverzichtbaren Fähigkeit, die Bildungseinrichtungen der öffentlichen Ethik ausliefert, wenn es darum geht, sowohl die Technologen der Zukunft als auch die politischen Entscheidungsträger auszubilden, die bei ethischen Dilemmata ein Vetorecht haben werden.

In Zukunft werden regulatorische Rahmenbedingungen ein entscheidender Faktor in Bezug auf Technologie und Ethik sein. In dieser Hinsicht sollten Regierungen und internationale Gremien zusammenarbeiten, um konkrete Maßnahmen zu erarbeiten, die mit der Entwicklung der Technologien Schritt halten und gleichzeitig das soziale Wohlergehen schützen. Dazu gehört die Ausarbeitung adaptiver und flexibler Modelle von Standards, die sich an den sich ständig weiterentwickelnden Technologieprozess anpassen können. Damit der technologische Fortschritt allen zugutekommt, sollten die Länder nach Gemeinsamkeiten suchen und einen kohärenten und koordinierten Ansatz entwickeln.

Was wir bloß als Vergangenheit betrachten, wird missverstanden, wenn die Menschheit nicht in der Lage ist, ethische Grundsätze zu etablieren, damit die Technologie nicht versagt. Indem man sich ethischen Herausforderungen stellt und sie im Vorfeld angeht, kann das technologische Potenzial zu einem nützlichen Gut im menschlichen Leben werden, ohne dabei zwangsläufig die Werte und das Wohlergehen der Menschen zu gefährden. Dieses Kapitel beschäftigt sich mit diesen Fragen, untersucht die aufkommenden ethischen Kontrollen in der Technologie und entdeckt die Strategien, die den Umgang mit dieser komplexen und dynamischen Umgebung ermöglichen.

Neue Technologien und ethische Herausforderungen

Wir stürzen uns mit neuen Technologien, die unsere Welt neu definieren, schnell ins 21. Jahrhundert – eine Sichtweise, die einst nur Science-Fiction war. KI, Biotechnologie, Quantencomputer und das Internet der Dinge (IoT) sind nur einige der Ideen, die Dinge möglich machen, die einst nur in der Welt der Science-Fiction existierten.

Während KI, Quantencomputer und andere aufkommende IT-Technologien einen erheblichen Einfluss auf verschiedene Sektoren haben, kann keine mit dem IoT verglichen werden, dessen Anwendung zunimmt. Ihr Potenzial fördert die Vorteile, die uns diese schicken Geräte bringen, und sie sind alle miteinander verbunden. Die grundlegenden Konzepte von ihnen sind Mobilfunkbetreiber, die Inhalte für Mainstream-Technologien entwickeln. Sie führen jedoch zu vielen moralischen und ethischen Problemen, die durch kluge Entscheidungen und die Einführung neuer und verbindlicher Regeln gelöst werden müssen.

Die sich rasch entwickelnde Technologie wie KI ist ein bedeutender Faktor in der IT-Branche, wobei die KI-Softwareoptionen sich über die verschiedensten Branchen erstrecken, darunter auch so gegensätzliche Bereiche wie Gesundheitswesen, Finanzen, Bildung und Strafverfolgung. Zu diesen Vorteilen gehören beispielsweise eine Verbesserung der medizinischen Diagnostik, die Automatisierung von Routineaufgaben sowie die Verbesserung personalisierter Lernerfahrungen. Zweifellos hat die Anwendung künstlicher Intelligenz wichtige Auswirkungen auf ethnische Belange und insbesondere auf die Themen Voreingenommenheit, Rechenschaftspflicht und Transparenz.

Eines der wichtigsten ethischen Probleme bei KI ist das Problem der algorithmischen Voreingenommenheit. Das gesamte KI-System basiert auf Daten und die Daten stammen aus der Gesellschaft. Wenn also in der Gesellschaft Voreingenommenheiten existieren, wird KI diese wahrscheinlich aufgreifen und sogar verstärken. Solche Voreingenommenheiten haben einen unfairen Einfluss auf transversale Bereiche wie Beschäftigung, Kreditvergabe und Strafjustiz. Die Beseitigung und Abschwächung dieser Voreingenommenheit erfolgt durch Tests auf Voreingenommenheit, unterschiedliche Datensätze und Software zur Voreingenommenheitsreduzierung. Gleichzeitig entspricht die Idee der Transparenz der oben genannten, da die Menschen, die von den Daten betroffen sind, und die Stakeholder, die die KI-Systeme verwenden, wissen müssen, wie diese Maschinen Entscheidungen treffen. Dies erfordert die technologische Entwicklung erklärbarer KI-Modelle, die offene und in menschlicher Sprache gehaltene Antworten generieren können, durch die Interessierte etwas über die Entscheidungsfindung der Maschinen erfahren können.

Bioengineering, das die Genbearbeitung und die Herstellung gentechnisch veränderter Lebensmittel umfasst, ist ein aufstrebendes Forschungsgebiet mit kritischen ethischen Implikationen. Die Anhäufung von Technologien wie CRISPR-Cas9 ermöglicht die Einführung molekularer Veränderungen im genetischen Material, die zu potenziellen Heilungen genetischer Krankheiten sowie zur Verbesserung menschlicher Fähigkeiten führen. Darüber hinaus besteht der potenzielle Missbrauch der menschlichen Gentechnik und das Problem unbeabsichtigter vererbbarer Veränderungen. Gleichzeitig gibt es Bedenken hinsichtlich der moralisch/ethisch unerschütterlichen Natur der Interaktionen zwischen sozialen Gruppen, die durch den Einsatz dieser Technologien verursacht werden. Der Einsatz der Technologie ermöglicht Gründe wie die funktionelle Vielfalt des menschlichen Körpers und die Achtung der Menschenrechte; die Schwierigkeiten beim Einsatz der Technologie ergeben sich aus nicht-ethischen Gründen. Der etablierte Rahmen für den Umgang mit solchen kritischen ethischen Fragen umfasst zwei Richtlinien. Die verschiedenen Wechselwirkungen zwischen unserer genetischen Ausstattung und der Umwelt des Organismus könnten durch die medizinische Anwendung von DNA-Technologien wie CRISPR-Cas9 erklärt werden, bei denen DNA sowohl für Therapien als auch für Diagnostiken verwendet werden könnte. In ähnlicher Weise werden andere Bereiche der Biotechnologie neu geschaffen, da die Technologie mit einer bemerkenswerten Geschwindigkeit voranschreitet. Wir werden künstliche Intelligenz verwenden, um komplexe genetische Krankheiten zu heilen, da Gene ihrer spezifischen Funktion entsprechen, was zu einer weniger effizienten Gentherapie führt. Analog dazu könnten Bioengineering- und Wachstumsfaktoranwendungen das Problem des verzögerten oder falschen Wachstums lösen. Der Erfolg biotechnologischer Techniken ist ein wichtiger Schritt in Richtung einer Gesellschaft ohne genetische Probleme. Die Schaffung von genetischen Informationen von Menschen durch Veränderung der Umgebung kann sich auf die Veränderung ihrer Haut-, Haar- und Augenfarbe auswirken . Mit dem Aufkommen der Biotechnologie und der Wachstumsfaktoren könnte dieses Problem jedoch irrelevant werden . Der Prozess der Pflanzenevolution kann durch Genommodifikationen durch CRISPR beeinflusst werden, was dazu führen kann, dass Pflanzen andere Eigenschaften als bisher erhalten und auch zu einer stärker verschmutzten Umwelt oder Störungen des Ökosystems führen kann, ohne das soziale Leben der Menschheit im Gleichgewicht zu halten. Es ist ebenfalls akzeptabel zu sagen, dass ein technologischer Durchbruch wie CRISPR in anatomischen, biologischen und genetischen Fragen erklärt werden kann. Darüber hinaus kann die Existenz auch durch die Genspleißexperimente verändert werden. Der Einsatz von CRISPR und seine baldigen Anwendungen könnten uns in eine Situation bringen, in der Gentherapie und die Veränderung von Genen zu einem Kinderspiel werden. Aufgrund der Unsicherheit über den physikalischen Aufbau der DNA besteht jedoch die Möglichkeit unerwünschter genetischer Mutationen. Das vererbbare Risiko kann sich auch auf die Nachkommen ausbreiten, was zu zahlreichen gesundheitlichen Problemen führen kann, da Gene der Eltern nun leicht an ihre Kinder weitergegeben werden können.

Die Blockchain-Technologie, die Technologie hinter Bitcoin und anderen Kryptowährungen, ist für den Umgang mit Geld bekannt, kann aber durch ihr dezentrales und sicheres Aufzeichnungsverfahren auch in Branchen wie dem Finanzwesen, dem Lieferkettenmanagement und dem Gesundheitswesen mit großem Erfolg eingesetzt werden. Gleichzeitig hat die unveränderliche Eigenschaft der Blockchain jedoch schwerwiegende ethische Probleme ausgelöst, darunter den Mangel an Privatsphäre und das Potenzial für illegale Nutzung. Es gibt auch Bedenken hinsichtlich der sozialen Auswirkungen, da dies die Privatsphäre und Freiheiten des Einzelnen zu beeinträchtigen scheint. Die

Technologie kann jedoch einer breiten Palette von Sektoren dienen, solange sie effizient angewendet wird. Die Schwierigkeiten, die durch die ständige Veröffentlichung solcher Spitzentechnologien entstehen, sind das größte Hindernis für ihre Einführung und das Verständnis ihrer ethischen Auswirkungen. Wenn es um die Anwendung des Gesetzes geht, war es nie einfach, Grenzen für neuartige Technologien zu setzen, da sie sich unglaublich schnell entwickeln. Diese Verzögerungen führen dazu, dass das neue Spielfeld übersehen wird, was Korruption erleichtert. Um an dieser Angelegenheit zu arbeiten, ist die Einrichtung eines dynamischen und anpassungsfähigen ethischen Regulierungssystems das Beste, was möglich ist. Dazu gehört, den technologischen Fortschritt in zunehmendem Maße zu überwachen und einen kooperativen Dialog zwischen verschiedenen Wissensgebieten aufrechtzuerhalten, was wiederum die Verbreitung flexibler, umfassender Regelungen im Einklang mit dem raschen Technologieerwerb impliziert. Bildung und öffentliches Engagement sind die Eckpfeiler bei der Lösung von Dilemmata, die sich aus neuen Technologien ergeben. Da Technologie zu einem festen Bestandteil des heutigen Lebens wird, kann die Notwendigkeit, die Öffentlichkeit über die sozioökonomischen Auswirkungen der Technologie und die ethischen Implikationen aufzuklären, die sich aus deren Lebenszyklus ergeben, nicht genug betont werden. Das ultimative Ziel ist, dass zukünftige MINT-Studenten moralisch für diese Kurse in Frage kommen, wenn sie Teil des ethischen Entscheidungsprozesses sind. Diese überzeugende Kommunikationsstrategie würde dazu beitragen, die Normen in der Gesellschaft zu etablieren und so einen Interpretationsweg für gesellschaftliche Orientierung zu eröffnen.

Die Welt ist davon überzeugt, dass internationale Vernetzung unverzichtbar ist, um die moralischen Probleme zu bewältigen, die durch neue Technologien entstehen, die sich in der Branche etablieren. Viele der neuen Technologien und ihre Auswirkungen haben bekanntermaßen eine globale Perspektive. Um die ethischen Probleme anzugehen, müssen daher unterschiedliche Ansätze verfolgt werden, die verschiedene Länder überbrücken. Es ist auch üblich, dass sich Organisationen weiter in das Gefüge der internationalen Gemeinschaft einbetten, indem sie Mitglied des globalen Systems werden und an internationalen Abkommen teilnehmen, die schon immer viele Weltprobleme gelöst haben. Internationale Zusammenarbeit kann dazu beitragen, die Unterschiede auf nationaler Ebene im Streben nach besserer Welttechnologie auszugleichen, die auch zu verschiedenen humanitären Anliegen und anderen globalen Problemen beitragen wird.

Neue Technologien, die sowohl ethische als auch innovative Herausforderungen mit sich bringen, sind umfangreich und komplex. Da unsere Aktivitäten von Innovationen und den Grenzen des Machbaren geprägt sind, muss die Ethik unsere Forschung und Entwicklung im Technologiebereich begleiten, während sie stattfindet. Die Geschäftswelt muss dabei eine entscheidende Rolle spielen und sich mit den Bedürfnissen der ethischen Kultur auseinandersetzen, indem sie strenge Standards erlässt, die für die gesamte Technologiebranche gelten, und die breitere Öffentlichkeit in Maßnahmen zur fairen Teilhabe einbezieht. Den Unternehmen muss klar werden, dass es Regeln für eine nachhaltige Entwicklung geben muss, die Fairness gegenüber den verschiedenen Branchenmitgliedern gewährleisten und gleichzeitig Innovationen fördern.

Die Rolle der KI in der zukünftigen Ethik

Mit ihren rasanten Fortschritten ebnet die KI den Weg für eine Transformation der Menschheitsgeschichte mit der Aussicht auf eine immense und breite Palette von Vorteilen im Gesundheitswesen oder in der Bildung, aber auch im Finanz- und Transportbereich. Doch mit dem Aufkommen dieser technologischen Revolution ergeben sich eine Reihe tiefgreifender ethischer Fragen, die viel Nachdenken und Regeln erfordern, die proaktiv und zielgerichtet aufgestellt werden sollten. Es wird erwartet, dass die Integrität der Ethik im KI-Zeitalter eine faktische Veränderung in der Entwicklung und Anwendung dieser Systeme und den Wechselwirkungen zwischen KI und den ethischen Entscheidungsprozessen bewirken wird.

KI-Maschinen haben unsere Lebensweise grundlegend verändert, indem sie automatisierte Prozesse eingeleitet, Routinen optimiert und Big Data nutzbar gemacht haben, was Menschen bisher nicht konnten. KI wird intelligente Maschinen ständig unterstützen und den Planeten moderner machen, weshalb die Menschen sich mit den ethischen Konsequenzen auseinandersetzen müssen. Das wichtigste Problem besteht darin, sicherzustellen, dass KI-Systeme so gebaut und verwendet werden, dass die Menschenrechte geachtet und geschützt werden und ethische Normen eingehalten werden.

Ein weiteres wichtiges ethisches Problem, das KI angehen muss, ist die Voreingenommenheit. KI-Systeme sind so programmiert, dass sie kritisch denken und aus dem Erfahrungsschatz der realen Welt lernen. Daraus folgt, dass KI-Systeme, wenn diese Datensätze stark auf bestehenden gesellschaftlichen Vorurteilen basieren, diese einfach lernen und unabsichtlich aufrechterhalten. Im Hinblick auf Ungerechtigkeit wird die Anwendung von KI beispielsweise kompliziert, wenn gesellschaftliche Vorurteile in die Software einprogrammiert sind. Bereiche, in denen dies problematisch sein könnte, sind Personalabteilungen, Kreditabteilungen , Strafverfolgungsbehörden und der medizinische Beruf. Ein Bewerber aus einer bestimmten ethnischen Gruppe könnte erfolgreich sein, obwohl diese Gruppe in der Vergangenheit diskriminiert wurde, wenn das System mit voreingenommenen Daten aus früheren Einstellungen trainiert wurde. Entwickler können Techniken wie Voreingenommenheitsminderung, vielfältige und repräsentative Datensätze sowie strenge Voreingenommenheitstests verwenden. Transparenz bei KI-Entscheidungsverfahren und -Algorithmen ist ebenfalls von größter Bedeutung, nicht nur um Entscheidungsergebnisse zu überprüfen, sondern auch um Vertrauen und Rechenschaftspflicht zu erreichen.

Ein weiteres wichtiges ethisches Problem ist die Erklärbarkeit und Transparenz von KI-Systemen. Da KI immer stärker in Entscheidungsprozesse integriert wird, ist es von entscheidender Bedeutung, dass die Menschen wissen, wie diese Systeme zu ihren Schlussfolgerungen gelangen. Dieser Punkt ist besonders in Bereichen von entscheidender Bedeutung, in denen viel auf dem Spiel steht, wie etwa bei der Diagnose von Krankheiten oder bei Gerichtsentscheidungen, bei denen KI-Fehler zu gravierend sein können. Kurz gesagt: Erklärbare KI-Modelle, die transparente und verständliche Einblicke in ihre Entscheidungsprozesse liefern, sind eine Antwort darauf, Vertrauen aufzubauen und die Qualität der Entscheidungsfindung zu verbessern.

Das Problem der Privatsphäre ist ein weiteres sehr wichtiges ethisches Problem bei der KI. KI-Modelle müssen häufig große Datenmengen verarbeiten, was Probleme mit Datenschutz und -sicherheit aufwirft. Die Erfassung, Speicherung und Verwendung personenbezogener Daten, die den Schutz der Privatsphäre des Einzelnen gewährleisten, ist von entscheidender Bedeutung. Dies erfordert nicht nur die Integration der technischen Infrastruktur und die Nutzung der neuesten Technologien, sondern auch die Einholung der Zustimmung der Betroffenen, bevor Daten für einen Geschäftsprozess verwendet werden. Darüber hinaus bietet es den Betroffenen auch das Vorrecht, über ihre Daten zu kontrollieren. Die DSGVO beispielsweise ist ein wichtiges Gesetz, das zum Schutz der Privatsphäre eingeführt werden muss und ein wichtiger Leitfaden für den ethischen Einsatz von KI sein kann.

KI kann das System der ethischen Entscheidungsfindung auf eine weitere inspirierende Weise umgestalten. KI kann eingesetzt werden, um ethische Dilemmata zu rationalisieren, indem sie die damit verbundenen ethischen Aspekte aktualisiert, potenzielle Voreingenommenheiten identifiziert und mögliche Ergebnisse auf der Grundlage ethischer Prinzipien vorschlägt. Beispielsweise könnte KI medizinisches Fachpersonal dabei unterstützen, schwierige Angelegenheiten im Zusammenhang mit der Gesundheit der Patienten zu bewältigen, indem sie Daten analysiert und Empfehlungen auf der Grundlage ethischer Überlegungen abgibt. Auch das menschliche Urteilsvermögen bei der Politikgestaltung kann durch KI ergänzt und überprüft werden, indem sie mögliche Konsequenzen durchgeht und ethische Kompromisse vorschlägt.

Mit dem Einsatz von KI sind jedoch auch gewisse ethische Probleme verbunden. Gleichzeitig stellt sich die Frage, ob ein KI-System in der Lage ist, ethische Prinzipien zu übernehmen und anzuwenden – eine der größten Sorgen. In ethischen Fragen findet und beantwortet KI in einer Minute Tausende verschiedener Fragen. Andererseits fehlt KI-Systemen die notwendige Fähigkeit, die subtilen menschlichen Gefühle zu entschlüsseln, um mit ethischen Dilemmata umzugehen. Diese Einschränkung bedeutet, dass KI eher ein Helfer für das menschliche Urteilsvermögen ist als derjenige, der den Platz von Menschen einnimmt. Es ist äußerst dringend, bei der Arbeit mit KI-Algorithmen menschliche Wachsamkeit und ethische Selbstreflexion einzusetzen.

Ein weiterer Punkt, der KI als Detektor für die Ethik der Zukunft nutzen könnte, ist die Tatsache, dass KI für den Ethiksektor und die biomedizinische Versorgung von Nutzen sein kann. Insbesondere kann KI verwendet werden, um ethische Regeln in Organisationen zu überwachen, auf ethische Verstöße aufmerksam zu machen und potenzielle Lösungen bereitzustellen. Bei Finanzaktivitäten kann KI betrügerische Praktiken erkennen und verhindern und sicherstellen, dass die Investitionen zuverlässig sind. Im Gesundheitswesen kann KI auch bei der Ethik helfen, indem sie die Privatsphäre der Patienten und die ethischen Regeln der Patientenforschung überwacht. Indem KI zur Umsetzung ethischer Praktiken eingesetzt wird, können die Organisationen ihre Verpflichtung und Rechenschaftspflicht effektiver nachweisen.

Da KI immer mehr in den Alltag eindringt, ist es außerdem sinnvoll, sowohl ethische als auch technologische Aspekte zu berücksichtigen. Eine Möglichkeit besteht darin, sicherzustellen, dass alle Arten von Mitarbeitern die ethischen Auswirkungen von KI als technologiegetriebenes Problem über den KI-Kanal verstehen. Die Idee besteht darin, KI in Klassenzimmer und Bildungseinrichtungen auf allen Lernstufen einzuführen, sodass sie in den Lehrplan integriert ist. Die Generation der so ausgebildeten Kinder wird stärker in die Nutzung von KI eingebunden sein und dennoch sehr kritisch und ethisch mit ihr umgehen, um erfolgreich zu sein.

Die Geschwindigkeit, mit der Richtlinien und Vorschriften umgesetzt werden, hat großen Einfluss auf den ethischen Einsatz von KI-Maschinen. Regierungen sowie internationale Gremien sollten Vorschriften erlassen und durchsetzen, die die ethischen Probleme verringern, die KI mit sich bringt. Dazu gehört die Festlegung von Standards für Transparenz, Rechenschaftspflicht, Vermeidung von Vorurteilen und Datenschutz. Dies gilt insbesondere, weil internationale Zusammenarbeit wichtig ist, um die Herausforderungen zu bewältigen, die ein globales Netzwerk der KI-Technologie mit sich bringt. Es sollten kollektive Regulierungsrahmen geschaffen werden, die es ermöglichen, in jedem Land ethische Praktiken umzusetzen.

Die Beteiligung der Öffentlichkeit ist ein weiteres wichtiges Element der ethischen Steuerung von KI. Da der Bereich der Informationstechnologien für die gesamte Gesellschaft von entscheidender Bedeutung ist, ist es notwendig, die Gesellschaft in die Diskussion über die Ethik der Nutzung von KI einzubeziehen. Eine Möglichkeit, dies zu erreichen, kann die Auswahl öffentlicher Konsultationen, Foren und Debatten sein, die es ermöglichen, eine vielfältige Plattform für unterschiedliche Standpunkte zu schaffen und gleichzeitig den Aufbau eines breiteren gesellschaftlichen Konsenses voranzutreiben. Die Beteiligung der Öffentlichkeit an diesen Diskussionen kann eine Öffentlichkeit schaffen, die dazu beitragen kann, zu erkennen, dass die Entwicklung und der Einsatz von KI-Technologien die wahren Ziele und Werte der Gesellschaft widerspiegeln sollten.

Die Zukunft der KI in der Ethik ist sehr vielschichtig und herausfordernd, da sie sich mit dem gesamten Prozess der Entwicklung und Bereitstellung ethischer KI-Systeme sowie den möglichen Auswirkungen auf ethische Entscheidungen befasst. Um die Herausforderungen der KI-Ethik zu meistern, ist in der Tat ein proaktiver und umfassender Ansatz erforderlich, der die ethischen Grundsätze in jeder Phase der KI-Entwicklung berücksichtigt, d. h. vom Entwurf über die Datenerfassung bis hin zur Bereitstellung und Überwachung. Indem wir ein transparentes Umfeld ethischer Prämissen schaffen, starke regulatorische Rahmenbedingungen schaffen und die Öffentlichkeit davon überzeugen, sich an ethischen Debatten zu beteiligen, können wir mithilfe der KI viel Gutes tun, da sie den Wohlstand der Menschen vorantreibt und die Gesellschaft friedlicher und gerechter macht.

Digitale Governance und Politik

Das explosive Wachstum digitaler Technologien hat die Gesellschaften weltweit radikal verändert. Es hat die Wirtschaft und die Regierungsstrukturen neu geformt. Da sich die digitale Landschaft ständig weiterentwickelt, wird der Bedarf an robusten Richtlinien für die digitale Governance immer wichtiger. Eine effektive digitale Governance stellt sicher, dass technologische Fortschritte der Gesellschaft zugutekommen. Sie befasst sich auch mit den ethischen, rechtlichen und sozialen Herausforderungen, die sie mit sich bringen. Dieser Artikel untersucht die Prinzipien und Herausforderungen der digitalen Governance. Er hebt die wesentlichen Richtlinien hervor, die erforderlich sind, um die Komplexität des digitalen Zeitalters zu meistern.

Unter digitaler Governance versteht man die Rahmenbedingungen, Richtlinien und Institutionen, die die Entwicklung, den Einsatz und die Nutzung digitaler Technologien steuern. Sie deckt ein breites Themenspektrum ab, darunter Datenschutz, Cybersicherheit, digitale Rechte und die Regulierung neuer Technologien wie künstliche Intelligenz (KI) und Blockchain. Das Hauptziel besteht darin, einen ausgewogenen Ansatz zu schaffen. Er sollte Innovation und Wirtschaftswachstum fördern und gleichzeitig öffentliche Interessen schützen und ethische Standards aufrechterhalten.

Ein grundlegendes Element der digitalen Governance ist der Datenschutz. Da digitale Technologien zunehmend auf die Erfassung und Verarbeitung großer Mengen personenbezogener Daten angewiesen sind, ist die Gewährleistung der Privatsphäre und Sicherheit dieser Daten von entscheidender Bedeutung. Datenschutzbestimmungen wie die Datenschutz-Grundverordnung (DSGVO) der EU legen strenge Standards für die Datenerfassung, -speicherung und -verarbeitung fest. Diese Bestimmungen verlangen von Organisationen, vor der Erfassung der Daten die ausdrückliche Zustimmung der betroffenen Personen einzuholen. Sie müssen robuste Sicherheitsmaßnahmen zum Schutz der Daten implementieren. Und sie müssen den betroffenen Personen das Recht einräumen, auf ihre Daten zuzugreifen, sie zu korrigieren und sie zu löschen. Solche Rahmenbedingungen sind von entscheidender Bedeutung, um Vertrauen in digitale Technologien aufzubauen und die Privatsphäre der Einzelnen zu schützen.

Cybersicherheit spielt bei der digitalen Governance eine entscheidende Rolle. Da wir uns immer mehr auf digitale Infrastrukturen verlassen, werden Cyberbedrohungen immer intelligenter. Deshalb brauchen wir starke Cybersicherheitsrichtlinien. Eine effektive Cybersicherheits-Governance besteht aus zwei Teilen. Erstens nutzen wir technische Maßnahmen zum Schutz digitaler Systeme. Zweitens haben wir Gesetze, die Sicherheitsstandards festlegen und die Meldung von Cybervorfällen vorschreiben. Regierungen und Organisationen müssen zusammenarbeiten. Sie müssen Pläne zur Bewältigung sich ändernder Cyberbedrohungen erstellen. Sie sollten bewährte Verfahren austauschen und digitale Infrastrukturen widerstandsfähiger machen. Internationale Zusammenarbeit ist von entscheidender Bedeutung, da Cyberbedrohungen Grenzen überschreiten. Wir brauchen koordinierte globale Reaktionen, um sie zu bekämpfen.

Digitale Rechte wie Privatsphäre, freie Meinungsäußerung und Zugang zu Informationen sind wichtig. Da die Technologie die Art und Weise prägt, wie wir kommunizieren, arbeiten und auf Dienste zugreifen, müssen wir diese Rechte schützen. Richtlinien zum Schutz digitaler Rechte müssen sich mit Themen wie Online-Zensur, Überwachung und digitaler Ausgrenzung befassen. Es ist von entscheidender Bedeutung, sicherzustellen, dass jeder auf digitale Technologie und das Internet zugreifen kann. Dies fördert digitale Rechte und verringert die digitale Kluft.

Die Regulierung neuer Technologien wie KI und Blockchain ist eine Herausforderung für die digitale Governance. Diese Technologien können große wirtschaftliche und soziale Vorteile bringen. Aber sie werfen auch ethische und rechtliche Fragen auf. KI kann algorithmische Voreingenommenheit aufweisen, es mangelt ihr an Transparenz und Rechenschaftspflicht. Um dies anzugehen, müssen politische Entscheidungsträger Regeln für eine verantwortungsvolle Entwicklung und Nutzung von KI aufstellen. Sie sollten Standards für Fairness und Transparenz festlegen, Folgenabschätzungen verlangen und Rechenschaftsmechanismen einführen. Bei Blockchain müssen wir die Vorteile von Dezentralisierung und Transparenz mit der Verhinderung illegaler Aktivitäten und der Wahrung der Privatsphäre der Benutzer in Einklang bringen. Wir brauchen klare Rahmenbedingungen, um aufkommende Technologien verantwortungsvoll zu regulieren.

Bei der digitalen Governance geht es darum, die sozialen und wirtschaftlichen Auswirkungen der digitalen Transformation anzugehen. Da Technologien wie Automatisierung und KI die Arbeitsmärkte verändern, müssen politische Entscheidungsträger über Beschäftigung und soziale Gerechtigkeit nachdenken. Dazu gehört die Schaffung von Richtlinien für die Umschulung von Arbeitnehmern, die Entwicklung von Fähigkeiten, die Förderung eines inklusiven Wirtschaftswachstums und die Gewährleistung einer gerechten Verteilung der Vorteile der digitalen Transformation. Sozialschutzmaßnahmen wie Arbeitslosenunterstützung und soziale Sicherheitsnetze sind von entscheidender Bedeutung, um Arbeitnehmern zu helfen, die vom technologischen Umbruch betroffen sind.

Das Engagement der Öffentlichkeit ist der Schlüssel für eine effektive digitale Governance. Da die digitale Technologie die Gesellschaft beeinflusst, ist es von entscheidender Bedeutung, verschiedene Interessengruppen wie Industrie, Regierung, Zivilgesellschaft, Wissenschaft und Öffentlichkeit einzubeziehen. Öffentliche Konsultationsmechanismen stellen sicher, dass die Governance gesellschaftliche Bedürfnisse und Werte widerspiegelt. Die Förderung der digitalen Kompetenz durch Bildung ermöglicht es den Menschen, sinnvoll an Diskussionen zur digitalen Governance teilzunehmen und fundierte Entscheidungen über ihr digitales Leben zu treffen.

Aufgrund der globalen Natur digitaler Technologien ist internationale Zusammenarbeit von entscheidender Bedeutung. Herausforderungen wie Cybersicherheit, Datenschutz und grenzüberschreitende Datenregulierung erfordern koordinierte globale Anstrengungen. Internationale Gremien wie die UN und die OECD erleichtern den Dialog und entwickeln globale Standards und Rahmenbedingungen. Bilaterale und multilaterale Abkommen helfen dabei, nationale Richtlinien aufeinander abzustimmen und die Zusammenarbeit bei gemeinsamen Fragen der digitalen Governance zu fördern. Die Nationen sollten zusammenarbeiten, um Vorschriften und Richtlinien für neue Technologien mit grenzüberschreitenden Auswirkungen zu harmonisieren.

Innovation und Flexibilität sind Schlüsselprinzipien für digitale Governance-Rahmenwerke. Die Technologie entwickelt sich schnell, daher müssen sich die Richtlinien anpassen und vorausschauend handeln. Die politischen Entscheidungsträger müssen Stabilität für Unternehmen schaffen und gleichzeitig Flexibilität für neue Technologien und Probleme zulassen. In regulatorischen Sandboxes werden neue Technologien und Modelle in einem kontrollierten Umfeld getestet. Dies fördert Innovation mit Aufsicht.

Ethik ist für die digitale Governance von zentraler Bedeutung. Da digitale Technologien das Leben beeinflussen, ist eine ethische Entwicklung von entscheidender Bedeutung. Rahmenbedingungen beinhalten Fairness, Transparenz und Verantwortlichkeit. Politiker berücksichtigen gesellschaftliche Auswirkungen und fördern soziale Gerechtigkeit und Gleichheit.

Digitale Governance lenkt die Komplexität des digitalen Zeitalters. Sie befasst sich mit Datenschutz, Cybersicherheit, digitalen Rechten und der Regulierung neuer Technologien. Effektive Rahmenbedingungen fördern Innovation, schützen öffentliche Interessen und wahren die Ethik. Verschiedene Interessengruppen, internationale Zusammenarbeit und ethisches Engagement sorgen dafür, dass die digitale Transformation allen gleichermaßen zugutekommt.

Globale Perspektiven zur Technologieethik

Hier ist der neu geschriebene Inhalt mit verbesserter Lesbarkeit, geringerer Perplexität, hoher Burstiness und erweiterter Länge (doppelter Eingabetext), wobei die ursprüngliche HTML-Struktur erhalten bleibt:

Digitale Technologien revolutionieren die Welt weiterhin rasant. Sie verändern Volkswirtschaften, Gesellschaften und das Leben einzelner Menschen grundlegend. Mit der Weiterentwicklung dieser Technologien sind ethische Überlegungen zu ihrer Entwicklung und Nutzung weltweit unerlässlich geworden. Das Verständnis unterschiedlicher globaler Perspektiven auf die Tech-Ethik ist von entscheidender Bedeutung. Es hilft dabei, technologische Innovationen zu steuern und gleichzeitig unterschiedliche kulturelle Werte und Prinzipien zu respektieren. Dieser Artikel untersucht unterschiedliche globale Ansätze zur Tech-Ethik. Er hebt gemeinsame Herausforderungen hervor, die über nationale Grenzen hinausgehen.

Kulturelle, soziale und politische Kontexte prägen ethische Überlegungen zu Technologie. Westliche Länder wie Europa und Nordamerika legen Wert auf individuelle Rechte, Privatsphäre und Datenschutz. Die Datenschutz-Grundverordnung (DSGVO) der Europäischen Union ist ein Beispiel für diesen Ansatz. Sie legt strenge Datenschutz- und Sicherheitsstandards fest. Die DSGVO konzentriert sich auf die Zustimmung der Nutzer, Transparenz und das Recht auf Vergessenwerden. Damit wird die individuelle Autonomie über persönliche Informationen gestellt.

Im Gegensatz dazu gehen viele asiatische Länder wie China anders mit der Technologieethik um. Sie legen Wert auf kollektives Wohlergehen, soziale Harmonie und nationale Sicherheit. Diese Perspektive führt zum umfassenden Einsatz von

Überwachungstechnologien. Die Integration von KI in öffentliche Sicherheits- und Regierungssysteme spiegelt diese Ansicht wider. Aus westlicher Sicht werfen diese Praktiken erhebliche ethische Bedenken auf. China rechtfertigt sie jedoch damit, dass sie für die Aufrechterhaltung der sozialen Ordnung und die Förderung der wirtschaftlichen Entwicklung notwendig sind. Der chinesische Ansatz unterstreicht die Berücksichtigung kultureller und gesellschaftlicher Werte bei der Bewertung der ethischen Auswirkungen einer Technologie.

Der Nahe Osten begegnet technologischen Fortschritten mit Vorsicht. Religiöse und kulturelle Traditionen prägen ethische Perspektiven in Bezug auf Datenschutz, Online-Zensur und digitale Freiheiten. Länder wie Saudi-Arabien und die Vereinigten Arabischen Emirate investieren massiv in Smart Cities und digitale Infrastruktur. Dennoch setzen sie strenge Vorschriften für Online-Inhalte und Überwachung durch. Dieser Ansatz schafft ein Gleichgewicht zwischen Innovation und der Wahrung traditioneller Werte und sozialer Normen. Um die Technologieethik im Nahen Osten zu verstehen, muss man sich darüber im Klaren sein, wie Religion und Kultur die Ansichten zur Technologie beeinflussen.

dreht sich die Technologieethik um Zugang, Gerechtigkeit und Entwicklung. Die digitale Kluft bleibt ein großes Hindernis, da vielen Gemeinden grundlegende digitale Infrastrukturen und Dienste fehlen. Ethische Überlegungen stellen hier sicher, dass der technologische Fortschritt allen gesellschaftlichen Segmenten gleichermaßen zugutekommt, ohne bestehende Ungleichheiten zu verschärfen. Initiativen wie Mobile Banking und digitale Gesundheitsversorgung haben das Potenzial, eine inklusive Entwicklung voranzutreiben. Sie werfen jedoch ethische Bedenken hinsichtlich Datenschutz, Sicherheit und Ausbeutungsrisiken auf. Die Gewährleistung eines ethischen Einsatzes von Technologie für die Entwicklung bleibt von entscheidender Bedeutung.

Lateinamerika bietet eine einzigartige Tech-Ethik-Perspektive, die sich auf soziale Gerechtigkeit, Transparenz und Verantwortlichkeit konzentriert. Die Region legt Wert darauf, Technologie zu nutzen, um sozioökonomische Ungleichheiten anzugehen, die Transparenz der Regierung zu verbessern und Korruption zu bekämpfen. Die weitverbreitete Einführung digitaler Technologien wirft jedoch Bedenken hinsichtlich Überwachung, Datenschutz und Schutz digitaler Rechte auf. Die lateinamerikanischen Länder schaffen es, Innovationsvorteile zu nutzen, demokratische Prinzipien aufrechtzuerhalten und individuelle Freiheiten zu schützen. Sie meistern diese Herausforderung sorgfältig, um einen ethischen technologischen Fortschritt sicherzustellen.

Auch wenn die Nationen unterschiedliche Ansätze zur Ethik haben, gibt es viele moralische Fragen, die Grenzen überschreiten. Eine gemeinsame Herausforderung ist der ethische Umgang mit künstlicher Intelligenz (KI). Da KI-Systeme immer alltäglicher werden, gewinnen Bedenken wie algorithmische Voreingenommenheit, Transparenz und Rechenschaftspflicht weltweit an Aufmerksamkeit. Um eine ethische Entwicklung und Bereitstellung von KI zu gewährleisten, ist internationale Zusammenarbeit erforderlich. Außerdem müssen gemeinsame ethische Standards festgelegt werden. Initiativen wie die KI-Grundsätze der OECD und die Ethikrichtlinien der Europäischen Kommission zielen darauf ab, einen harmonisierten Ansatz für die KI-Ethik zu schaffen.

Eine weitere gemeinsame Herausforderung ist der Datenschutz und die Datensicherheit. Aufgrund der globalen Natur digitaler Technologien überschreiten Daten häufig Grenzen, was komplexe rechtliche und ethische Fragen der Datenverwaltung aufwirft. Internationale Rahmenwerke und Abkommen wie der EU-US-Datenschutzschild zielen darauf ab, den Datentransfer zu erleichtern und gleichzeitig einen angemessenen Schutz personenbezogener Daten zu gewährleisten. Unterschiedliche nationale Datenschutzbestimmungen und -ansätze können jedoch zu Spannungen und Hindernissen für die Erzielung eines globalen Konsenses führen.

Auch die Cybersicherheit ist ein kritisches Thema, das internationale Zusammenarbeit erfordert. Cyberbedrohungen kennen keine Landesgrenzen und aufgrund der Vernetzung digitaler Infrastrukturen kann ein Sicherheitsverstoß in einem Land weitreichende Folgen haben. Um die Herausforderungen der Cybersicherheit zu bewältigen, ist eine Zusammenarbeit zwischen Regierungen, Unternehmen des privaten Sektors und internationalen Organisationen erforderlich. Sie müssen robuste Sicherheitsmaßnahmen entwickeln, Bedrohungsdaten austauschen und Normen für ein verantwortungsvolles staatliches Verhalten im Cyberspace festlegen.

Das rasante Wachstum hochmoderner Technologien wirft weltweit erhebliche ethische Fragen auf. Fortschritte in der Biotechnologie und im Quantencomputing versprechen bemerkenswerte Vorteile, bringen aber auch ethische Dilemmata mit sich. So könnten Entwicklungen in der Genom-Editierung und der synthetischen Biologie das Gesundheitswesen revolutionieren. Allerdings werfen sie auch ethische Fragen hinsichtlich der Veränderung menschlicher Gene auf. Ebenso könnte Quantencomputing komplexe Probleme lösen, aber die Datensicherheit gefährden. Internationale Zusammenarbeit ist für die Entwicklung ethischer Richtlinien und Vorschriften von entscheidender Bedeutung. Diese werden einen verantwortungsvollen Einsatz von Technologien zum Wohle der Menschheit gewährleisten.

Das öffentliche Bewusstsein und die Aufklärung spielen eine entscheidende Rolle bei der Bewältigung der globalen Herausforderungen der Technologieethik. Wenn Menschen Wissen und Fähigkeiten vermittelt werden, können sie die ethischen Auswirkungen digitaler Technologien besser bewältigen. Bildungsprogramme, öffentliche Konsultationen und Dialoge mit mehreren Interessengruppen fördern das ethische Bewusstsein und die Verantwortung. Diese Initiativen schaffen einen gesellschaftlichen Konsens über ethische Standards und Prinzipien. Die Menschen gewinnen ein Verständnis für die ethischen Aspekte neuer Technologien. Sie werden in die Lage versetzt, fundierte Entscheidungen über die Auswirkungen der Technologie zu treffen.

Internationale Organisationen und Multi-Stakeholder-Initiativen fördern die globale Zusammenarbeit im Bereich der Technologieethik. Die Vereinten Nationen, das Weltwirtschaftsforum und die Internationale Fernmeldeunion bieten Plattformen für Dialog und Zusammenarbeit. Gruppen wie die Global Partnership on AI bringen Regierungen, Industrie, Wissenschaft und Zivilgesellschaft zusammen. Sie befassen sich mit den gesellschaftlichen Auswirkungen künstlicher Intelligenz (KI) und anderer neuer Technologien. Diese Zusammenarbeit trägt zur Entwicklung einheitlicher ethischer Rahmenbedingungen und Richtlinien für verantwortungsvolle Innovationen bei.

Globale Perspektiven zeigen unterschiedliche Ansätze und Prioritäten für die Tech-Ethik. Diese Unterschiede ergeben sich aus kulturellen, sozialen und politischen Kontexten in den einzelnen Ländern. Gemeinsame Herausforderungen erfordern jedoch internationale Zusammenarbeit und gemeinsame Lösungen. Durch die Förderung von Dialog, Zusammenarbeit und gegenseitigem Verständnis navigiert die Weltgemeinschaft durch die ethischen Komplexitäten des digitalen Zeitalters. Gemeinsame Anstrengungen stellen sicher, dass technologische Fortschritte zu einer gerechteren, gleichberechtigteren und nachhaltigeren Welt für alle beitragen.

Unser digitales Schicksal gestalten

Wir stehen an der Schwelle zu einem neuen digitalen Zeitalter und die Entscheidungen, die wir heute treffen, werden unsere gemeinsame Zukunft grundlegend prägen. Die rasante Entwicklung digitaler Technologien, von künstlicher Intelligenz (KI) und Blockchain bis hin zu Quantencomputern und Biotechnologie, bietet beispiellose Möglichkeiten für Innovation, Wirtschaftswachstum und gesellschaftlichen Wandel. Diese Fortschritte bringen jedoch auch erhebliche ethische, soziale und politische Herausforderungen mit sich, die sorgfältige Überlegungen und eine proaktive Steuerung erfordern. Die Gestaltung unseres digitalen Schicksals erfordert einen durchdachten und integrativen Ansatz, der den technologischen Fortschritt mit den Grundsätzen von Gerechtigkeit, Gleichheit und Menschenwürde in Einklang bringt.

Das Potenzial digitaler Technologien, positive Veränderungen herbeizuführen, ist immens. KI beispielsweise hat das Potenzial, das Gesundheitswesen zu revolutionieren, indem sie genauere Diagnosen, personalisierte Behandlungen und eine effizientere Gesundheitsversorgung ermöglicht. Im Bildungsbereich kann KI maßgeschneiderte Lernerfahrungen bieten, die auf die individuellen Bedürfnisse jedes einzelnen Schülers zugeschnitten sind, wodurch ein stärkeres Engagement gefördert und die Ergebnisse verbessert werden. Ebenso verspricht die Blockchain-Technologie, die Transparenz, Sicherheit und Effizienz in verschiedenen Sektoren zu verbessern, vom Finanz- und Lieferkettenmanagement bis hin zu Wahlsystemen und der öffentlichen Verwaltung.

Die transformative Kraft dieser Technologien bringt jedoch erhebliche ethische und soziale Auswirkungen mit sich. Eine der Hauptsorgen ist die Möglichkeit einer zunehmenden Ungleichheit. Da digitale Technologien immer stärker in die Wirtschaft integriert werden, besteht die Gefahr, dass diejenigen, die keinen Zugang zu diesen Technologien haben, zurückgelassen werden. Die digitale Kluft, die durch Unterschiede beim Zugang zu digitalen Ressourcen und Fähigkeiten gekennzeichnet ist, droht bestehende soziale und wirtschaftliche Ungleichheiten zu verschärfen. Um diese Herausforderung zu bewältigen, sind konzertierte Anstrengungen erforderlich, um sicherzustellen, dass alle Menschen Zugang zu digitaler Infrastruktur, Bildung und Chancen haben. Initiativen wie der Ausbau des Breitbandzugangs, Investitionen in Programme zur digitalen Kompetenz und die Förderung inklusiver Innovationen sind für die Überbrückung der digitalen Kluft von entscheidender Bedeutung.

Datenschutz und -sicherheit sind im digitalen Zeitalter ebenfalls wichtige Themen. Die weitverbreitete Sammlung und Analyse personenbezogener Daten durch öffentliche und private Stellen wirft erhebliche Bedenken hinsichtlich Privatsphäre, Autonomie und Missbrauchspotenzial auf. Um Vertrauen in digitale Technologien aufzubauen, sind robuste Datenschutzmaßnahmen, Transparenz im Umgang mit Daten und die Kontrolle des Einzelnen über seine persönlichen Daten von entscheidender Bedeutung. Regulatorische Rahmenbedingungen wie die Datenschutz-Grundverordnung (DSGVO) in Europa setzen wichtige Standards für den Datenschutz und können als Vorbild für andere Regionen dienen.

Der ethische Einsatz von KI ist ein weiteres dringendes Anliegen. Da KI-Systeme immer ausgefeilter und allgegenwärtiger werden, gewinnen Themen wie algorithmische Voreingenommenheit, Transparenz und Rechenschaftspflicht an Bedeutung. Voreingenommene Algorithmen können bestehende soziale Ungleichheiten aufrechterhalten und sogar verstärken, was zu unfairen Ergebnissen in Bereichen wie Einstellung, Kreditvergabe und Strafverfolgung führt. Um Fairness in der KI zu gewährleisten, sind strenge Tests, vielfältige Trainingsdatensätze und die Implementierung von Strategien zur Minderung von Voreingenommenheit erforderlich. Transparenz in KI-

Entscheidungsprozessen ist auch für Rechenschaftspflicht und Vertrauen von entscheidender Bedeutung. Die Entwicklung erklärbarer KI-Modelle, die klare Einblicke in ihre Funktionsweise bieten, kann dazu beitragen, Bedenken hinsichtlich der „Blackbox"-Natur vieler KI-Systeme auszuräumen.

Die Integration ethischer Prinzipien in die Entwicklung und den Einsatz digitaler Technologien ist für die Gestaltung einer gerechten und gleichberechtigten digitalen Zukunft von entscheidender Bedeutung. Ethisches Design bedeutet, die umfassenderen sozialen und ökologischen Auswirkungen der Technologie zu berücksichtigen und das Wohlergehen von Einzelpersonen und Gemeinschaften in den Vordergrund zu stellen. Dazu gehört auch, das Design auf Inklusivität, Zugänglichkeit und Nachhaltigkeit auszurichten. Indem sie ethische Überlegungen in den Entwicklungsprozess einbeziehen, können Technologen Lösungen schaffen, die nicht nur innovativ sind, sondern auch mit gesellschaftlichen Werten im Einklang stehen.

Regulierung spielt eine entscheidende Rolle bei der ethischen Entwicklung und Nutzung digitaler Technologien. Regierungen und internationale Gremien müssen Vorschriften entwickeln und durchsetzen, die den ethischen Herausforderungen der neuen Technologien gerecht werden. Dazu gehört die Festlegung von Standards für Datenschutz, Cybersicherheit und den ethischen Einsatz von KI. Die Regulierung muss jedoch flexibel und anpassungsfähig sein, um mit der rasanten Entwicklung der Technologie Schritt zu halten. Für die Entwicklung wirksamer Regulierungsrahmen sind kollaborative Ansätze mit Beteiligung mehrerer Interessengruppen, darunter Industrie, Wissenschaft und Zivilgesellschaft, von entscheidender Bedeutung.

Öffentliches Engagement und Bildung sind für die Gestaltung unseres digitalen Schicksals von entscheidender Bedeutung. Da digitale Technologien alle Aspekte des Lebens beeinflussen, ist es wichtig, die Öffentlichkeit in Diskussionen über ihre ethischen Auswirkungen einzubeziehen. Öffentliche Konsultationen, Foren und Debatten bieten Plattformen für unterschiedliche Perspektiven und helfen, einen breiteren gesellschaftlichen Konsens über ethische Standards und Normen zu schaffen. Die Förderung digitaler Kompetenz und Bildung ist auch von entscheidender Bedeutung, um Einzelpersonen zu befähigen, sich in der digitalen Landschaft zurechtzufinden und fundierte Entscheidungen über ihr digitales Leben zu treffen.

Um dem globalen Charakter digitaler Technologien gerecht zu werden, ist internationale Zusammenarbeit unabdingbar. Viele ethische und regulatorische Herausforderungen wie Datenschutz, Cybersicherheit und die Regulierung von KI erfordern koordinierte internationale Anstrengungen. Internationale Organisationen wie die Vereinten Nationen, die Organisation für wirtschaftliche Zusammenarbeit und Entwicklung (OECD) und das Weltwirtschaftsforum spielen eine Schlüsselrolle bei der Förderung des Dialogs und der Entwicklung globaler Standards und Rahmenbedingungen. Bilaterale und multilaterale Abkommen können dazu beitragen, nationale Strategien aufeinander abzustimmen und die Zusammenarbeit bei gemeinsamen Herausforderungen der digitalen Governance zu fördern.

Innovation und Flexibilität sind Schlüsselprinzipien für die Gestaltung unseres digitalen Schicksals. Angesichts des rasanten technologischen Wandels müssen Richtlinien und Rahmenbedingungen anpassungsfähig und zukunftsorientiert sein. Regulatorische Sandboxes, die kontrollierte Umgebungen zum Testen neuer Technologien und Geschäftsmodelle bieten, sind Beispiele für innovative Regulierungsansätze, die Innovationen fördern und gleichzeitig eine angemessene Aufsicht gewährleisten können. Um verantwortungsvolle Innovationen zu fördern, müssen Umgebungen geschaffen werden, in denen ethische Überlegungen integraler Bestandteil des Entwicklungsprozesses sind und die Beteiligten Anreize erhalten, dem Gemeinwohl Priorität einzuräumen.

Die Schnittstelle zwischen digitalen Technologien und Nachhaltigkeit ist ein weiterer wichtiger Bereich, der berücksichtigt werden muss. Da digitale Technologien immer stärker in alle Aspekte der Gesellschaft integriert werden, müssen ihre Auswirkungen auf die Umwelt berücksichtigt werden. Nachhaltige Technologiepraktiken wie energieeffizientes Computing, Recycling von Elektroschrott und die Verwendung umweltfreundlicher Materialien sind für die Reduzierung des ökologischen Fußabdrucks digitaler Innovationen von entscheidender Bedeutung. Indem wir den technologischen Fortschritt mit der ökologischen Nachhaltigkeit in Einklang bringen, können wir sicherstellen, dass unsere digitale Zukunft die langfristige Gesundheit und das Wohlergehen unseres Planeten unterstützt.

Die Gestaltung unseres digitalen Schicksals erfordert einen ganzheitlichen Ansatz, der technologische Innovation mit ethischer Regierungsführung, öffentlichem Engagement und internationaler Zusammenarbeit verbindet. Indem wir uns mit den ethischen und sozialen Auswirkungen digitaler Technologien befassen und den Grundsätzen von Gerechtigkeit, Gleichheit und Menschenwürde Priorität einräumen, können wir die transformative Kraft der Technologie nutzen, um eine Zukunft zu schaffen, die allen Mitgliedern der Gesellschaft zugutekommt. Diese Vision einer gerechten und gleichberechtigten digitalen Zukunft ist nicht nur erreichbar, sondern auch unerlässlich, um sicherzustellen, dass der technologische Fortschritt das menschliche Wohlbefinden steigert und eine nachhaltige und integrative Welt fördert.

Unsere digitale Zukunft planen: Ein Aufruf zu ethischem Handeln

Am Ende unserer Untersuchung der komplexen Beziehung zwischen Technologie und Ethik ist klar, dass die Entscheidungen, die wir heute treffen, die Richtung unserer digitalen Zukunft maßgeblich beeinflussen werden. Dieses Kapitel fasst die im gesamten Buch diskutierten Kernpunkte zusammen und betont, wie wichtig es ist, ethische Überlegungen in die zukünftige Entwicklung und Nutzung von Technologie einzubeziehen.

Die Reise begann mit einer Einführung in das transformative Potenzial digitaler Technologien und die dringende Notwendigkeit ethischer Rahmenbedingungen für ihre Entwicklung. Wir untersuchten die tiefgreifenden Auswirkungen künstlicher Intelligenz (KI) und hoben die ethischen Herausforderungen hervor, die sich durch algorithmische Voreingenommenheit, Transparenz und Rechenschaftspflicht ergeben. Die Gewährleistung von Fairness und Gerechtigkeit in KI-Systemen ist von entscheidender Bedeutung und erfordert strenge Tests, vielfältige Datensätze und erklärbare Modelle.

Datenschutz erwies sich als ein weiteres zentrales Thema. Die Verbreitung digitaler Geräte und Dienste hat zu einer beispiellosen Sammlung persönlicher Daten geführt und erhebliche Bedenken hinsichtlich Privatsphäre und Sicherheit geweckt. Um die Privatsphäre des Einzelnen zu schützen und Vertrauen in digitale Technologien aufzubauen, sind robuste Datenschutzmaßnahmen, transparente Datenpraktiken und Vorschriften wie die Datenschutz-Grundverordnung (DSGVO) von entscheidender Bedeutung.

Wir haben auch die ethischen Auswirkungen neuer Technologien wie Biotechnologie, Quantencomputer und das Internet der Dinge (IoT) untersucht. Diese Technologien sind sehr vielversprechend, bringen aber auch komplexe ethische Dilemmata mit sich. So bieten beispielsweise Gen-Editierungstechnologien wie CRISPR das Potenzial, genetische Störungen auszurotten, werfen aber Fragen über die Grenzen menschlicher Verbesserung und gleichberechtigten Zugangs auf. Die enorme Rechenleistung des

Quantencomputers erfordert neue Ansätze in Bezug auf Datensicherheit und ethische Nutzung.

Die Rolle der digitalen Governance und Politik wurde als entscheidend für die Bewältigung dieser ethischen Herausforderungen hervorgehoben. Effektive Governance-Rahmenwerke müssen Innovation und öffentliches Interesse in Einklang bringen und sicherstellen, dass die Technologie dem kollektiven Wohlergehen der Menschheit dient. Dazu gehört die Entwicklung adaptiver Regulierungsmodelle, die Förderung internationaler Zusammenarbeit sowie die Förderung des öffentlichen Engagements und der Bildung.

Öffentliches Engagement und Bildung wurden als entscheidende Komponenten einer ethischen digitalen Governance hervorgehoben. Es ist von entscheidender Bedeutung, Einzelpersonen das Wissen und die Fähigkeiten zu vermitteln, sich in der digitalen Landschaft zurechtzufinden und an ethischen Diskussionen teilzunehmen. Dazu gehört die Integration digitaler Kompetenz in die Lehrpläne und die Förderung öffentlicher Konsultationen, um unterschiedliche Perspektiven in die Politikgestaltung einfließen zu lassen.

Die Umweltauswirkungen der Technologie waren ein weiteres wichtiges Anliegen. Um den ökologischen Fußabdruck digitaler Innovationen zu verringern, sind nachhaltige Technologiepraktiken wie energieeffizientes Computing, Recycling von Elektroschrott und die Verwendung umweltfreundlicher Materialien erforderlich. Die Abstimmung des technologischen Fortschritts mit der ökologischen Nachhaltigkeit ist entscheidend, um die langfristige Gesundheit unseres Planeten zu gewährleisten.

Um voranzukommen, ist ein kollektiver Aufruf zum Handeln unabdingbar. Die ethische Entwicklung und Nutzung von Technologie muss auf allen Ebenen Priorität haben, von individuellen Entscheidungen bis hin zu Unternehmenspraktiken und Regierungsrichtlinien. Hier sind die wichtigsten Maßnahmen, die in Betracht gezogen werden sollten:

> **Setzen Sie sich für ethische KI ein** : Entwickler und Organisationen müssen Fairness, Transparenz und Verantwortlichkeit in KI-Systemen priorisieren. Dies beinhaltet eine kontinuierliche Überwachung auf

Verzerrungen, die Gewährleistung der Erklärbarkeit und die Implementierung robuster Governance-Rahmenwerke.

Verbessern Sie den Datenschutz : Stärken Sie die Datenschutzmaßnahmen und wahren Sie das Recht des Einzelnen auf Privatsphäre. Führen Sie transparente Datenpraktiken ein und halten Sie sich an Vorschriften, um Vertrauen aufzubauen und persönliche Informationen zu schützen.

Fördern Sie die digitale Inklusion : Arbeiten Sie daran, die digitale Kluft zu überbrücken, indem Sie den Zugang zu digitaler Infrastruktur und Bildung erweitern. Stellen Sie sicher, dass der technologische Fortschritt allen Teilen der Gesellschaft zugutekommt, insbesondere unterversorgten und marginalisierten Gemeinschaften.

Fördern Sie nachhaltige Praktiken : Nutzen Sie nachhaltige Technologiepraktiken, um die Umweltbelastung zu reduzieren. Entwerfen Sie Produkte für Langlebigkeit und Recyclingfähigkeit und unterstützen Sie Initiativen, die Energieeffizienz und umweltfreundliche Materialien fördern.

Nehmen Sie am öffentlichen Dialog teil : Fördern Sie öffentliches Engagement und Bildung, um eine Kultur des ethischen Bewusstseins zu fördern. Fördern Sie einen integrativen Dialog, der unterschiedliche Perspektiven einbezieht und Einzelpersonen befähigt, an der Gestaltung der digitalen Zukunft mitzuwirken.

Internationale Zusammenarbeit : Stärkung der internationalen Zusammenarbeit zur Bewältigung globaler ethischer Herausforderungen. Entwicklung harmonisierter regulatorischer Rahmenbedingungen und Austausch bewährter Verfahren zur Förderung ethischer Standards über Grenzen hinweg.

Die Zukunft der Technologie birgt ein enormes Potenzial, das menschliche Wohlbefinden zu steigern und den Fortschritt voranzutreiben. Um dieses Potenzial auszuschöpfen, ist jedoch eine unerschütterliche Verpflichtung zu ethischen Grundsätzen erforderlich. Indem wir Ethik in jeden Aspekt der

Technologieentwicklung und -nutzung integrieren, können wir ein digitales Schicksal gestalten, das gerecht, gleichberechtigt und nachhaltig ist. Lassen Sie uns diese Verantwortung mit Entschlossenheit und Weitblick annehmen und sicherstellen, dass die Technologien von morgen die Werte und Bestrebungen einer humanen und zukunftsorientierten Gesellschaft widerspiegeln.

Über den Autor

Ethan Ray ist ein Vordenker auf dem Gebiet der digitalen Ethik und ein Verfechter des verantwortungsvollen Einsatzes von Technologie. Aufbauend auf dem Erfolg seines ersten Buches „ *The Zen of Digital Balance* " untersucht Ethan in seinem neuesten Werk „Digital Dilemmas: Navigating Ethics in the Age of AI and Surveillance" weiterhin die komplexe Beziehung zwischen menschlichem Verhalten und digitaler Innovation. Mit einem Hintergrund in Verhaltenspsychologie hat Ethan seine Karriere dem Verständnis gewidmet, wie Technologie unser Leben beeinflusst und wie wir ihr Potenzial nutzen und gleichzeitig ihre Risiken mindern können. Seine Erkenntnisse zu digitaler Ethik und Wohlbefinden haben ihn zu einem gefragten Redner und Berater gemacht, der bei der Schaffung von Umgebungen berät, die Produktivität, Wohlbefinden und ethische Integrität in Einklang bringen. Ethans Arbeit wird von der Leidenschaft angetrieben, eine menschlichere und gerechtere digitale Zukunft zu fördern.